Melanie Müller
mit Christiane Hagn

MACH'S DIR SELBST, SONST MACHT'S DIR KEINER

Vom Mauerblümchen zur Dschungelqueen

BOOKS

INHALT

VORWORT	7
PROLOG: DIE SCHAUFELKÖNIGIN	13
DIE TOCHTER DES SCHORNSTEINFEGERS	18
DER GRILLMEISTER, DIE BETTKANTE UND ICH!	36
FLUTSCHFINGER IM OKAPI-WALD	47
MEIN HERZ IST EIN VOLLTROTTEL	63
VIELE ERSTE MALE	85
FAST AND FURIOUS. ODER: DU BIST ES, VIELLEICHT ... DOCH NICHT	103
OB MANN, OB FRAU?	124
ICH BIN DANN MAL WEG	139
ZERREISSPROBE MIT HAPPY END	157
GELD KOMMT. GELD GEHT.	176
VON NACKTER HAUT UND LEEREN VERSPRECHUNGEN	194
UND ACTION!	211
NOTAUSGANG TV. ODER: DER BACHELOR-ABSCH(L)USS	227
IM DSCHUNGELFIEBER	241
EPILOG: ENDSTATION BAHNHOF	257

Für

Mutti

VORWORT

AAAAAAAAAAAaaaaaaaaaaa
BBBBBBBBBBBBBBBbbbbbbbbbb
CCCCCCCCCCCCCcccccccccccc

Was ich hier mache? Ich schreibe mich warm. Ich dachte, das kann nicht schaden. Schließlich muss man sich immer erst aufwärmen. Zumindest vor dem Sport. Oder auch vor dem Singen. Sich mit Stimmübungen einsingen. Und so. Sich warm zu machen ist wichtig. Na ja, auch nicht immer. Ich bin ein ziemlich ungeduldiger Mensch und will meistens alles JETZT. Und zwar sofort. So, wie ich gerade ein Buch schreiben will. Und ich weiß genau, was ihr jetzt denkt. Aber keine Sorge: Das hier wird nicht die Autobiographie einer 26-Jährigen. Zumindest keine, in der ich alt und weise auf mein langes Leben zurückblicke. Denn dafür bin ich viel zu jung. Und weise will ich gar nicht unbedingt werden. Denn das würde bedeuten, keine Fehler mehr zu machen. Und das Leben wäre so furchtbar langweilig ohne Fehler. Zumindest in meinem Fall. Denn ohne Fehler wäre aus dem pummeligen, unsicheren Mädchen aus dem Osten ganz sicher nicht die Frau geworden, die ich heute bin. Nämlich eine Frau, die ich mag.

Was ich sagen will: Bachelor- und Trash-Porno-Promi-Image hin oder her. Ich habe zwar nicht studiert, aber ich bin nicht dumm. Ich mache gern Dummheiten,

> *Und das Leben wäre so furchtbar langweilig ohne Fehler.*

> *Herausforderungen sind dazu da, um sie anzunehmen. Oder: Mach's dir selbst, sonst macht's dir keiner!*

bin aber schlau genug, aus ihnen zu lernen. Denn zur Kämpfernatur wurde ich vor allem durch meine Niederlagen. Und was ich durch diese gelernt habe, möchte ich gern erzählen. Zusammengefasst lässt es sich am besten wie folgt beschreiben: Herausforderungen sind dazu da, angenommen zu werden. Oder: Mach's dir selbst, sonst macht's dir keiner!

Warum es mir so am Herzen liegt, meine Geschichte zu erzählen? Weil ich wünschte, mir hätte vorher mal jemand gesagt, was man alles schaffen kann, wenn man es nur angeht. Wie weit man kommen kann, wenn man sich traut, seine Zweifel über Bord zu werfen. Was für ein Glücksgefühl es ist, den Mut zu finden, seinen eigenen Weg zu gehen – auch und gerade auf die Gefahr hin, anzuecken oder hinzufallen. Wie viel Kraft es kostet, aber auch geben kann, wieder aufzustehen. Jedes Mal ein bisschen stärker zu werden.

Das alles wusste ich lange Zeit leider nicht. Vor allem deshalb, weil mir immer nur gesagt wurde: »Mach das nicht!« Und wenn ich fragte: »Warum?«, hieß es viel zu oft: »Was sollen denn da die Leute sagen?« oder: »Weil es sich nicht gehört!«

> *Du kannst alles schaffen, was für dich selbst wichtig ist.*

Heute sage ich: Blödsinn! Du kannst alles schaffen, was für dich selbst wichtig ist. Das Ziel muss nicht unbedingt

Dschungelkönigin heißen. Aber mein Traum war es nun mal. Und zu diesem Traum war es ein langer Weg. Ein Weg voller Serpentinen, der mich von der Kleinstadt im Osten über Almwiesen im Allgäu zu Irrungen und Wirrungen auf Mallorca führte. Der mich vom Kellergeschoss in der Schweiz in ein Haifischbecken nach Südafrika und mit leerem Magen in die Karibik trieb. Dessen scheinbares Ziel ich erst erreichte, als ich voller Hoffnung heulend aus 3000 Metern direkt in den Dschungel Australiens abgeworfen wurde. Um dann, egal, ob über den Wolken oder später unter Wasser, festzustellen, dass ich mich mehr nach festem Boden unter den Füßen sehnte, als mir bewusst war. Dass der Weg das Ziel und dieses daher noch lange nicht erreicht ist. Dass vermeintliche Umwege über dubiose Etablissements – wie Swingerclubs, eine spanische Gefängniszelle oder ein als Wohnhaus getarnter Puff – wichtige Wegmarkierungen waren, die genommen werden mussten. Dass meine Zwischenstationen in den Armen vieler Menschen, Männern wie Frauen, falscher und echter Freunde, notwendig waren, um Erfahrungen zu sammeln. Gute und schlechte, aber immer wichtige Erfahrungen. Erfahrungen über das Leben und vor allem über die Liebe. Die Liebe zu zweit, zu dritt und am wichtigsten: über die Liebe zu mir selbst.

Um also die ungeschminkte Wahrheit über mich, Melanie Müller aus Grimma, meine ungewöhnliche Karriere, meine Leichen im Keller, meine Ängste und Träume, meine Abstürze und Höhenflüge zu erfahren, müsst ihr wohl dieses Buch lesen. Wenn ihr wirklich wissen wollt, wer ich bin und ihr meine Geschichte hören wollt, dann lehnt euch zurück und genießt. Denn tatsächlich hab ich weitaus mehr drauf, als nackt im

Whirlpool zu sitzen, meinen Bachelor bei RTL zu absolvieren (und abzuservieren), heulend aus einem Flugzeug zu springen oder Schafshirne zu verspeisen. Auch wenn man mir das erst einmal nachmachen muss.

Ja, schon klar: Ich muss das jetzt alles erst auch einmal aufschreiben. In meinem Kopf ist es längst fertig. Echt! Aber jetzt tut mir die Hand ein bisschen vom Schreiben weh. Und gut Ding will Weile haben. Auch für ungeduldige Menschen wie mich. Ich ruf besser mal jemanden an, der mir bei der ganzen Buch-Sache ein bisschen zur Hand geht.

Bis gleich.

Eure Melli!

PROLOG:
DIE SCHAUFELKÖNIGIN

Ich war so aufgeregt wie wohl noch nie in meinem Leben. Da draußen waren Massen von Menschen. Ganze Millionen, stellte ich mir vor, die alle darauf warteten, dass ich erscheinen würde. Dass ich mit hoch erhobenem Haupt, selbstbewusstem Schritt und strahlendem Lächeln über den hölzernen Steg schreiten würde, als hätte ich nie etwas anderes in meinem Leben gemacht. Das Problem war nur: Ich hatte so etwas in meinem Leben noch nie gemacht. Und noch dazu hatte ich wahnsinnige Panik, mich nach spätestens drei Schritten aufs Maul zu legen. Volle Kanne mit meiner Birne auf den hölzernen Steg zu klatschen und mir vermutlich vor allen Leuten die Nase blutig oder einen Zahn auszuschlagen.

Als ich hinter den Kulissen stand und meinem Auftritt entgegenschwitzte, hätte ich mich nur noch ohrfeigen können. Besser war es, mich gleich grün und blau zu kloppen, für die Schnapsidee, hier mitzumachen. Warum hatte ich mir gleich noch mal vorgenommen, »Miss Haus-Garten-Freizeit 2006« zu werden? Ach ja! Wegen des Preisgeldes. Ich war schließlich völlig blank und hoffte, mit viel Glück und irgendwie aus Versehen vielleicht auf dem dritten Platz zu landen, für den es immerhin noch einhundert Euro gab. Ganz ursprünglich hatte ich gehofft, dass kein Mensch außer mir auf die bekloppte Idee kommen würde, sich für einen Schönheitswettbewerb auf der Haus-Garten-Freizeit-Messe in Leipzig anzumelden. Ich meine, wer macht denn so was? Ich hatte also gehofft, die einzige

Teilnehmerin zu sein und damit automatisch den ersten Platz zu belegen und ganze 300 Euro Preisgeld abzustauben. Ein Vermögen! Aber diese Müller'sche Rechnung ging ganz und gar nicht auf. Statt allein schon mal den Thron warm zu sitzen, war ich nun geradezu umzingelt von Hausfrauen mit frischer Dauerwelle samt blondierten Strähnchen, Gärtnerinnen im sexy Hotpants-Unkraut-Look und Freizeitmäuschen, die aussahen, als würden sie ihren »grünen Daumen« am liebsten beim Schlammcatchen unter Beweis stellen. Frauen, die nur so darauf brannten, gleich hüftschwingend über den Catwalk zu schreiten. Ich sage es frei heraus: Diese Frauen machten mir Angst! Große Angst.

Mit gerade mal 17 Jahren gehörte ich zu den jüngsten Teilnehmerinnen, was mir allerdings zu keinem weiteren Vorteil verhalf. Anstatt mit jugendlicher Frische zu trumpfen, versprühte ich nichts als Angstschweiß und pubertäre Unsicherheit. Noch dazu berechtigterweise. Denn ich hatte ein ganz besonderes Merkmal, durch das ich mich von meiner gesamten Konkurrenz eindeutig unterschied: Ich hatte keine Brüste. Sie kamen einfach nicht. Gut, es gab zwei leichte Erhebungen auf Brusthöhe, vielleicht zu vergleichen mit Radieschen, um im Haus-Garten-Freizeit-Jargon zu bleiben. Radieschen, die schon aus der Erde spitzten, aber noch zu klein waren, um geerntet zu werden.

Doch als ich mich hier so umsah, war ich geradezu umgeben von saftigen Fleischtomaten und fußballgroßen Kürbissen. Natürlich war ich mir meiner so gut wie nicht vorhandenen Oberweite durchaus bewusst. Daher hatte ich mir ein besonders raffiniertes Outfit für diesen Anlass überlegt. Als Garten-Outfit in Runde eins trug ich über einem karierten Holzfällerhemd eine Jeans-Latzhose, die meine Figur verschwinden ließ. Raffiniert, wie ich fand. Dazu hatte ich knallgelbe Gummistiefel gewählt. Mit dieser Signalfarbe wollte ich sicherheitshalber zusätzlich von meinem ziemlich dicken Po ablenken, den nicht mal die Latzhose ganz verschwinden lassen konnte. Auf dem Kopf trug ich einen Schlabber-Strohhut, der zwei Fliegen mit einer Klappe schlug: Erstens verbarg er zum größten Teil mein knallrotes Gesicht und zweitens musste ich mir so wenigstens keine Gedanken um meine Frisur machen. Als besonderes Etwas, meine Requisite, hatte ich eine Gartenschaufel gewählt. Die, so dachte ich, könnte mir bei zitternden Knien auf dem Laufsteg auch als Stütze dienen. Oder als Waffe, um faule Tomaten abzuwehren, die möglicherweise aus dem Publikum geflogen kämen.

Als es soweit war, sah ich alles wie in Trance: Ich betrat den Laufsteg und versuchte – vom Scheinwerferlicht geblendet – vergeblich, mich zu orientieren. Mit halb zugekniffenen Augen zog ich den Hut tiefer ins Gesicht und stolperte in Latzhose und Gummistiefeln los. Das war vermutlich der Moment, in dem mein Geist meinen Körper verließ. Ich glaube, er schämte sich und zog es vor, sich das Spektakel aus sicherer Entfernung über dem Laufsteg schwebend anzusehen. Einfach immer weitergehen, Brust raus, Po rein, dachte ich. Leider hatte ich bei meinem Outfit nicht bedacht, dass der Strohhut nicht nur mein Gesicht versteckte, sondern mir auch jegliche Sicht nahm. Ich wandelte also quasi blind über den Catwalk, wobei die Gartenschaufel als Blindenstock fungierte. Wirklich gut, dass ich sie dabeihatte.

In der zweiten Runde musste ich die Hüllen schon etwas weiter fallen lassen. Ja, es gab Vorschriften – auch bei der Haus-Garten-Freizeit-Messe. Und diese verlangten nun nach einem Sommerkleid. Meines war eine Art Kartoffelsack mit zwei Löchern für die Arme. Dafür mit knallbuntem Blumenmuster. Ich hoffte, die Naturliebhaber damit um den Finger zu wickeln. Doch auch diese Hoffnung starb. Und nicht unbedingt zuletzt. In meinem Fall passierte das in der dritten und letzten Runde, bei der ich als Einzige, die keinen Bikini trug, in meinem dunkelblauen Badeanzug, Bauch voraus, über den Holzsteg schlurfte und mir nicht mal mehr die Mühe machte, den Po ein- oder gar die Mundwinkel hochzuziehen. Geschweige denn die Brust rauszustrecken. Ich wollte es nur noch hinter mich bringen und mir anschließend mit der Gartenschaufel ein tiefes Loch graben, um vor lauter Scham darin zu versinken. Oder noch besser, damit gleich mein eigenes Grab zu buddeln. Und wenn das nicht ginge, sie mir einmal kräftig selbst über den Schädel zu ziehen.

Doch plötzlich hörte ich ein »Lauf, Mopsi, lauf!« aus dem Publikum. Ich war mir nicht sicher, vermutete aber, dass dieser Anfeuerungsruf mir galt. Es gab sie also doch: Menschen, die an mich glaubten. Na ja. Zumindest einen.

In diesem Moment beschloss ich, meine Anhängerschaft

Wenn ich es selbst nicht tat, wer sollte es sonst tun?

umgehend zu verdoppeln und einfach selbst auch an mich zu glauben. Wenn ich es selbst nicht tat, wer sollte es sonst tun? Eigentlich schon am Ende meines Auftrittes angekommen, machte ich illegalerweise noch einmal kehrt und drehte eine Extra-Runde. Und diesmal schritt ich mit hoch erhobenem Haupt, selbstbewusstem Schritt und strahlendem Lächeln über den hölzernen Steg, als hätte ich nie etwas anderes in meinem Leben gemacht.

Ich belegte verdientermaßen den letzten Platz. Doch ich tat es mit einer wichtigen Erkenntnis: Der Satz *Dabei sein ist alles!* war Blödsinn. Richtig heißen muss es: Nicht aufgeben ist alles! Eine Lektion, die mir noch häufig zugute kommen sollte.

Nicht aufgeben ist alles!

DIE TOCHTER DES SCHORNSTEINFEGERS

»Es wird ein Mädchen!«

Ich kann mir ganz genau vorstellen, wie meine Mutter damals mit 26 Jahren und hochschwanger dieses Ultraschall-Ergebnis stolz wie Lotte ihren Freundinnen verkündete. Ein Mädchen! Zum Glück. Vermutlich träumte sie schon davon, wie wir später zusammen shoppen und zur Kosmetikerin gehen würden. Wie wir uns zusammen gegen Papa und die gesamte Männerwelt verschwören würden, weil wir Frauen eben einfach zusammenhielten. Aber daraus wurde leider nichts.

Die erste Überraschung legte ich schon mit meiner Geburt hin. Ja, ich wurde ein Mädchen. Aber ich ließ auf mich warten. So kam ich am 10. Juni 1988 zwei Wochen zu spät in Oschatz auf die Welt. Vermutlich wurde ich deshalb ein so ungeduldiger Mensch, weil ich seit meiner Geburt versuche, die zwei verpassten Wochen wieder aufzuholen. Meine Mutter hatte schon gar nicht mehr mit mir gerechnet. Denn sie stand an diesem Tag bereits früh morgens mit Lockenwicklern auf dem Kopf im Garten und pflückte nichts ahnend Süßkirschen. Diese wanderten allerdings mehr in ihren Mund als in den Korb, was ich wiederum sehr zu schätzen wusste. Offensichtlich machte mir die Süße dieser Früchte dann doch Lust auf mehr, auf das Licht der Welt. Denn plötzlich platzte Mamas Fruchtblase und Papa musste sie so wie sie war ins Krankenhaus fahren. Und ganz ehrlich: Welche Frau bringt schon gern mit Lockenwicklern auf dem Kopf ein Kind in die Welt? Schlimm genug, mit Lockenwicklern dem Postboten zu begegnen. Aber bei einer Geburt, bei der die Frau eh schon vor lauter Schmerzen die Kontrolle über ihren gesamten Körper und dessen Ausscheidungen verliert, da sollten doch wenigstens die Haare schön sitzen.

Zur Wiedergutmachung ließ ich meine Mutter dafür nicht allzu lange leiden. Ich rutschte prompt auf die Welt und überraschte als nächstes mit meinem Gewicht. Denn ich war mit knapp 4000 Gramm ein richtig dicker Wonneproppen. Papa kippte sich auf den Schrecken erst einmal einen hinter die Binde und stieß mit seinen Kollegen an: Auf seine Tochter! Auf die Tochter des Schornsteinfegers!

Allerdings war und wurde ich nie das Mädchen, das sich meine Mutter vielleicht gewünscht hatte. Vielmehr der Sohn, der niemals folgte. Denn ich blieb ein Einzelkind. Doch da ich es vom ersten Atemzug meines Lebens an immer allen recht machen wollte, habe ich schon früh versucht, beide Rollen zu erfüllen: Ich wollte zugleich Lieblingstochter und Lieblingssohn sein. Zwei in einem. Leider ging das völlig nach hinten los. Denn obwohl ich ohne Geschwister aufwuchs und völlig konkurrenzlos um die Liebe meiner Eltern buhlen konnte, wurde ich nie zu dem Augenstern, um den sich die volle Aufmerksamkeit liebender Eltern normalerweise dreht. Aber fangen wir ganz von vorne an:

Bis zu meinem zweiten Lebensjahr wohnte ich zusammen mit Mama und Papa bei Oma und Opa im Dachgeschoss ihres Dreiseitenhofes in Ganzig. Erst als sich mein Vater als Bezirksschornsteinfeger mit seiner eigenen kleinen Firma selbstständig

machte, reichte die Kohle – im wahrsten Sinne des Wortes –
für ein kleines Häuschen in Grimma, das wir zu dritt bezogen.
An die ersten Jahre nach meiner Geburt kann ich mich ver-
ständlicherweise nicht erinnern. Mir wurde allerdings berichtet,
dass ich am liebsten im Hof saß und auf hölzernen Wäsche-
klammern herumkaute. Scheinbar steckte ich schon von klein
auf alles gern erst einmal in den Mund. Aber wie gesagt, das
sind nur Erzählungen, auf die ich mich hier berufe. Woran ich
mich tatsächlich zu erinnern glaube, ist, dass ich auch schon
als Zweijährige gern weiterhin bei Oma und Opa auf dem Hof
gelebt hätte. Denn ich war – und bin bis heute – völlig in meine
Großeltern vernarrt. Aber mit zwei Jahren hatte ich eben noch
kein Mitspracherecht. Also zogen wir um und ich tat – wenigstens in meinen ersten Lebensjahren – das, was alle taten:
sabbern, in die Windeln kacken, Brei essen, schreien und an
Brüsten saugen. »An Brüsten saugen« habe ich später noch
einmal ausprobiert. Und auch »Schreien« habe ich bis heute
als liebgewonnene Angewohnheit beibehalten.

Doch sobald ich laufen und später sprechen konnte, tat
ich für Mädchen eher untypische Dinge. Aus dem einfachen
Grund, weil das, was Jungs so machten, irgendwie interessanter
war und viel mehr Spaß machte. Und ich rede jetzt nicht davon, im Stehen zu pinkeln. Obwohl auch das mehr Spaß macht
und nicht so sehr die Oberschenkelmuskulatur beansprucht.
Ich spielte lieber wie ein Junge und verbrachte schon in der
Kinderkrippe die meiste Zeit in der Bauecke. Und zwar am
liebsten allein. Ich wollte nicht mit anderen Kindern spielen.
Schon gleich gar nicht mit Mädchen und ihren bescheuerten
Puppen. Wenn ich schon jemanden großzügigerweise in mein

Freizeitprogramm integrierte, dann noch am ehesten einen männlichen Gegner, mit dem ich wenigstens Autorennen fahren konnte. Das hieß im Klartext, kleine Spielzeugautos über die wildesten Rampen zu schießen, die wir natürlich selbst gebaut hatten. Das Ganze war dann auch kein Spiel mehr. Denn alle Spiele, in denen es um Geschwindigkeit ging, sind für mich bis heute keine Spiele, sondern knallharter Wettkampf. Und das bedeutete: Ich muss gewinnen. Damals wie heute. Im seltenen Fall, dass ich ein Rennen verlor, habe ich den männlichen Konkurrenten kurzerhand verhauen. Ich weiß, das war nicht richtig. Und ja, ich bin eine schlechte Verliererin. Aber ich musste doch wenigstens meine Ehre verteidigen. So kam es auch, dass ich meistens in aller Ruhe allein spielen konnte. Denn die Mädchen fanden mich komisch und die Jungs hatten schon bald Angst vor mir. Vielleicht war es auch andersherum? Da bin ich mir bis heute nicht sicher. Allerdings hat sich daran auch nicht so viel geändert. Mit dem einzigen Unterschied, dass ich den Angstfaktor von damals heute besser nachvollziehen kann. Denn ich glaube, es lag auch stark an meiner Frisur, dass sich andere Kinder vor mir fürchteten. Wenn ich mir jetzt Kinderbilder ansehe, bekomme ich selbst Angst vor mir, denn ich trug über Jahre hinweg eine Vokuhila. Warum das so war, kann ich nicht erklären. Diese Frisur war selbst laut Wikipedia nur von 1982–1987 als *trendy* zu bewerten. Ich vermute also, es war ein stummer Protest gegen meine Mutter, die mir bestimmt sehr gern tolle Mädchenfrisuren geflochten hätte. Oder die Rache meiner Mutter, die mir mit diesem Haarschnitt heimzahlen wollte, dass ich nicht das liebreizende Mädchen wurde, das sie sich eigentlich gewünscht hatte.

> *Ich vertraue nur wenigen Menschen, denen aber dafür zu hundert Prozent.*

Die andere Sache, an die ich mich aus der Kinderkrippenzeit noch erinnere, ist der Mittagsschlaf. Der war Pflicht. Alle Kinder mussten mittags schlafen. Gehorsam und so. Und obwohl bis heute Schlafen eines meiner größten Talente und liebsten Freizeitbeschäftigungen ist, tat ich in diesem scheiß Schlafsaal kein Auge zu. Ich hatte zu große Sorge, im Schlaf angegriffen oder gar vergiftet zu werden. Also hielt ich stets mit leicht geöffnetem Auge Wache. Ja, meine Vertrauensprobleme haben schon sehr früh eingesetzt. Das erklärt wohl auch, warum ich bis heute keinen wirklich großen Freundeskreis habe. Ich vertraue nur wenigen Menschen, denen aber dafür zu hundert Prozent.

Auch außerhalb der Kinderkrippe war ich am liebsten für mich allein. So dachte ich nicht im Traum daran, mich mit anderen Mädchen zum gemeinsamen Basteln oder Puppenfrisieren zu verabreden. Nein, ich tat andere und – zugegeben – komische Dinge. Einmal brachte ich eine tote Katze mit nach Hause. Ich hatte den festen Vorsatz, diese wieder gesund zu pflegen. Natürlich tat ich das heimlich hinter dem Rücken meiner Eltern, denen allerdings irgendwann der seltsame Geruch aus meinem Kinderzimmer in die Nase stieg. Die Katze verschwand im Biomüll – schneller als ich schauen konnte. Dabei hatte ich schon deutliche Fortschritte bezüglich ihrer Genesung erkennen können. Um meine Studie an toten Tieren trotz elterlicher Verbote fortzusetzen, buddelte ich kurzerhand meinen toten Hamster wieder aus. Damit mir die Problematik mit dem Geruch nicht erneut einen Strich durch die Rechnung machte, trennte ich dem Hamster den Kopf ab und kochte diesen in Mamas Suppentopf ab (was sie bis heute übrigens nicht weiß). Sinn und Zweck dieser Sektion war es, den Kopf geruchsneutral für die Ewigkeit zu konservieren. Ich wollte eigentlich nur das Skelett des Hamsterkopfes behalten und dieses zu meinen Milchzähnen in die Schmuckschatulle unter meinem Bett packen. Warum ich das tat? Ich vermute, dass ich von klein auf Schwierigkeiten hatte, mich von geliebten Tieren, später auch Menschen, zu trennen. Ich konnte schon immer ganz schlecht loslassen. Leider wurde aus dem Hamsterkopf für die Ewigkeit vielmehr Knochenbrei für die Mülltonne. Und in meinem Kopf schrieb ich gleichzeitig den Traumberuf Tierärztin wieder ab.

Mit sieben Jahren wurde das Leben etwas ernster. Ich wurde in die Grundschule in Hohnstädt eingeschult und damit auch – gezwungenermaßen – etwas sozialer. Allerdings war ich nach wie vor kein großer Fan von Gruppendynamik und an schulischen Inhalten auch nicht sonderlich interessiert. Doch ich saß meine Zeit brav ab und lernte dabei, wenn auch eher zufällig, lesen und schreiben. Etwas aufregender ging es zwischen den Unterrichtsstunden auf dem Pausenhof zu. Da mir meine Eltern nahelegten, mehr Kontakt zu anderen Kindern zu haben, gründete ich im Handumdrehen eine Schul-Gang. Natürlich war ich die Anführerin und nur die schönsten und stärksten Jungen wurden in meine Gang aufgenommen. Keine Mädchen, das versteht sich von selbst. Es gab Aufnahmeprüfungen, Mutproben, die bestanden werden mussten.

Und grundlose Ungerechtigkeiten habe ich noch nie ertragen.

Meistens bestanden diese Prüfungen darin, die einzige Schaukel auf dem Pausenhof, die an einem Baum befestigt war, zu verteidigen. Niemand durfte die Schaukel benutzen, außer uns: der Gang. Damit wollte ich sicherlich nicht gemein sein. Nur eben mein Revier markieren. Außerdem waren wir eine gute Gang. So eine Art sächsisches »A-Team«, das Menschen in Not half. Und notfalls eben auch mit Gewalt. So kam es, dass, sobald es zu Ungerechtigkeiten in der Klasse kam, ich in meiner Funktion als Gang-Anführerin aufgesucht wurde. Denn ich, Melanie Müller, war bekannt dafür, kurzen Prozess zu machen. Diesen Ruf hatte ich der Sache mit dem gemeinen Klaus zu verdanken, der unvernünftigerweise der dicken Monika ihren Füller geklaut hatte. Grundlos. Und grundlose Ungerechtigkeiten habe ich noch nie ertragen. Also bat ich Klaus sehr eindringlich, den Füller umgehend zurückzugeben. Erst habe ich ihn mündlich verwarnt. Doch als er nicht hören wollte, sah ich mich gezwungen, seinen Frontzahn mit nach Hause zu nehmen. Natürlich bekamen meine Eltern davon schnell Wind, in Form einer Verwarnung vom Schuldirektor höchstpersönlich. Aber Monika hatte ihren Füller zurück und nie wieder Probleme mit Klaus. Das war mir die Woche Hausarrest schon wert gewesen.

Nach der Schule verbrachte ich eher wenig Zeit zu Hause. Papa war als Bezirksschornsteinfegermeister mit eigener Firma ständig auf Achse. Mama, die eigentlich Pädagogik studiert hatte, gab ihren Job als Kinderheimleiterin zwar schon nach meiner Geburt auf, aber trotzdem bekam ich sie selten zu Gesicht, da sie Papa im Büro half. Irgendwie schien es mir, meine Eltern waren am liebsten dort, wo ich nicht war. Also musste ich mir Alternativen zu einer Familie suchen. Freundinnen hatte ich ja keine und ehrlich gesagt wollte ich auch keine. Vermutlich lag das daran, dass die Mädchen in meiner Umgebung alle auf Pferden reiten wollte. Ich dagegen wollte Pferde lieber essen. So kam es, dass ich die meiste Zeit mit dem Nachbarsjungen abhing, mit meinem besten Kumpel Max.

Max und ich sahen uns jeden Tag. Wir bastelten zusammen an Seifenkisten, schnitzen Pfeil und Bogen oder schwangen uns wie Tarzan und Jane im Park von Grimma von Ast zu Ast. Wir spielten auch gern »etwas kaputt machen«, »etwas anzünden« oder »Hühner besoffen machen«. Letzteres machte am meisten Spaß. Dazu tunkten wir Brot in Reste von Bier- oder Schnapsflaschen, die wir auf Hinterhöfen zusammengesammelt hatten. Die getränkten Brotkrumen verfütterten wir dann an Hühner, die es in unserer Kleinstadt wie Sand am Meer gab. Allerdings hat meistens der Hahn alles allein gefressen, der dann rotzeblau durch die Gegend wankte und uns so zum Lachen brachte, dass ich mir einmal dabei sogar in die Hosen pinkelte.

Zwischen »kaputt machen«, »anzünden« und »abfüllen« absolvierte ich ganz vornehm Klavierstunden, die zu meinem Alltag gehörten, seitdem ich sechs war. Meine Eltern versuchten nämlich stets, vornehme Menschen zu sein und auch einen solchen aus mir zu machen. Daher sollte mir, ihrem einzigen Kind, eine akademische Erziehung samt anständiger Freizeitgestaltung zugute kommen. Allerdings kamen mir die Klavierstunden mehr und mehr wie eine lästige Unterbrechung meines abenteuerlichen Alltags mit Max vor. So beschloss ich eines Tages im Alter von acht Jahren, das Klavierspielen wieder an den Nagel zu hängen, und kündigte diese Entscheidung auch umgehend meinem Vater an. Er reagierte prompt. Papa kehrte mir wortlos den Rücken zu und verließ das Zimmer. Als er wieder zurückkam, hatte er eine Axt bei sich. Die drückte er mir in die Hand und sagte: »Wenn du nicht mehr spielen willst, dann hack dein Klavier zusammen und trag es selbst raus.« Von diesem Tag an habe ich weiterhin brav und ohne Rebellion in die Tasten gehauen. Und tatsächlich, mir blieb immer noch genug Zeit für Max und betrunkene Hühner.

Ich hatte mich inzwischen von der Obduktion von Tierkadavern distanziert, interessierte mich aber zunehmend für den menschlichen, lebendigen Körper. Auch und vor allem sehr für den männlichen. Und Max zeigte mir alles, was ich sehen wollte. Dasselbe galt natürlich auch umgekehrt. Max und ich machten Doktorspielchen und probierten alles Mögliche zusammen aus. Zum Beispiel, in welchen Körperöffnungen ein Bleistift verschwinden konnte. Mit etwas über acht Jahren hatte ich das Gefühl, dass es an der Zeit war für meinen ersten Kuss. Und diesen wollte ich natürlich von Max. Also vereinbarte ich mit ihm kurzerhand einen Termin für dieses besondere Ereignis. Solche Dinge habe ich schon immer gern selbst in die Hand genommen und

Solche Dinge habe ich schon immer gern selbst in die Hand genommen und strikt geplant.

strikt geplant. Vom ersten Kuss bis zum ersten Mal. Da wollte ich nichts dem Zufall überlassen und mich außerdem ausgiebig darauf vorbereiten können. Max sagte mir den Termin, am Freitagnachmittag im Park von Grimma am zweiten Baum von links, zwar zu, tauchte aber einfach nicht auf. Er kniff auch noch ein zweites Mal, bis ich mich eines Tages gezwungen sah, ihn zu überlisten. So kam es eines Montags nach der Schule zu einem Überraschungsangriff meinerseits. Ich überwältigte Max von hinten, stürzte ihn zu Boden und holte mir meinen ersten Kuss mit aller Gewalt. Zugegeben, es war eine regelrechte Kuss-Vergewaltigung und fühlte sich auch genauso an. Wir fanden es beide furchtbar eklig. So eklig, dass wir danach sofort ein paar Käsebrote verdrückten, um den Geschmack wieder von den Lippen zu kauen. Nach diesem Tag ließen wir das mit dem Küssen für die nächsten zwei bis drei Jahre sein und konzentrierten uns wieder auf »Sachen kaputt machen«. Das konnten wir einfach am besten.

Max war also mein bester Freund, meine beste Freundin und mein erster Liebhaber in einem. Nur an den Wochenenden kehrte ich ihm regelmäßig den Rücken zu. Wochenende war Familienzeit. Für mich bedeutete das: Oma und Opa besuchen! Und das war jedes Wochenende schöner als Weihnachten und Geburtstag zusammen. Noch schöner als ein Wochenende bei Oma und Opa war nur, ganze Ferien bei Oma und Opa zu verbringen. Und das kam relativ oft vor. Nämlich immer dann, wenn meine Eltern – mal wieder – allein in den Urlaub fuhren. Während also Mama und Papa China, Amerika oder Südafrika entdeckten, eroberte ich den Dreiseitenhof meiner Großeltern in Ganzig. Und damit konnte kein exotisches Land dieser

Welt mithalten. Denn dort gab es Hühner, Katzen und sogar Ochsen. Letztere durfte ich allerdings nur mit Abstand durch das Katzenloch in der Tür beobachten. Alles dort war abenteuerlich und heimelig zugleich. Bei Oma fühlte ich mich immer sehr geborgen. Wenn ich Sorgen hatte, egal, ob mit acht oder mit 18 Jahren: Oma konnte ich alles erzählen. Sie sagte meist nicht besonders viel zu meinen Nöten. Nein, meine Oma war keine Plaudertasche. Aber das, was sie sagte, hatte Hand und Fuß. Sie schaffte es jedes Mal, mir mit wenigen Worten den richtigen Ratschlag zu geben. Ich liebte und bewunderte meine Oma von klein auf. Sie war eine hübsche Frau. In ihren besten Zeiten muss sie die Männer ganz sicher in den Wahnsinn getrieben haben mit ihrer Schönheit. Aber Opa hatte sie bekommen. Bestimmt auch deshalb, weil er so geschickt mit seinen Händen war. Denn mein handwerkliches Talent habe ich ganz sicher von Opa geerbt. Alles, was es zu lernen gab, brachte er mir bei. Sobald ich Samstagmorgen bei Oma und Opa in der Wohnstube stand, teilte ich Opa – noch bevor ich überhaupt Hallo gesagt hatte – meine neueste Bastelidee mit. Egal, ob es ein Hamsterrad oder ein Vogelhäuschen war, mit Opas Hilfe konnte ich alle meine Wünsche in seinem Bastelkeller in die Tat umsetzen. Und während wir sägten, bohrten, klebten oder hämmerten, kochte Oma, was ich mir gewünscht hatte. Meist also etwas Blutiges oder zumindest Deftiges. Denn ganz im Gegensatz zu anderen Kindern in meinem Alter verabscheute ich Schokolade und Süßigkeiten. Sobald ich laufen konnte, klaute ich Oma die Rouladenfüllung vom Küchentisch. Ich liebte diese Masse aus Speck, Zwiebeln und Senf. Überhaupt mochte ich alles, was fettig, herzhaft oder scharf war. Milchreis, Grießpudding und anderer Baba-schmatz konnten mir gestohlen bleiben. In Ausnahmefällen aß ich auch Linsen, Spinat und Fischstäbchen. Aber am liebsten wollte ich immer nur Fleisch und Wurst. Herzhaft und hand-fest. Damals wie heute. So war auch meine Zuckertüte zur Einschulung nicht mit Süßigkeiten, sondern mit Bifi und Knackern gefüllt. Es war eine herrliche Zeit. Oma machte Wurst, Opa bastelte mit mir im Keller. Somit wurde jeder Tag auf dem Hof meiner Großeltern für mich zum Paradies auf Erden. Es war wie Urlaub vom Leben.

Leider kamen meine Eltern irgendwann auf die Idee, mich in den Schulferien in betreute Ferienlager zu stecken. Ich verstand überhaupt nicht, warum. Ich wollte nicht nach Südfrankreich oder Italien. Schon gleich gar nicht mit anderen Kindern. Ich wollte nach Ganzig, zu Oma und Opa, ihren Hühnern und Ochsen. Und zu Omas Wurstwaren. Ich wehrte mich mit Händen und Füßen. Kaum im Ferienlager gefangen, stellte mein Körper sofort auf Protest um. Ich verweigerte Nahrung und Schlaf. Aber wie sollte ich auch in einer Herde fremder Kinder zur Ruhe kommen? Da ich schon in der Kinder-krippe im gemeinsamen Schlafsaal kein Auge zubekommen hatte, war im Ferienlager überhaupt nicht an Schlaf zu denken. Auch tagsüber fühlte ich mich unwohl. Und das nicht nur aus Schlafmangel. Ich wollte nicht mit anderen Kindern spielen und heulte so lange, bis mich meine Eltern wieder abholen kommen mussten. Das passierte zwei Mal. Danach war die Sache mit den Ferienlagern endgültig abgeschrieben.

Aber was sollte ich tun? Ich vermisste Oma und Opa, Max und seit Neuestem auch meinen Hopseball »Willi«. Denn mit

Willi fing ich an, meine Sexualität zu entdecken. Ich hopste auf Willi, um dieses unglaubliche Gefühl zwischen meinen Beinen zu erzeugen, das ich nicht so recht einordnen konnte. Fast war es mir unheimlich. Es fühlte sich so verdammt gut an, aber ich hatte keine Ahnung, was es war. Deshalb machte es mir auch ein bisschen Angst. Und da ich mich in diesem Fall irgendwie nicht mal Oma anvertrauen wollte, fragte ich Max, ob er Ähnliches schon erlebt hätte. Bei Max allerdings zeigte sich keine Regung, wenn er auf Willi hopste. Dafür aber sobald er sich auf mich legte und sich an mir rieb. Statt also wertvolle Lebenszeit in betreuten Ferienlagern mit gemeinsamen Lieder-nachmittagen zu verschwenden, entdeckte ich mit Max die Sphären unserer Körper bei kindlichen Doktorspielchen. Wir küssten uns, inzwischen auch mit Zunge, fummelten und rieben uns aneinander, was das Zeug hielt. Und zugegeben, das machte wirklich Spaß. Allerdings wusste ich nicht, warum mir Max immer an die Brust fasste. Denn da war nichts zu finden. Ich war flach wie ein Brett – und sollte es auch für die nächsten Jahre noch bleiben.

Ab und an kam es auch vor, dass meine Eltern tatsächlich Zeit für mich fanden. Und da ich betreute Ferienlager auch mit zunehmendem Alter vehement ablehnte, mussten wir sogar gemeinsam in den Urlaub fahren. Wir fuhren oft nach Mallorca, aber auch mal nach Österreich, in die Türkei, nach Kroatien, Tunesien oder Griechenland. In Griechenland gefiel es mir am besten. Ich spielte den ganzen Tag mit den Dorfjungen und lernte dabei im Handumdrehen Griechisch. Auf Platz zwei meiner Lieblings-Ferienziele rangierten Österreich und Bayern. Ich liebte die Berge und das Wandern von Kindesbeinen an.

Das Tollste am Wandern war es, zusammen mit Papa den Berghang runterzukullern. Eine weitere sehr beliebte Vater-Tochter-Aktivität war das von uns erfundene »Kuhfladen-Hopping«. Das bedeutete, von Kuhfladen zu Kuhfladen zu springen. Wer zuerst daneben sprang, der hatte verloren.

Ich war und blieb ein Papakind. Mit Papa war es eben oft sehr viel lustiger als mit Mama. Wir gingen zusammen auf die Jagd, kneteten aus Fleischmassen in eigener Herstellung Wurst oder verbrachten ganze Nachmittage in der hauseigenen Sauna. Mama kam dahin auch ab und an mal mit. Allerdings konnte sie nie lange bleiben, wegen ihrer Herz-, Kreislauf-schwäche. Ein Ausdruck, den ich als Kind nie so wirklich ver-stand. Übersetzt hieß das für mich nur, dass ich Mama in Ruhe lassen sollte. Ich dagegen liebte die Sauna und schwitzte immer meine 15 Pflichtminuten ab. Denn Papa bläute mir ein, dass ich dann später niemals krank werden würde. Und auch wenn ich ihm in sehr vielen Sachen heute leider widerspre-chen muss: In diesem Punkt hatte er recht. Ich habe ein Im-munsystem wie ein Elefant und werde nie krank. Das war nicht immer gut. Denn nie krank zu sein, bedeutete auch, im-mer in die Schule gehen zu müssen. Und das war nach wie vor der Ort, an dem ich mich am wenigsten gern aufhielt.

Mit zehn Jahren war die Schonzeit endgültig vorbei. Von nun an blieb noch weniger Zeit für Wurstmachen, Kuhfladen-hüpfen, Saunaschwitzen, Bastelstunden mit Opa oder Quatsch-machen mit Max. Denn ich kam an die Realschule in Grimma. Meine Noten aus der Grundschule hätten zwar gerade so für das Gymnasium gereicht, aber damit hätte man mir keinen Gefallen getan. Ich war einfach keine gute und noch dazu eine sehr faule Schülerin. So bissen meine Eltern in den sauren Apfel und gaben den Traum einer Akademiker-Tochter endgültig auf. Derweil drückte ich weiterhin eher desinteressiert die Schulbank und verfolgte das schulische Geschehen mit so wenig Engagement wie nur irgend möglich. Ein Spieler auf der Ersatzbank war das reinste Energiebündel im Vergleich zu mir. Aber die Schule wurde für mich immer unerträglicher. Auf der Realschule war ich nicht mal mehr Anführerin einer coolen Schul-Gang, sondern litt unter schrecklichen Fächern wie »Popgymnastik« und »Musik«. Ich hasste es, vorzusingen und auch vorzutanzen. Denn trotz meiner musikalischen Früherziehung setzte mein Rhythmusgefühl aus, sobald ich unter Beobachtung stand. Das einzige Fach, bei dem ich mitarbeitete und mich sogar freiwillig meldete, war Wirtschaft. Nicht dass mich dieser trockene Kram auch nur im Ansatz interessiert hätte. Aber der Lehrer, Herr Schmidtbauer, war einfach verdammt heiß. Ansonsten wehrte ich mich noch immer vehement gegen Gruppenarbeiten und zog es vor, alles allein zu machen. Irgendwie hatte ich das Gefühl, es allein besser zu schaffen. Ich vermute, das lag auch daran, dass ich mich in keiner Weise mit den anderen Mädchen vergleichen wollte –

Irgendwie hatte ich das Gefühl, es allein besser zu schaffen.

weder was unsere schulischen Leistungen betraf noch was unsere Körpermaße anging. Ich wurde zwar älter und schoss auch ein wenig in die Höhe, aber sonst änderte sich an meinem Körper nichts. Keine Brüste in Sicht. Von der fünften bis fast zur zehnten Klasse tat sich hier nahezu nichts. So war ich mit 15 Jahren immer noch flach wie ein Brett, während sich bei allen anderen Mädchen schon mindestens der Ansatz von Brüsten zeigte.

Im Turnunterricht zog ich mich in der hintersten Ecke um und beim Schwimmunterricht war ich regelmäßig krank. Oder ich behauptete, dass ich meine Tage hätte. Und das war nicht nur gelogen, sondern völlig an den Haaren herbeigezogen. Denn auch in dieser Hinsicht war bei mir noch nichts passiert. Ich hatte das Gefühl, die Pubertät hatte mich vergessen.

Während sich meine Klassenkameradinnen noch einigermaßen zurückhielten und mich – abgesehen von abfälligen Blicken und ein bisschen Tuscheln – nicht weiter auf das Thema ansprachen, fand es mein Vater ganz großartig, mich in aller Öffentlichkeit auf das Ausbleiben meiner Brüste hinzuweisen: »Mensch, Melli!«, sagte er schon etwas angetrunken auf dem Stadtfest und zwickte mir in die Brust. »Meinst du, da kommt noch was? Kein Wunder, dass du dich in der Sauna immer so schämst!« Selbst wenn ich mich nicht geschämt hätte, ab diesem Zeitpunkt hätte ich es getan. In die Sauna konnte er von nun an allein gehen.

Vermutlich war auch dieser Spruch meines Vaters der Auslöser dafür, dass ich im Alter von 15 Jahren eine Art Waschtick entwickelte. Das führte so weit, dass ich mich bis zu acht Mal am Tag duschte. Und zwar gut und gern eine halbe Stunde lang. Sehr zum Leidwesen meiner Mutter, die das Badezimmer auch gern einmal benutzt hätte und mir daher sehr schnell einen Riegel vorschob, beziehungsweise mir kurzerhand das Wasser abdrehte. Ich atmete erst ein bisschen auf, als ich mit 16 Jahren endlich meine Tage bekam. Immerhin. Natürlich erzählte ich das weder meinem Vater noch meiner Mutter.

Da ich zu Hause nie wirklich aufgeklärt wurde, schämte ich mich dafür. Dennoch musste ich selbstverständlich die Blutungen stoppen. Doch der Gedanke, mir eine halbe Windel in die Unterhose zu kleben, gefiel mir gar nicht. So führte ich mir meinen ersten Tampon im Alter von 16 Jahren autodidaktisch ganz allein ein. Schließlich hatte ich das mit Max schon anhand von Bleistiften geübt.

Mit 16 Jahren stand noch ein weiteres Highlight an: Tanzkurs samt Abschlussball. Und da ich wirklich und unbedingt tanzen lernen wollte, suchte ich mir einen sehr unattraktiven, aber ehrgeizigen Tanzpartner dafür aus. Das klingt jetzt gerade so, als hätte ich mir die Männer beliebig aussuchen können. Dem war nicht wirklich so. Ich war auch mit 16 Jahren noch kein besonders attraktives Mädchen. Blonde Haare mit Achtzigerjahre-Pony, immer leicht gerötete Wangen und Nase. Auch körperlich entsprach ich nicht gerade den Idealmaßen. Nicht mal annähernd, um ehrlich zu sein. Ich hatte zwar inzwischen leichte Hügel, die den Ansatz einer Brust erahnen ließen, war aber noch sehr weit von dem entfernt, was man einen Busen hätte nennen können. Noch dazu fielen diese beiden Hügel nicht wirklich auf, weil ich alles in allem recht kräftig war. Also nicht fett, aber eher dick als dünn. Da mein auserkorener und etwas verpickelter Tanzpartner bei dem anderen Geschlecht wohl ähnlich gut ankam wie ich, nahm er meine Aufforderung gern an. Er hieß Tom, war Klassenbester und machte immer einen sehr beherrschten Eindruck. Ich saß seit einem halben Jahr in der Schule neben ihm. Denn wenn ich schon abschrieb, dann auch vom Richtigen. Tom gefiel das nicht besonders. Aber er war ein echter Gentleman und schwieg. Außerdem ging die

Wahrscheinlichkeit, dass jemand vermuten konnte, er hätte von mir abgeschrieben, gegen null. Tom war der perfekte Sitznachbar und Tanzpartner. Er verschaffte mir eine Drei in Mathe und schwang mich im Walzer über das Parkett als gäbe es kein Morgen. Und das trotz meiner anhaltenden Rhythmus-Problematik. Mit der Zeit gewann ich ihn wirklich sehr gern und wir wurden richtige Freunde. Tom war ein Mann, in den ich mich gut hätte verlieben können. Allerdings hatte er zwei große Makel: Erstens stand er auf die *No Angels* und zweitens war er für mich gut zwanzig Jahre zu jung.

DER GRILLMEISTER, DIE BETTKANTE UND ICH!

Seit ich anfing, mich für das andere Geschlecht zu interessieren, begeisterte ich mich nur und ausschließlich für ältere Männer. Max, der Nachbarsjunge, stellte die einzige Ausnahme dar und fällt damit wohl in die Kategorie »sexuelle Verfehlungen in früher Kindheit«. Denn sobald ich, sagen wir: geschlechtsreif war, konnten nur Männer, die mindestens zwanzig Jahre älter waren als ich, meine Aufmerksamkeit gewinnen. Tom und ich blieben gute Freunde, aber zum ersten Mal richtig verliebt habe ich mich in ein ganz anderes Kaliber: in Stefan, einen echten Mann, der keine Ahnung davon hatte, wer oder was die *No Angels* waren.

Ich war 16 Jahre alt und begleitete meine Eltern zum portugiesischen Abend eines Restaurants. Ich war tierisch aufgeregt wegen des ganzen Fleisches, das direkt vom Spieß auf die Teller gesäbelt werden sollte. Bis ich Stefan hinter dem Grill entdeckte. Er trug eine weiße Kochmütze, eine fettverschmierte Grillschürze und hatte einen leichten Dreitagebart. Stefan war Anfang vierzig und das sah man ihm auch an. Tiefe Furchen unter den Augen und einige Falten, die eindeutig nicht vom Lachen kamen, ließen ihn vom Leben etwas mitgenommen wirken. Stefan war eindeutig kein schöner Mann. Aber wie er da stand und die Messer aneinander wetzte, Würste und Steaks arrangierte und das Rindfleisch marinierte, da war es bereits um mich geschehen. Sofort schnappte ich mir einen Teller und holte mir Wurst und Fleisch direkt vom Grill. Und das tat ich nicht nur einmal. Ich weiß nicht, wie oft ich an diesem Abend für Wurst-Nachschub sorgte. Aber dem erstem Smalltalk wie: »Welche Soße möchtest du?« – »Ketchup, bitte!«, folgten tiefer gehende Gespräche: »Bist du nicht die Tochter vom Schornsteinfeger?« – »Ja.« – »Du bist aber groß geworden!«, begleitet von intensivem Augenkontakt. Und tatsächlich war Stefan mutig genug, mich zu späterer Stunde zum Tanzen aufzufordern. Ich dachte zwar nicht, dass ich mich mit meinem Wurst- und Fleischbauch jemals wieder bewegen könnte, aber zahlreiche Kräuterschnäpse halfen mir auf das Parkett. Und zum Glück hatten mich die Tanzstunden mit Tom auf solche Anlässe hervorragend vorbereitet. Egal, was der betrunkene DJ als nächstes auflegte, Stefan und ich waren nicht aus dem Takt zu bringen. Er führte, ich folgte und unser Körperabstand wurde von Tanz zu Tanz geringer.

Mama und Papa waren nach all dem Portwein längst jenseits von Gut und Böse und bekamen höchstens verschwommen aus den Augenwinkeln mit, wie ihre Tochter nach einigen Tänzchen mit dem Grillmeister Richtung Parkplatz verschwand. Stefan bot mir nämlich sehr höflich an, mich nach Hause zu fahren. Schließlich sahen meine Eltern nicht mehr danach aus, als könnten sie diese Aufgabe noch übernehmen. Doch aus dem nach-Hause-fahren wurde lange nichts. Kaum saßen Stefan und ich im Auto, begannen wir, wie wild rumzuknutschen. Und tatsächlich stellte sich zwischen meinen Beinen dasselbe Gefühl ein, das ich von Willi, meinem Hopseball, kannte. Unser Schäferstündchen im Auto fand allerdings ein abruptes Ende, als Mama und Papa über den Parkplatz torkelten. Ich schlich aus Stefans Auto und entschied mich für Angriff als die beste Verteidigung: »Da seid ihr ja endlich!«, sagte ich mit vorwurfsvollem Ton. »Ich hab euch überall gesucht! Das ist Stefan. Er hat angeboten, uns nach Hause zu fahren«, sagte ich und warf Stefan schnell einen entschuldigenden Blick zu. Mein Vater murmelte noch irgendetwas von »Würstchenmann«, bevor er sich ordentlich ins Gebüsch übergab. Stefan rief uns zur Sicherheit dann doch lieber ein Taxi. Seine Polsterbezüge im Auto waren nämlich brandneu.

Seit diesem Abend hatten Stefan und ich wohl das, was man eine Affäre nennt. Denn er war nicht nur zwanzig Jahre älter, sondern auch verheiratet und Vater zweier Kinder. Natürlich wusste ich, dass es nicht richtig war, mich heimlich mit einem verheirateten Familienvater zu treffen. Ich wusste auch, dass es nicht nur nicht richtig, sondern moralisch völlig verwerflich war. So eine Frau, die sich Männer anderer Frauen schnappt und Kindern ihren Papa klaut, wollte ich bestimmt nie sein. Aber ich konnte nicht anders. Ich war einfach völlig verschossen in diesen Mann, der immer ein bisschen nach Aftershave und Grillfleisch roch. Ich war ihm verfallen. Mit Haut, Haaren und Magen.

Da ich noch bei meinen Eltern wohnte und Stefan Frau samt Kinder zu Hause hatte, noch dazu da sich die zwanzigtausend Einwohner in Grimma untereinander alle irgendwie kannten, blieb uns nur Stefans Auto als Ausweichmöglichkeit für unsere heimlichen Treffen. Dazu holte er mich meistens direkt von der Schule ab. Hinterausgang versteht sich. Dann verbrachten wir eine halbe Stunde bis Stunde, manchmal auch zwei, küssenderweise im Auto. Natürlich gut versteckt, vorwiegend auf dem Parkplatz hinter der Schwimmhalle. Tatsächlich ist in den ersten Wochen unserer Affäre sonst nichts weiter passiert. Wir küssten uns, fummelten ein bisschen und redeten in der Tat sehr viel. Ich mochte unsere Gespräche sehr. Stefan war zwar nicht das hellste Licht im Lampenladen, aber ich war ja auch nicht auf der Suche nach intellektuellem Austausch. Doch zum ersten Mal im Leben hatte ich das Gefühl, von einem erwachsenen Menschen ernst genommen zu werden. Stefan tat mir gut. Obwohl ich noch die Schulbank drückte und immer noch keine richtigen Brüste hatte, behandelte er mich niemals wie einen Teenager. Er sah nicht zu mir herab und er machte mir nichts vor. Stefan hatte sich einfach gegen seinen eigenen Willen in ein 16-jähriges, etwas pummeliges, aber sehr lebenslustiges Mädchen verliebt. Er war genauso süchtig nach unseren Treffen wie ich. Und diese Treffen fanden schon bald fast täglich statt. Für den seltenen Fall, dass meiner Mutter doch mal auffiel, dass ich immer später nach Hause kam, hatte ich jederzeit eine Ausrede parat: »Ich musste nachsitzen.«, »Ich habe den Bus verpasst.« oder »Ich musste noch mal umkehren, weil ich meine Schultasche vergessen hatte.« waren Erklärungen, die durchaus meinem Charakter entsprachen. Daher bemerkten meine Eltern lange nichts von meinem Doppelleben als Lolita.

Noch dazu machte ich zu dieser Zeit meinen Eltern ausnahmsweise relativ wenig Probleme. Inzwischen befand ich mich im letzten Schuljahr. Und tatsächlich steuerte ich auf einen sehr passablen Abschluss der Mittleren Reife zu. Das lag auch daran, dass ich nach der neunten Klasse darauf bestanden hatte, anstehendes Prüfungsjahr hin oder her, an eine kleinere Realschule zu wechseln. Denn nach über vier Jahren tat ich mich noch immer schwer mit Mitschülern, Lehrern und Lehrplan. Darüber half der sexy Wirtschaftslehrer irgendwann auch nicht mehr hinweg. Ich wollte unbedingt auf eine kleinere Dorfschule und sattelte um nach Trebsen. Meine Eltern hielten das anfangs für die schlechteste Idee, die ich jemals hatte, stimmten aber schließlich zu. Vermutlich nur deshalb, weil ich ihnen damit drohte, sonst freiwillig das Jahr zu wiederholen. Doch meine Sturheit zahlte sich aus. Denn obwohl ich parallel längst Unfug mit dem Grillmeister trieb, kam ich in Mathe von einer Fünf auf eine Zwei. Sogar im Sportunterricht bekam ich ab und an eine Drei, was meiner persönlichen Bestleistung entsprach. Während ich die neun Jahre zuvor meine durchschnittlichen Noten alle erspickt hatte, schaffte ich im letzten Schuljahr in Trebsen sehr viel bessere Ergebnisse aus eigenem Antrieb. So unmoralisch und unüberlegt die Sache mit Stefan auch war, gab mir diese erste Beziehung dennoch ein Selbstvertrauen, das ich vorher nicht gehabt hatte. Ich fand mich selbst plötzlich gar nicht mehr so schrecklich und traute mir viel mehr zu. Ich stellte fest, dass Dreisatz anwenden, Photosynthese erklären oder über den Schwebebalken balancieren schulische Disziplinen waren, die ich durchaus meistern konnte. Popgymnastik konnte ich zum Glück abwählen, denn das hätte mir vermutlich das Genick gebrochen oder zumindest den Abschluss versaut.

Auch außerhalb der Schule trat ich nun viel selbstbewusster auf und tat mich damit leichter, auf andere zuzugehen. Und zwar ohne ihnen dabei einen Frontzahn auszuschlagen.

So fand ich an der Schule in Trebsen auch etwas mehr Anschluss als zuvor. Ich war zwar immer noch kein Cliquen-Mensch und tuschelte auch nicht mit anderen Mädchen im Pausenhof über Jungen oder unsere Periode, aber ich flippte auch nicht mehr völlig aus, wenn wir zu Gruppenarbeiten aufgefordert wurden. Dennoch hatte ich trotz meiner fast schon sozialen Anwandlungen außerhalb des Klassenzimmers nach wie vor nicht viel mit meinen Mitschülern zu tun. Während die anderen aus der Klasse nach Schulschluss zusammen Eislaufen oder Eis essen gingen, spielte ich mit Stefan auf der Rückbank *Eis am Stiel*. Allerdings nie bis zum Äußersten.

Stefan wusste nicht so genau, was ich eigentlich an ihm fand. Er fragte mich oft, ob es noch einen anderen gäbe? Vielleicht einen Jungen aus meiner Klasse, der mir gefiel. Aber das konnte ich, ohne zu schwindeln, immer verneinen. Der Gedanke brachte mich eher zum Lachen. Ich interessierte mich einfach nicht für Jungen in meinem Alter. Ich fand sie unreif und wusste nicht, über welche Themen ich mit ihnen hätte sprechen sollen. Denn Dreisatz und Photosynthese waren irgendwann auch erschöpft. Außerdem fand ich sie einfach nicht attraktiv. Mir gefielen schon immer Männer, die einen furchtlosen Eindruck machten. Deren Gesichtern man ansehen konnte, dass sie schon so einige Kämpfe in ihrem Leben ausgetragen hatten. Vermutlich ist deshalb Sylvester Stallone mein absoluter Traummann, den ich bis heute nicht von der Bettkante stoßen würde.

Apropos Bettkante: Mein erstes Mal rückte in greifbare Nähe, als meine Eltern ankündigten, für drei Tage in den Urlaub zu fahren. Natürlich ohne mich. Doch großzügigerweise

Das erste Mal sollte nicht auf der Rückbank eines Autos stattfinden, sondern etwas Besonderes sein.

durfte ich zum ersten Mal allein zu Hause bleiben. Ich glaube, sie fuhren nach Paris. War mir aber auch egal. Denn für mich war das Wichtigste, dass ich drei Tage sturmfrei hatte. Ich wusste: jetzt oder nie! Denn ich wollte unbedingt entjungfert werden. Ich hatte Stefan zuvor schon oft im Auto gebeten, mit mir zu schlafen. Ich wollte es unbedingt endlich ausprobieren. Vielleicht auch einfach hinter mich bringen. Aber Stefan lehnte immer ab. Zum einen, weil er sich der Verantwortung nicht gewachsen fühlte, ein 16-jähriges Mädchen zu entjungfern. Zum anderen sagte er, wenn es schon das erste Mal wäre, sollte es nicht auf der Rückbank eines Autos stattfinden, sondern etwas Besonderes sein. Da hatte er natürlich recht. Aber jetzt, als ich das Haus in Grimma drei Tage für mich allein hatte, gab es kein Entkommen mehr. Ich plante das erste Mal mit Stefan noch akribischer als meinen ersten Kuss mit Max und hoffte, dass Stefan im Gegensatz zu Max nicht kneifen würde.

Zuallererst verbannte ich meine Kuscheltiersammlung aus meinem Zimmer. Dann entfernte ich alle peinlichen Fotos aus der Wohnung. Unter anderem auch das Abschlussball-Bild, auf dem ich wie eine in Zellophan verpackte, mit Alkohol bis obenhin abgefüllte Praline aussah. Auch vor den Bildern meiner Eltern und Großeltern machte ich nicht halt. Die kamen alle zusammen in eine große Kiste. Ich wollte die sexuelle Aura nicht durch das Grinsen von Vati und Mutti zerstören.

Natürlich sorgte ich für gedämmtes Licht, Kerzen, Rosenblätter, Sekt und Erdbeeren. Was man halt so braucht für das erste Mal. Das Einzige, was in meinem »ersten Mal-Standardprogramm« fehlte, war Musik. Aus dem einfachen Grund, weil ich nicht wusste, was Männer in Stefans Alter so hörten. Queen? ABBA? Rolling Stones? Bach? Das war mir zu heikel. Aber an Kondome habe ich selbstverständlich gedacht. In der Erdbeer-Ausführung, passend zum Picknick. Denn »Wurst-Flavour« gab es leider nicht.

Stefan kniff nicht. Er stand, so wie ausgemacht, pünktlich um 20 Uhr vor der Tür und brachte zur Feier des Tages vier Paar Krakauer mit. Vermutlich war es das erste Mal in meinem Leben, dass ich Wurst links liegen ließ. Ich war zu aufgeregt und konzentrierte mich voll und ganz auf mein Vorhaben, nun endlich entjungfert zu werden. Stefan war noch nervöser als ich. Zumindest war sein Händchen etwas verschwitzt, als ich ihn nach oben in mein Kinderzimmer führte. Wir kippten ein paar Gläser Sekt, fütterten uns mit Erdbeeren und zogen uns langsam gegenseitig aus. Ich verwarf die Idee mit dem gedämmten Licht und schaltete um auf »so dunkel wie möglich«. Denn ich schämte mich einfach zu sehr für meinen etwas pummeligen, flachbrüstigen Körper. Doch Stefan schien er zu gefallen. Wie auch schon oft auf der Rückbank im Auto spürte ich sehr schnell seinen harten Penis, der zwischen meine Beine drückte. Mir schien, Stefans letzte Bedenken, einer 16-Jährigen das erste Mal zu bescheren, waren endgültig über Bord gegangen. Ich lag auf dem Rücken und genoss alles, was Stefan tat. Wie er mich anfasste, streichelte, überall leckte und auch mal fester zupackte. Dabei hielt ich meine Augen fast immer geschlossen.

Doch als sein Kopf zwischen meinen Schenkeln verschwand, warf ich einen Blick auf das Geschehen. Das sah irgendwie lustig aus. Stefans Kopf zwischen meinen Beinen. Ich konnte sogar den Ansatz einer Glatze auf seinem Kopf ausmachen, der mir bisher nicht aufgefallen war. Und als ich aus den Augenwinkeln auch noch Willi, den Hopseball, entdeckte, zauberte sich ein breites Grinsen auf mein Gesicht. In diesem Moment wusste ich, dass Willi nur ein Tropfen auf dem heißen Stein gewesen war. Und dass Willi von nun an Schnee von gestern war. Denn das Lecken und Streicheln raubte mir fast den Verstand. Als Stefan schließlich in mich eindrang, war das auch mehr als in Ordnung, aber trotzdem nicht so großartig, wie ich es erwartet hatte. Es tat zwar nicht weh, aber löste auch kein Feuerwerk in mir aus. Es dauerte nicht besonders lange, aber lange genug, dass ich tatsächlich mal kurz an die Krakauer im Kühlschrank denken musste. Und ja, ich dachte sogar kurz darüber nach, welcher Senf am besten dazu passen würde. Fünfzehn Minuten später hatte sich meine Vermutung bestätigt: Meerrettich-Senf.

Nach all dem Lecken, Vögeln und Wurstessen plantschen Stefan und ich im hauseigenen Pool und machten es gleich nochmal. Diesmal im Garten neben dem Pool. Und bereits bei meinem zweiten Mal Geschlechtsverkehr wusste ich: Sex ist Übungssache. Denn es machte schon viel mehr Spaß als beim ersten Mal und ich beschloss, freiwillig und hart weiter zu trainieren. Somit wurden die nächsten drei Tage zum reinsten Workout.

Sex ist Übungssache.

Leider wurden unsere Trainingseinheiten schon bald jäh von meinen Eltern unterbrochen. Sie erwischten uns zwar nicht inflagranti, aber meine Mutter schöpfte Verdacht. Ich bin mir bis heute nicht ganz sicher, wie sie dahinter kam. Vielleicht hatte uns eine Nachbarin im oder am Pool beobachtet. Oder an der Wursttheke, die Stefan belieferte, wurde wieder zu viel getratscht. Wie dem auch sei, meine Mutter konfrontierte mich mit dem Vorwurf, mich von einem viel älteren, verheirateten Familienvater vögeln zu lassen. Was sollten denn da die Leute denken?

Natürlich stritt ich alles ab. Ich und Stefan? Der Grillmeister vom portugiesischen Abend? Völlig absurd! Allerdings fand meine Mutter dann erdrückendes Beweismaterial, das sogar mich, Melanie Münchhausen Müller, chancenlos zu Boden warf: mein Handy. Erstens hatte ich offiziell gar kein Handy und zweitens war dieses Handy, das mir tatsächlich Stefan geschenkt hatte, voll mit Liebesschwüren, kleinen schmutzigen Nachrichten und leider auch Fotos. Ich wünschte, wir hätten es an jenem Wochenende wenigstens nicht auch noch im Schlafzimmer meiner Eltern getrieben. Aber das mit dem Fesseln konnten wir an meinem Bettgestell eben nicht ausprobieren. Dennoch wäre es besser gewesen, Stefan hätte kein Handybild davon geschossen, wie ich nackt und gefesselt im elterlichen Ehebett lag. Meine Mutter, die alte Petze, teilte ihre Entdeckung umgehend mit meinem Vater. Der wiederum machte kurzen Prozess und suchte Stefan an der Wursttheke auf. Ich weiß bis heute nicht, was er genau zu ihm gesagt hat. Aber es kursierte eine Weile das Gerücht, dass der Schornsteinfeger den Wurstlieferanten unmissverständlich darauf hingewiesen hätte, dass – wenn ihm sein Leben und das seiner Familie lieb wäre – er nie wieder seine Krakauer in der Tochter des Schornsteinfegers zu versenken hätte.

Als Papa zurückkam, musste ich ihm versprechen, den Würstchenmann nie wieder zu treffen. Und ehrlich gesagt fiel mir das gar nicht so schwer. Denn die ganze Sache wurde einfach zu brenzlig. Schließlich war Stefan verheiratet und Vater zweier Kinder. Schlimm genug, dass meine Eltern davon Wind bekommen hatten. Aber das Letzte, was ich wollte, war, dass seine Familie davon erfuhr. Ich sah Stefan ein letztes Mal in seinem Auto. Dabei gab ich ihm das Handy zurück und sagte ihm, dass ich ihn nie mehr wiedersehen könnte. Und weil es jetzt auch schon irgendwie egal war, schoben wir schnell noch eine Nummer auf der Rückbank – was ich schon längst mal ausprobieren wollte. Abschiedssex, so stellte ich an jenem Tag fest, ist doch irgendwie der schönste.

Abschiedssex ist doch irgendwie der schönste.

FLUTSCHFINGER IM OKAPI-WALD

Ungefähr zwei Monate vor meinem Realschulabschluss verliebte ich mich erneut. Unter ziemlich ähnlichen Bedingungen wie beim ersten Mal. Ich war mal wieder mit meinen Eltern auf einer Feier. Diesmal allerdings auf einem privaten Fest von Freunden meines Vaters. Aber was soll ich sagen: Auf diesen Veranstaltungen gab es einfach immer die attraktivsten Männer. Allesamt vierzig plus und Geschäftsleute. Viele Männer waren im Anzug, weil sie es – so stellte ich mir das zumindest vor – nach einem stressigen Arbeitstag nicht mehr nach Hause zum Umziehen geschafft hatten. Ich konnte mich einfach nicht dagegen wehren: Mich interessierte ausschließlich dieser Schlag Männer. Ältere Kerle, die schon etwas in ihrem Leben erreicht hatten. Die – im Gegensatz zu mir – einfach selbstbewusst waren. Macher, deren Ausstrahlung mir sagte, dass ich in ihrer Höhle sicher wäre. Möglicherweise ist das irgendein archaisches Überbleibsel aus meiner Neandertalerseele. Vielleicht auch einfach nur ein ausgewachsener Vaterkomplex. Schließlich habe ich von meinem Erzeuger nie die Aufmerksamkeit bekommen, die ich mir gewünscht hatte. Also musste ich sie mir von anderen Männern im Alter meines Vaters holen. Und das war nicht besonders schwer. Denn natürlich fiel ich auf dieser Art von Partys immer etwas auf. Schon allein deshalb weil die wenigsten erwachsenen Menschen so wie meine Eltern ihre minderjährigen Kinder mitbrachten. Ich war zwar niemals die Schönste unter den weiblichen Gästen, aber immer die Jüngste. Und zwar mit Abstand.

Ralf und ich entdeckten uns mehr oder weniger gleichzeitig durch die Menschenmassen. Und ja, es war Liebe auf den ersten Blick. Ich glaube, als sich unsere Blicke trafen, stand die Welt sogar für einige Sekunden still. Sie drehte sich einfach nicht mehr. Das Stimmengewirr wurde zu einem engelsgleichen Violinkonzert, ich verlor den Boden unter den Füßen und schwebte direkt in Ralfs Arme.

Nun gut. Ganz so war es nicht. Vielmehr grinste ich debil vor mich hin, was meinem kläglichen Versuch entsprach, Ralf einen wahnsinnig verführerischen Blick zuzuwerfen. Ich machte es genau so, wie ich es in vielen Filmen gesehen hatte. Es hätte nur noch gefehlt, dass ich mit der Zunge über meine Lippen leckte. Das tat ich nicht. Und wenn doch, würde ich das jetzt nicht zugeben. So tollpatschig ich mich auch angestellt haben mochte, es funktionierte: Ralf verstand, mein nervöses Augenzwinkern zu deuten, und kam todesmutig auf mich zu. Fünf Minuten später standen wir mit einem Weißwein in der Ecke und unterhielten uns über Gott und die Welt. Also eigentlich nur über ihn. Aber in jenem Moment schien mir die Welt auch ausschließlich aus Ralf zu bestehen. Er war Gott und die Welt! Ich hing an seinen Lippen und lauschte seinen spannenden Ausführungen über seinen stressigen Arbeitsalltag. Denn Ralf war Eventmanager. Das klang schon so mondän. Ralf war zweifelsohne ein echter Macher. Ein Kerl, der rausging und machte. Also, in diesem Fall Veranstaltungen organisierte. Aber eben auch ein Mann, der schon etwas erreicht hatte und sich seiner Erfolge bewusst war. Ralf hatte eine derart selbstbewusste

Ausstrahlung, dass mir ganz schummerig wurde vor lauter Begeisterung.

Ich kippte einen Wein nach dem anderen, versuchte, an den richtigen Stellen richtig zu lachen, und vergewisserte mich mit starrendem Blick, dass sich auch wirklich kein Ehering an Ralfs Finger befand. Auch kein Abdruck eines Ringes. Tatsächlich entdeckte ich nichts dergleichen. Ebenso sprach alles aus seinen Erzählungen dafür, dass Ralf unverheiratet war. Also drängte sich mir die Frage auf: Wo war der Haken? Ein derart weltgewandter, gutaussehender Mann in seinem Alter – unverheiratet?

»Bist du schwul?«, platzte es irgendwann und an unpassender Stelle aus mir heraus. Ralf begann, lauthals zu lachen und sagte nur, er hätte sich schon lange nicht mehr so amüsiert wie heute Abend. Ich deutete das als ein Nein und war überglücklich: Ralf amüsierte sich. Mit mir!

Diesmal ließen mich meine Eltern nicht völlig aus den Augen. Trotzdem schaffte es Ralf, mir ganz beiläufig seine Handynummer zuzustecken. Und keine 24 Stunden später machte ich davon auch schon Gebrauch. Ich rief Ralf von einem Münztelefon aus an und fragte ihn, ob er Lust auf ein Treffen hätte. Vorab wollte ich allerdings wissen, ob er verheiratet war oder Kinder hatte. Ralf lachte wieder in den Hörer, aber versicherte mir, dass er zwar ein paar Jährchen älter sei als ich, aber ansonsten ein kinderloser, heterosexueller Junggeselle. Und damit stand einem Treffen tatsächlich nichts mehr im Weg.

Ralf und ich sahen uns noch am selben Tag. Ich erklärte meiner Mutter, dass ich zur Lerngruppe müsste. Schließlich stand bald meine Abschlussprüfung an. Hätte mich meine

Mutter etwas besser gekannt, hätte sie gewusst, dass man mich niemals in einer Lerngruppe finden würde. Aber in diesem Fall war ich sehr froh über ihre mangelnden Mutterinstinkte. Ralf schlug vor, einen Ausflug in den Zoo nach Leipzig zu machen. Ich fand das etwas infantil, aber stimmte natürlich zu. Vielleicht wusste ein über 40-jähriger Mann einfach nicht, wohin man eine – inzwischen – 17-Jährige so ausführte. Oder seine Wahl fiel deshalb auf den Zoo, da die Gefahr, mit mir in Leipzig gesehen und auch erkannt zu werden, natürlich viel geringer war als in Grimma. Wie dem auch sei: Ich wäre mit Ralf auch ins Bälleparadies zu IKEA gefahren. Ganz egal, wohin, Hauptsache mit ihm.

Ralf holte mich ab. Natürlich nicht von zu Hause, sondern von einem Café ein paar Ecken weiter. Meine Eltern wollte ich nach der Erfahrung mit Stefan gern aus meinem Privat- und Liebesleben raushalten. Die vierzig Kilometer nach Leipzig vergingen wie im Flug. Ralf und ich redeten ununter-brochen. Das heißt, eigentlich quasselte ich ununterbrochen. Das passiert mir immer, wenn ich aufgeregt bin. Ich rede wie ein Wasserfall. Ralf konzentrierte sich auf das Fahren, lächelte mich hin und wieder von der Seite an und hörte einfach nur zu. Er stellte mir auch keine großartigen Fragen, was ich damals als gutes Zeichen interpretierte. Heute würde ich ihm ein ge-wisses Desinteresse an meiner Person unterstellen. Aber da-mals hatte ich das Gefühl, Ralf mit meinem Geplapper einfach zu verzaubern. Alles, was ich sagte und erzählte, schien ihm zu gefallen. Obwohl wir uns kaum kannten, fühlte es sich sofort vertraut an, mit ihm zusammen zu sein.

Wir schlenderten den ganzen Nachmittag durch den Zoo. Vorbei an den Mantelpavianen, die uns ihre roten Hintern entgegenstreckten, dem Bartaffen, der mit seinem erigierten Glied spielte, und den afrikanischen Windhunden, die einander bestiegen. Möglicherweise ging es nur mir so, aber ich hatte das Gefühl, dass die gesamte Stimmung an diesem Tag im Leipziger Zoo ziemlich sexuell aufgeladen war. Es war noch dazu ein verdammt heißer Tag und ich spürte, wie der Schweiß zwischen meinen Beinen Tröpfchen für Tröpfchen nach unten rann. Wobei ich mir irgendwann nicht mehr ganz sicher war, ob es tatsächlich Schweiß war. Denn ich hatte so unglaubliche Lust, Ralf zu verführen.

Ralf fragte mich, ob ich gern ein Eis zur Abkühlung hätte. Und spätestens als ich mit meinem kurzen Jeansrock und dem Flutschfinger in der Hand leckenderweise neben Ralf entlang spazierte, muss der Gedanke an Sex auch Ralf in den Kopf gekommen sein. Obwohl er später behauptete, dass er schon im Auto an nichts anderes mehr hatte denken können, merkte ich ihm seine Erregung nicht an. Als wir uns im Okapi-Wald auf eine schattige Bank zurückzogen, wurde ich etwas offensiver. Ich lutschte sehr intensiv an meinem Flutschfinger und steckte ihn schließlich auch Ralf zwischen die Lippen. Er lutschte, ich lutsche und bald lutschten wir aneinander ohne lästiges Eis zwischen uns.

Zum Sex kam es allerdings an diesem Tag nicht mehr. Weder im Okapi-Wald noch im Auto. Auch nicht bei unserem nächsten oder übernächsten Treffen. Ralf und ich ließen uns Zeit. Nicht unbedingt, weil wir das gern wollten, sondern tatsächlich, weil uns mal wieder die Gelegenheiten fehlten.

Meine Eltern sollten nach der Sache mit Stefan nichts von einer erneuten Beziehung mit einem Mann ihres Alters erfahren. Bei mir konnten wir uns also nicht treffen. Ralf war zwar tatsächlich Junggeselle mit eigener Wohnung, aber leider selten zu Hause. Er war beruflich derart eingespannt, dass wir uns meistens nur kurz, zwischen Tür und Angel, vor oder zwischen seinen Terminen treffen konnten. Doch dann, ungefähr drei Wochen nachdem wir uns kennengelernt hatten, gelang es mir, fast ein komplettes Wochenende bei ihm zu verbringen. Zu Hause erklärte ich, dass ich mich zusammen mit meiner Freundin bei ihr zu Hause einsperrte, um für die Abschlussprüfungen zu lernen, die unmittelbar vor der Tür standen. Spätestens hier hätten meine Eltern nun wirklich Verdacht schöpfen müssen. Taten sie aber nicht. Und so kam es, dass ich endlich all die Sex-Sachen ausprobieren konnte, die ich mit Stefan nicht mehr geschafft hatte. An diesem Wochenende mit Ralf habe ich sehr viel gelernt. Zum Beispiel, dass ich Sex im Wasser nicht so gern mag. Außerdem, dass Männer im Bett durchaus multi-tasking können. Sogar mehr als Frauen. Während ich mich bei der Stellung 69 schon schwer tat, mich auf Geben und Nehmen gleichzeitig zu konzentrieren, konnte

Außerdem, dass Männer im Bett durchaus multi-tasking können.

Ralf nebenher telefonieren und sogar noch eine Zigarette rauchen. Ok, er bemühte sich nicht im Ansatz mit der Aufmerksamkeit um mich, wie Stefan das zuvor getan hatte. Aber seine nonchalante Art turnte mich irgendwie an. Ralf war ein absoluter Macho. Dass das Fluch und Segen zugleich war, konnte ich damals noch nicht ahnen.

Die Realschule schloss ich einige Wochen später mit einer Durchschnittsnote von 2,3 ab. Damit lag mir zwar nicht gerade die Welt zu Füßen, aber ich hatte eine faire Chance auf diverse Lehrstellen. Meine ursprüngliche Idee war es, in einem Versicherungsbüro zu arbeiten. Aber nach zwei Wochen eines eigentlich dreimonatigen Praktikums verwarf ich diese Idee wieder, weil ich fürchtete, vor Langeweile umzukommen. Ich brach das Praktikum ab und beschloss, Rechtsanwaltsgehilfin zu werden. Das klang in meinen Ohren irgendwie aufregend.

Ich stellte mir vor, wie ich Schriftsätze abtippte und dabei alles über Gesetze, Paragraphen und Gerechtigkeit erfuhr, was man bräuchte, um unbeschadet durch das Leben zu kommen. Aber meine Eltern redeten mir diesen Berufswunsch schnell wieder aus. Denn, so sagten sie, Rechtsanwaltsgehilfin wäre nichts anderes als eine Vorzeigetippse und noch dazu unterirdisch schlecht bezahlt. Mein Vater schlug deshalb vor, dass ich eine Lehre zur Hotelfachfrau machen sollte. Schließlich wäre meine Cousine Ariane so wahnsinnig erfolgreich in diesem Beruf. Natürlich war sie das. Meine Cousine Ariane war ja auch ständig mit ihren Eltern in der Weltgeschichte unterwegs. Sie lernte bis zu ihrem 16. Lebensjahr vier Sprachen und wahrscheinlich hätte es keinen Unterschied gemacht, ob sie im Hotelfach, als Rechtsanwaltsgehilfin, im Versicherungsbüro oder als Stripperin arbeitete. Ariane war immer erfolgreich – egal, was sie tat. Aber ich war nun mal nicht Ariane. Ich war und bin nur Melanie. Melanie, die allerdings immer noch versuchte, es allen recht zu machen. Also gab ich nach und bewarb mich um eine Lehrstelle als Hotelfachfrau, die mir auch prompt zugesagt wurde. Ich bekam einen Ausbildungsplatz in einem kleinen, familiär geführten Hotel. Und das war mir tausend Mal lieber, als in einem dieser Betonklötze unterzukommen, in denen sich gern große Hotelketten befanden. Der große Nachteil meines zukünftigen Ausbildungs- und Arbeitsplatzes allerdings war, wo er war. Nämlich in Füssen, mitten im Allgäu.

Nichts gegen das Allgäu! Ich liebe das Allgäu. Aber das Allgäu war nun einmal sechshundert Kilometer von Grimma und damit auch von Ralf entfernt. Und zu jenem Zeitpunkt war ich eben der festen Überzeugung, Ralf zu lieben. Sogar mehr als das Allgäu. Nämlich heiß und innig und für immer. Natürlich konnte ich mit diesem Argument bei meinen Eltern nicht ankommen. Meine Beziehung zu dem erneut über 20 Jahre älteren Mann behielt ich weiterhin streng für mich. Niemand wusste davon. Nicht mal Omi. Und da es außer meinem Herzschmerz nichts gab, was gegen diese hervorragende Lehrstelle sprach, trat ich tapfer wenige Wochen nach meinem Schulabschluss meine Reise nach Füssen an. Schließlich, so dachte ich, würde Ralf auf mich warten. Was waren schon sechshundert Kilometer Entfernung über die nächsten drei Jahre. Lächerlich war das! Denn Ralf und ich hatten uns doch jetzt gefunden und den Rest unseres Lebens noch vor uns. Und tatsächlich: Ralf wartete auf mich. Viel mehr tat er allerdings auch nicht.

Da meine Eltern ausgerechnet zum Zeitpunkt meines Umzugs mal wieder auf großer Reise waren, sollten – wie so oft – Oma und Opa ran. Denn irgendwer musste schließlich das Kind mit Sack und Pack nach Füssen fahren. Ralf war beruflich zu sehr eingebunden. Und eine derartige Unternehmung mit ihm hätte mich absolut in Erklärungsnot gebracht. Außerdem freute ich mich, dass meine Großeltern sofort zustimmten, mich zu meinem zukünftigen Zuhause zu fahren. An den Ort, an dem ich immerhin die nächsten drei Jahre verbringen sollte. Doch so sehr ich mich auf die Fahrt mit Oma und Opa auch freute, genauso enttäuscht war ich, dass meine Eltern überhaupt nicht daran dachten, ihren Urlaub nur einmal hinten anzustellen. Schließlich zog ich nach 17 Jahren aus. Das Küken verlässt das Nest! Alarm! Andere Mütter heulen an Tagen wie diesen Rotz und Wasser. Und riechen noch an der Bettwäsche, in der die geliebte Tochter genächtigt hat. Nicht so meine Mutter. Gerade, dass sie mir noch »Tschüss« sagte. Als Ratschlag gab sie mir mit auf den Weg: »Telefonier nicht so viel!« Denn sie war diejenige, die meine Telefonrechnung bezahlte. Immerhin. Trotzdem hätte ich mich sehr viel mehr über einen anderen Abschiedssatz gefreut. So etwas wie: »Kind, ruf jederzeit an, wenn was ist.« Oder: »Melanie, du weißt: Wir sind immer für dich da!« Pah, nichts da! Mama und Papa waren schon in der Wüste Sinai als Oma, Opa und ich den kleinen Transporter vollluden, um die lange Reise anzutreten.

Eigentlich wäre die Reise gar nicht so lang gewesen. Denn für die sechshundert Kilometer von Grimma nach Füssen braucht man normalerweise gute fünf Stunden. Normalerweise. Meine Großeltern gingen die ganze Sache jedoch etwas gemächlicher an. Sagen wir: Sie genossen sehr ausgiebig die Landschaft, die nicht gerade an uns vorüberzog. Eher noch überholte uns jede Schnecke am Wegesrand. Ich bin kein Freund davon, über die Autobahn zu rasen und habe auch nichts gegen Pinkelpausen während langer Autofahrten einzuwenden. Aber an diesem Tag hatte ich eher das Gefühl, dass sich meine Großeltern vorgenommen hatten, so langsam wie irgend möglich zu fahren und alle Autobahn-Raststätten zwischen Grimma und Füssen zu testen. »Deutsche Autobahnraststätten Undercover – ein Seniorenduo deckt auf!« Es war zum Wahnsinnigwerden. Aber auch irgendwie süß. Ich hatte den Eindruck, meine Großeltern versuchten, den Abschied noch ein wenig in die Ferne zu schieben.

Insgesamt dauerte die Fahrt dann über zehn Stunden. Und zehn Stunden können verdammt lange werden, wenn man sich nach seinem Liebsten sehnte. Denn kaum saß ich im Auto, rutschte mir das Herz in die Hose. Ich vermisste Ralf jetzt schon schrecklich und konnte mir beim besten Willen nicht vorstellen, ihn die nächsten Wochen oder gar Monate nicht zu sehen. Drei Jahre schienen mir nun alles andere als eine absehbare Zeit zu sein. Drei Jahre ohne Ralf waren gleichzusetzen mit einer Ewigkeit in der Hölle. Ralf versprach mir zwar, mich sobald wie möglich besuchen zu kommen, aber »sobald wie möglich« fühlte sich von vornherein viel zu spät an.

So kam es, dass ich, kaum angekommen, trotz der schönen Natur und der ach so guten Luft im Allgäu todunglücklich war. Ich hatte nicht nur schrecklichen Liebeskummer, sondern fühlte mich obendrein von meinen Eltern weggeschafft und kläglich im Stich gelassen. Von Gott und der Welt komplett verarscht. Und als dann auch noch meiner Oma bei der Verabschiedung eine Träne über die Wange kullerte, heulte ich los wie ein Schlosshund. Ich werde diesen Moment nie vergessen, als die beiden ein ganz tapferes Gesicht aufsetzten und wieder in den leeren Transporter stiegen.

»Sind ja nur zehn Stunden!«, sagte Opa und fügte hinzu: »Alte Leute haben viel Zeit!« Wie um mir Mut zu machen.

Ich versuchte, tapfer zu sein und winkte ihnen fröhlich – wenn auch mit tränenverschmiertem Gesicht – hinterher. Sehr lange. Viel zu lange. Als der Transporter längst verschwunden war, winkte ich noch immer. Bis es irgendwann regnete. Aber ich winkte weiter. Ich winkte, wie Forrest Gump gelaufen war. Ich konnte einfach nicht aufhören. Vermutlich würde ich noch heute so dort stehen und winken, hätte mich das Ehepaar Berger, meine Vermieter und zugleich Arbeitgeber, nicht ins Haus geholt. Die beiden waren es auch, die es schafften, dass ich mich nach nur wenigen Tagen in Füssen doch ein bisschen zu Hause fühlte. Ich bezog eine Art Einsiedlerwohnung im Untergeschoss ihres Hauses. Dort hatte ich ein Bett, einen Kleiderschrank, einen kleinen Schreibtisch und ein Minibad. Nichts Großartiges aber meins. Leider war der Handyempfang miserabel. Daher musste ich mich immer durch das kleine Fenster nach draußen räkeln, wenn ich mit Ralf telefonieren wollte. Ab und an rief ich auch meine Eltern an. Schließlich bezahlte meine Mutter meine Handyrechnung. Das war allerdings auch alles, was ich ab Beginn meiner Lehre noch an finanzieller Unterstützung von meinen Eltern bekam. Damals fand ich das nicht so richtig prickelnd. Denn mein Lehrgehalt war lächerlich gering und ich musste auf alles, was ich haben wollte, wochenlang sparen. Im Nachhinein weiß ich diesen Teil meiner Erziehung sehr zu schätzen. Denn nur so lernte ich schon früh, mit Geld umzugehen und wusste immer, woher es kam: von Arbeit.

Denn nur so lernte ich schon früh, mit Geld umzugehen und wusste immer, woher es kam: von Arbeit.

Obwohl wir also regelmäßig telefonierten, kamen meine Eltern und ich über kurzen Smalltalk oder einen Plausch zum aktuellen Wetter nie hinaus. Denn das Interesse meiner Eltern an meiner Arbeit und meinem Leben war ebenso großzügig bemessen wie die finanzielle Unterstützung. Es hielt sich in sehr überschaubaren Grenzen. Nur das Nötigste eben.

Ich versuchte trotz meines Liebeskummers, das Beste aus meiner Zeit im Allgäu zu machen. Und das war eigentlich gar nicht so schwer. Denn das kleine Familienhotel war der beste Arbeitsplatz, den ich mir so schön nicht mal im Traum hätte ausmalen können. Ich hatte dort Gelegenheit, mich in allen Bereichen eines Hotelbetriebs auszuprobieren und zu lernen. Meine Kollegen waren hilfsbereit und entspannt. Es gab kein Konkurrenzdenken und keinen Druck von oben. Das Ehepaar Berger nahm mich fürsorglich in die Betriebsfamilie und auch in ihr Familienleben auf. Nach nur wenigen Wochen hatte ich fast vergessen, dass die Bergers auch meine Chefs waren. Denn wann immer es ging und das Hotel »gerade mal gut ohne uns auskam«, wie Herr Berger immer zu sagen pflegte, zogen wir los. Wir gingen zu dritt wandern, machten Ausflüge auf die Alm, fuhren mit den Inline-Skates oder plantschten in Bergseen.

Im Hotel wurden mir von den beiden die unterschiedlichsten Aufgaben anvertraut. Nach nur zwei Monaten stand ich regelmäßig an der Rezeption, begrüßte neue Gäste und kümmerte mich um deren Ein- und Auschecken. Im Allgäu war alles irgendwie so unbeschwert. Nicht nur Kollegen und Arbeitgeber, sondern auch die Gäste. Mir schien das Allgäu eine bessere und sehr heile Welt zu sein, in der die Menschen so glücklich waren wie die Kühe auf der grünen Alm. Sogar die Berufsschule machte mir Spaß. Sie lag etwas entfernt in einem Kurort, in dem ich daher in regelmäßigen Abständen ein bis zwei Wochen in einem Internat schlief. Ich fand problemlos Anschluss und fühlte mich zum ersten Mal unter Gleichaltrigen pudelwohl. Wahrscheinlich, weil wir alle Gleichgesinnte waren. Wir schliefen in einem Raum, teilten ein Bad und gingen morgens gemeinsam zum Frühstück. Dem ersten Frühstück folgte ein zweites. Später gab es Mittagessen, danach Kaffee und Kuchen und gegen späten Nachmittag die Brotzeit, ein kleiner Snack vor dem eigentlichen Abendessen, das es schon um 18 Uhr gab. Zwischendurch drückten wir die Schulbank. Wir taten also eigentlich nichts außer essen und sitzen. Nur abends, nach dem Abendessen zogen wir los. Denn wir hatten bis 22 Uhr Ausgang. Doch da wir uns inmitten eines Kurgebietes befanden, gab es nichts weiter außer einer Pizzeria auf dem Dorfplatz. Was blieb uns also übrig, als dort noch nach dem Abendessen Pizza zu essen und literweise Cola zu trinken? So war es nicht weiter verwunderlich, dass ich im Allgäu immer runder wurde. Um nicht zu sagen: fett. Denn sobald ich vom Internat zurückkam, gab es ein Festmahl mit den Bergers, die immer alles ganz genau wissen wollten. Was wir gelernt hatten oder wie die Prüfungen gelaufen waren. Sie interessierten sich einfach für mich. Ich war längst zu einer Art Ziehtochter für das kinderlose Ehepaar geworden. Und ich genoss die Aufmerksamkeit von den beiden sehr. Eine Aufmerksamkeit, die mir meine eigenen Eltern nicht im Ansatz hatten zukommen lassen. Plötzlich fühlte ich mich wie der Augenstern, der ich noch nie gewesen war. Wenn auch inzwischen ein sehr runder Augenstern.

Gerade weil mich die beiden so liebten, merkten sie auch, wie unglücklich ich trotz allem manchmal war. Und damit sie meinen Kummer nicht auf sich selbst zurückführten, erzählte ich ihnen schon früh von meiner heimlichen Beziehung zu einem sehr viel älteren Mann. Und von meiner Sehnsucht nach Ralf, die einfach nicht besser wurde – so sehr ich auch alles andere zu schätzen wusste.

Die beiden reagierten sehr verständnisvoll und boten mir an, dass mich Ralf jederzeit bei ihnen besuchen kommen könnte. Später erzählte mir Frau Berger, dass sie durch meine Telefonate aus dem Kellerfenster auch schon geahnt hatte, was los war. Sie hatte nur darauf gewartet, dass ich mich ihr von selbst anvertraute. Ich wusste ihr Angebot sehr zu schätzen und nahm ihnen außerdem das Versprechen ab, nichts davon meinen Eltern zu erzählen.

So kam mich Ralf in dem halben Jahr, das ich bei den Bergers lebte, auch tatsächlich zweimal über das Wochenende besuchen. Meine Eltern kamen übrigens kein einziges Mal. Sobald feststand, dass und wann Ralf kam, lebte ich ungeduldig auf diesen Tag hin. Ich überlegte mir ganz genau, was ich ihm alles zeigen wollte und machte fleißig Überstunden im Hotel, um am besagten Wochenende diese wieder abbummeln zu können. Ich konnte es nicht erwarten, ihm so vieles zu erzählen, zu zeigen, ihn anzufassen, zu küssen und endlich wieder von ihm angefasst zu werden. Denn das konnten selbst tägliche Telefonate nicht ersetzen. Allerdings hatte ich schon vor Ralfs erstem Besuch eine große Sorge: mein Gewicht. Denn bereits nach den ersten zwei Monaten meiner Allgäu-Zeit hatte ich knapp fünf Kilo zugenommen. Und ich hatte das Gefühl, dass sich diese fünf Kilo ausschließlich in meinem Gesicht festgesetzt hatten. Ich sah aus wie ein richtiges Mädchen von der Alm. Rundliches Gesicht, rote Wangen, kräftige Waden, hier und da ein bisschen Speck. Leider hatte sich nichts von den fünf Kilo im Brustbereich abgesetzt. Ich hatte immer noch kein »Holz vor der Hütte«. War ja klar.

Doch Ralf schienen diese fünf Kilo nicht weiter zu stören. Vielleicht hatte er sie auch wirklich nicht bemerkt. Er stellte nur irgendwann beiläufig fest, dass ich auf ihn einen rundum zufriedenen Eindruck machte. Natürlich interpretierte ich das »rundum« sofort in Richtung Gewichtszunahme. Doch Ralf versicherte mir, dass ich ihm gefiel, so wie ich war.

»Je mehr Melanie«, sagte er, »desto besser!« An jenem Tag schliefen wir miteinander in idyllischer Kulisse: mitten auf der grünen Bergwiese zwischen herumspringenden Ziegenböcken, begleitet von der untergehenden Sonne.

Zwischen Ralfs erstem und zweitem Besuch vergingen dann aber fast drei Monate. Anders ausgedrückt: weitere neun Kilo. Ich aß oft aus Langeweile, manchmal aus Kummer, aber auch deshalb, weil es einfach verdammt gut schmeckte im Allgäu. In Käsespätzle mit Speck hätte ich baden können. Doch nach insgesamt sechs Monaten und vierzehn Kilo mehr, gab ich auf. Ich entschied, die Lehre in Füssen schweren Herzens abzubrechen und zurückzugehen. Nicht nach Grimma, aber nach Leipzig.

Denn mein Herz war schon immer mein durchsetzungsstärkstes Organ. Wenn auch nicht gerade mein schlauestes ...

Ich wollte bei Ralf sein. So liebevoll die Bergers auch waren, so sehr mir die Arbeit im Hotel Spaß machte, so lustig ich sogar die Berufsschule im Kurgebiet fand und so lecker die Allgäuer Wurst- und Käsespezialitäten waren, ich gab auf und folgte meinem Herzen. Denn mein Herz war schon immer mein durchsetzungsstärkstes Organ. Wenn auch nicht gerade mein schlauestes ...

MEIN HERZ IST EIN VOLLTROTTEL

Der erste Mensch, dem ich meine Entscheidung mitteilte, war natürlich Ralf. Dazu lehnte ich mich mal wieder aus dem Kellerfenster, auch wenn es schon viel zu kalt war, um im Freien zu telefonieren. Allerdings verlief das Telefonat ein bisschen anders, als ich es mir vorgestellt hatte. Das fing schon damit an, dass Ralf auf irgendeiner seiner Veranstaltungen war und Schwierigkeiten hatte, mich akustisch zu verstehen.

»Ich will zu dir kommen. Nach Leipzig!«, schrie ich ins Handy.

»Du willst was? Warte mal ...« Gelächter im Hintergrund. Bierkrüge, die aneinander gestoßen wurden.

»So, da bin ich wieder. Was hast du gesagt?«

»Ich komme nach Leipzig!«

»Aha. Und wann?«

»Sobald wie möglich.«

»Schön. Ja, Prost. Bin gleich bei euch ... Und wie lange bleibst du?«

»Für immer!«

Dann hörte ich lange nichts. Bis Ralf schließlich meinte, er könnte gerade nicht so gut reden und würde mich später zurückrufen. Zugegebenermaßen hatte ich auf eine andere Reaktion gehofft. So etwas wie: »Melanie! Du machst mich zum glücklichsten Mann auf der ganzen Welt!« Oder zumindest ein »Das sind ja tolle Nachrichten!« wäre schön gewesen.

Ich musste meine eigenen Entscheidungen treffen und auch die Konsequenzen tragen.

Ja, ich war enttäuscht über seine mehr als verhaltene Reaktion, aber ich versuchte auch, mich in ihn hineinzuversetzen. Ich hatte Ralf schließlich völlig überrumpelt. Wir hatten so gut wie nie darüber gesprochen, fest und offiziell zusammen zu sein. Das ging schon wegen meiner Eltern gar nicht. Außerdem betonte Ralf immer, wie sehr er zu schätzen wusste, dass ich nicht an ihm klammerte und meinen eigenen Weg ging. Und genau das, so wusste ich, müsste ich auch weiterhin tun, wenn ich mit Ralf zusammenbleiben wollte. Ich musste meine eigenen Entscheidungen treffen und auch die Konsequenzen tragen. Daher wollte ich auf keinen Fall meine Lehre abbrechen. Denn um weiterhin und auch in naher Zukunft mein eigenes Geld zu verdienen, brauchte ich nun mal einen Beruf.

Im Klartext bedeutete das für mich, dass ich mir in Leipzig unbedingt eine neue Lehrstelle, am besten auch eine eigene Wohnung und einen Nebenjob suchen musste. Vielleicht auch zwei bis drei Nebenjobs. Denn mein Lehrlingsgehalt an sich war schon eine recht bescheidene Angelegenheit. Aber im Allgäu verdiente ich immer noch etwas besser als ich jemals in Leipzig verdienen würde. Noch dazu müsste ich in Leipzig Miete bezahlen. Hier, bei den Bergers, lebte ich so gut wie umsonst. Ich zahlte ihnen eine Art symbolischen Betrag, den sie meistens eh für gemeinsame Aktivitäten mit mir ausgaben. Die beiden verwöhnten mich nach Strich und Faden. Und da war sie: die Kehrseite der Medaille. Denn so froh ich auch war, endlich eine Entscheidung für mich getroffen zu haben, so schwer fiel es mir, sie den lieben Bergers mitzuteilen. Ich fürchtete, den beiden das Herz zu brechen.

Tatsächlich bekam Frau Berger etwas feuchte Augen, als ich ihr sagte, dass ich zurückgehen wollte. Dann nahm sie mich lange in den Arm und meinte nur, dass sie das schon hatte kommen sehen. Auch wenn sie es nie hatte wahrhaben wollen. Sie hatte längst bemerkt, dass ich mich einfach zu sehr anstrengte, glücklich auszusehen. Die Bergers bedauerten meine Entscheidung zwar sehr, versprachen aber, voll hinter mir zu stehen und mich zu unterstützen, wo sie nur konnten. Sie würden mir ein hervorragendes Zwischenzeugnis ausstellen, damit ich meine Lehre problemlos in einem anderen Betrieb fortsetzen könnte.

Ich wusste ihr Verständnis und ihre Unterstützung wirklich sehr zu schätzen. Dennoch beunruhigte eine andere Sache mich noch viel mehr: meine Eltern. Ich musste die Karten nun wohl auf den Tisch legen. Schließlich gab es keinen Grund, abgesehen von Ralf, dieses Idyll, dieses Schlaraffenland, jemals wieder zu verlassen. Ich könnte zwar gegenüber meinen Eltern behaupten, dass sie selbst der Grund meines Heimwehs wären, aber das würden sie mir vermutlich nicht abkaufen.

Außerdem war mir die Beziehung mit Ralf so ernst, dass es nun auch wirklich keinen Sinn mehr machte, diese vor meinen Eltern noch länger geheim zu halten. Mir blieb keine Wahl. Ich musste sie einweihen und ich musste es gleich tun. Denn für einen Lehrstellenwechsel brauchte man als Minderjährige nun einmal die Unterschrift der Eltern. Und während ich vor dem Spiegel noch meine Rede über die große Liebe übte, die ich vor meinen gesetzlichen Vertretern zu halten plante, kam mir meine Mutter mal wieder zuvor.

»Melanie Müller! Es reicht!« Dieser hysterische Unterton in der Stimme meiner Mutter war nichts Neues. Trotzdem hatte ich bei diesem Anruf so gar kein gutes Gefühl. Tatsächlich war es so, dass meiner Mutter, dem alten Sparfuchs, meine immer höher werdende Telefonrechnung aufgefallen war. Doch das eigentlich Auffällige, so sagte sie, wäre nicht der Betrag gewesen, sondern der Einzelverbindungsnachweis. Denn offensichtlich telefonierte ich immer und ausschließlich nur mit einer einzigen Nummer. Einer Handynummer, die sie natürlich unverzüglich angerufen und sich erkundigt hatte, mit wem sie denn bitte verbunden wäre.

»Dieser Mann ist viel zu alt für dich! Wie lange läuft das schon?«, schrie sie in den Hörer. Da ich mit meiner einstudierten Rede eh völlig unzufrieden war, beschloss ich kurzerhand zu improvisieren und tat etwas völlig Verrücktes: Ich sagte die Wahrheit. Die Wahrheit darüber, dass das mit Ralf und mir schon fast ein dreiviertel Jahr lief. Dass ich mit ihm zusammenbleiben wollte und mir der Altersunterschied scheißegal wäre. Dass ich nach Leipzig ziehen würde, um näher bei ihm zu sein. Und dass das alles verdammt noch mal meine Entscheidung wäre und sie das rein gar nichts anginge. Dass ich jetzt auflegen würde und sie zu meinem Vater rennen könnte, um alles wieder zu petzen. Danach legte ich auch wirklich auf. Um ihr unnötige Kosten zu sparen, wie ich vorher noch schnell loswerden musste. Dann heulte ich ein bisschen, bis ich schließlich den Stein der Erleichterung plumpsen hörte. Endlich war es raus. Zwar nicht gerade so, wie ich es geplant hatte, aber immerhin raus.

In der Tat mussten die Bergers nach diesem Gespräch in einem weiteren Telefonat unter Erwachsenen Schadensbegrenzung betreiben. Dabei schafften es die beiden sogar, meine Eltern nicht nur zu beruhigen, sondern auch zu der notwendigen Unterschrift zu bewegen. Denn das Totschlagargument meines Vaters, »Keiner schmeißt eine Stelle im Westen für eine Stelle im Osten hin!«, ließen die Hoteliers Berger nicht gelten. Im Hotelgewerbe, so erklärten sie fachmännisch, käme es vor allem auf die Noten und Referenzen an. Und da meine hervorragend wären, würde ich auch im sogenannten Osten ganz sicher eine neue Lehrstelle bekommen. Das Gehalt wäre zwar etwas geringer, aber die Lebenshaltungskosten eben auch. Außerdem, so sagten sie, wäre ich ein schlaues Mädchen und würde meinen Weg schon gehen. Wenn man mich nur ließe. Das mit dem schlauen Mädchen verschlug meinen Eltern glatt die Sprache. Aber Herr und Frau Berger hatten recht. Denn schlau wie ich war, hatte ich vorgesorgt und mich schon vor einigen Wochen, als ich noch mit der Entscheidungsfindung gekämpft hatte, rein prophylaktisch und schon fast wahllos bei allen möglichen Hotels in Leipzig beworben. Und so kam es, dass ich auch schon wenige Tage später die Zusage in der Hand hielt, bei einer großen Hotelkette in Leipzig meine Lehre fortsetzen zu können.

Ab diesem Zeitpunkt ging alles sehr schnell. Nur zwei Wochen nach dem Telefon-Eklat mit meiner Mutter hieß es: Koffer packen und Abschied nehmen. Schließlich musste ich mir in Leipzig noch eine eigene kleine Wohnung suchen, bevor ich meine neue Stelle antrat. Denn meine Eltern stimmten nur unter der Bedingung zu, dass ich mich selbst um all diese

Belange kümmerte. Ihretwegen auch mit Hilfe von meinem Ralf. Denn, so fanden sie, wenn er schon die große Liebe wäre, sollte er sich auch so verhalten. Organisatorisch und finanziell. Ich sagte das zu, ohne wirklich mit Ralf darüber gesprochen zu haben. Ich konnte ihm zwar irgendwann ein »Ich freu mich auf dich.« entlocken, wollte ihn aber mit meinem Umzug nicht weiter unter Druck setzen. Ich wollte gern alles allein schaffen. Außerdem war ich mir sicher, dass Ralf für mich da sein würde, wenn es darauf ankäme. In dem folgenden Jahr sollte ich noch sehr viel lernen.

Der Abschied von den Bergers brach mir fast das Herz. Ich versprach, sie regelmäßig besuchen zu kommen und alle Urlaube mit Ralf im Allgäu zu verbringen.

»Und wer weiß?«, scherzte ich. »Vielleicht kommen wir schon in wenigen Jahren mit einer Schar von Kindern zum Familienurlaub!« Die beiden drückten mich herzlich. Im Nachhinein bin ich mir fast sicher, dass wir an diesem Tag alle wussten, dass wir uns so schnell nicht wiedersehen würden.

Diesmal holten mich nicht Oma und Opa ab, sondern tatsächlich Ralf. Schließlich war unsere Liebe nun offiziell. Wir brauchten nur knappe fünf Stunden nach Leipzig und fuhren direkt zu der kleinen Ein-Zimmer-Wohnung, die ich über das Internet ausgesucht und angemietet hatte. Ralf hatte vorgeschlagen, dass ich auch bei ihm einziehen könnte. Aber ich lehnte ab. Zum einen, weil sich mein neuer Arbeitsplatz im Zentrum von Leipzig befand. Von Ralfs Wohnung außerhalb der Stadt hätte ich mit den Öffentlichen fast eine Stunde hin und eine weitere zurück gebraucht. Unmöglich, gerade in der Frühschicht, in der man oft schon um fünf Uhr morgens antreten musste. Außerdem wollte ich doch unabhängig bleiben. Und ehrlich gesagt klang Ralfs Angebot etwas halbherzig:

> *Außerdem wollte ich doch unabhängig bleiben.*

»Du könntest auch bei mir einziehen.«
»Denkst du, das wäre eine gute Idee?«
»Du hast recht. Vermutlich nicht.«

Nein. Vermutlich nicht. Doch als ich zum ersten Mal die kleine Wohnung betrat, wünschte ich für einen kurzen Moment, dass ich Ralfs »herzliches Angebot« einfach angenommen hätte. Denn die Wohnung war wirklich winzig. Zwei Kochplatten und eine Spüle stellten die Küche dar. Und das Bad erinnerte mich an eine Flugzeugtoilette. Das wäre ja alles nicht so wirklich schlimm gewesen, hätte es einen anderen als diesen schrecklichen Ausblick aus dem einzigen Fenster gegeben: in den Innenhof, auf die Müllcontainer eines Restaurants. Dagegen war das Kellerloch im Allgäu ein Zimmer mit Ausblick gewesen. Ich zog erst einmal die vergilbten Vorhänge zu und versuchte, dem Ganzen etwas Positives abzugewinnen. Und das war überraschend einfach. Denn immerhin waren diese knapp 35 Quadratmeter meine erste eigene Wohnung. Zwar eine Rumpelbude, aber dafür zentral in der Innenstadt gelegen, bezahlbar und mit meinem Namen auf dem Briefkasten.

Ich drehte mich zu Ralf um und schenkte ihm ein verführerisches Lächeln. Höchste Zeit, diese Bude zu meiner Bumsbude zu machen. Es gab zwar noch keine Möbel und damit auch keine Matratze, aber ein versauter Quickie bedarf auch keiner Matratze. Richtig?

Falsch! Ralf sah das nämlich ganz anders. Man müsste hier erstmal ordentlich durchwischen, bevor man sich – wenn überhaupt – auf diesen verdreckten Boden legen könnte. Es tat ihm furchtbar leid, aber er müsste außerdem dringend los. Denn er hatte für denselben Abend noch eine Veranstaltung, für die es ihm hinten und vorne an Personal fehlte. Ich war zwar enttäuscht, aber natürlich verstand ich das. Und da ich nach dieser langen Trennungsphase am liebsten jede freie Minute mit Ralf verbringen wollte, bot ich kurzerhand an, selbst am Abend auszuhelfen. Schließlich konnte ich auch kellnern. Gelernt ist gelernt. Und etwas Taschengeld konnte nicht schaden. Gerade jetzt, wo ich auf eigenen, wenn auch etwas wackeligen Füßen stand.

Gelernt ist gelernt.

Zehn Stunden später spürte ich diese Füße allerdings nicht mehr. Auch der Rest meines Körpers war zu einem einzigen Schmerzpunkt verschmolzen. Ich hatte den ganzen Abend Maßkrüge durch die Gegend getragen. Volle und leere. Einen hab ich mir über die weiße Bluse geschüttet. Versehentlich. Kam allerdings ganz gut bei den Gästen an. Das Trinkgeld floss in Strömen. Ich malte mir schon meinen Besuch bei IKEA am nächsten Tag aus. Es würde für weit mehr reichen, als für Duftkerzen und bunte Servietten. Doch leider wurde daraus nichts, da Ralf mein Trinkgeld kurzerhand einkassierte. Als Beteiligung an den Benzinkosten. Denn von Leipzig ins Allgäu und wieder zurück wäre es schließlich eine ganz schöne Strecke gewesen. Erst wollte ich protestieren. Aber dann versuchte ich mir einzureden, dass es von Ralf bestimmt richtig war, Benzingeld von mir zu verlangen. Liebe, so weiß ich heute, macht nicht nur blind, sondern oft auch blöd.

Als ich ging, saß Ralf an einem Biertisch zwischen einer schunkelnden Gruppe betrunkener Hühner. Dabei erklärte er mir schon leicht lallend, dass er als Kapitän das sinkende Schiff erst als Letzter verlassen durfte. In jener ersten Nacht allein in meiner Wohnung, auf einer ausgerollten Isomatte und ohne Ralf, konnte ich die Tränen nicht länger zurückhalten. Was hatte ich nur getan? Ich hatte alles aufgegeben für einen Ausblick auf Mülltonnen und einen Mann, dem ich offensichtlich ziemlich egal war. Ich blödes Arschloch.

Am nächsten Morgen sah die Welt nur noch halb so schlimm aus. Denn früh morgens stand überraschenderweise meine Mutter mit einer Tüte Schoko-Croissants für sich und einem Brötchen mit Fleischkäse für mich vor der Tür. Sie fand die Wohnung zwar schrecklich, hatte aber ein paar gute Ideen, diese einzurichten. Nämlich günstig und platzsparend. Ausziehcouch statt Bett und ein Esstisch, den man an die Wand klappen konnte. Ehe ich mich versah, schlenderte ich neben meiner Mutter mit zwei Hot-Dogs in der Hand durch IKEA. Ich war nicht nur überrascht, sondern auch unglaublich froh, dass sie da war. Und auch, dass sie von sich aus vorschlug, mir nicht nur etwas Geld für die erste Einrichtung zu leihen, sondern mir auch ein bisschen was dazu gab. So fand ich mich am selben Abend in einer halb eingerichteten Wohnung wieder.

Liebe, so weiß ich heute, macht nicht nur blind, sondern oft auch blöd.

Nicht abzuheben, wirkt bei Beziehungsstress als wahre Wunderwaffe.

Mutti und ich kippten dann noch eine Flasche Sekt am ausklappbaren Esstisch und lachten uns schon bald über allen möglichen Unsinn kaputt. Während wir vor uns hin alberten, versuchte Ralf mich ununterbrochen und bis spät in die Nacht telefonisch zu erreichen. Aber ich ließ das Telefon einfach mal klingeln. Das brachte mir an jenem Abend meine Mutter bei: Nicht abzuheben, wirkt bei Beziehungsstress als wahre Wunderwaffe.

Ralf brauchte seinen Freiraum. Bitteschön. Den sollte er haben.

Und Mutti hatte recht: Es wirkte. Doch als Ralf um ein Uhr nachts mit einem Strauß roter Rosen und einer Familienpackung Flutschfinger vor meiner Tür stand, konnte ich seinem Charme nicht mehr länger widerstehen. So weihten wir in jener zweiten Nacht in meiner eigenen Wohnung umgehend mein neues Bett ein. Ein Bett mit Gitterstäben. Mutti und ich hatten wirklich an alles gedacht.

So gesehen wurde bei meinem Neustart in Leipzig schließlich doch noch alles gut. Zumindest die ersten Tage, in denen ich tagsüber mit einrichten und abends mit vögeln beschäftigt war. Doch an dem Tag, an dem ich meine neue Lehrstelle antrat, zog eine dunkle Wolke über mein großes Glück.

Um es vorweg zu sagen: Ich hasste diese neue Stelle. Ich stellte mich zwar schon vorab darauf ein, dass sich mein Arbeitsalltag in Leipzig stark von dem im Allgäu unterscheiden würde. Ja, ich ahnte bereits, dass mich morgens nicht mehr der Duft von frisch gedüngten Almwiesen und auch nicht der

Klang von Kuhglocken begrüßen würde. Aber wie schlimm es tatsächlich kam, übertraf all meine Befürchtungen. Dieses Hotel, mein neuer Arbeitsplatz, war ein überdimensional proportionierter Betonklotz mit zu wenig Personal für viel zu viele Zimmer. Von nun an bestimmten dunkle, mit Teppich ausgelegte Räume, Flure mit künstlichem Licht und modriger Geruch meinen Arbeitsalltag. Das alles wäre schon grauenvoll genug gewesen, aber die neuen Vorgesetzten und Kollegen waren das personifizierte Grauen. Mobbing, Konkurrenzdenken und Gezicke standen auf der Tagesordnung. Teamfähigkeit war ein Fremdwort. Das dritte Lehrjahr tyrannisierte das zweite. Das zweite wiederum das erste und das erste Lehrjahr ließ den Frust untereinander aus. Alles, was ich kannte und im beschaulichen Familienhotel im Allgäu gelernt hatte, spielte hier keine Rolle mehr. Ich wurde direkt ins kalte Wasser geschubst. Nachdem ich den ersten Schrecken verdaut hatte, tat ich das, was ich fast über meine gesamte Schulzeit hinweg gemacht hatte. Ich zog mich zurück und gab es auf, Anschluss zu suchen. Ich nahm mir einfach nur vor, diese Lehre durchzuziehen. Notfalls auch allein. Immerhin konnte auch ich die Krallen ausfahren, wenn es sein musste. Denn ich durfte es mir auf keinen Fall leisten, jetzt zu scheitern. Weder vor mir selbst, noch vor Ralf und am allerwenigsten vor meinen Eltern. Für mich wäre es das Schlimmste gewesen, zu meinen Eltern sagen zu müssen: »Ihr hattet recht. Ich hätte im Allgäu bleiben sollen!« Nein. Das wäre nicht gegangen. Nur über meine Leiche. Aufgeben war keine Option. Nicht nur aus persönlichen, sondern dazu auch aus finanziellen Gründen. Der Stellenwechsel hatte mich auch in dieser Hinsicht ganz schön zurückgewürfelt.

Ich bekam nur knapp dreihundert Euro im Monat Lehrlings-gehalt. Und natürlich reichten diese paar Kröten hinten und vorne nicht aus. Daher suchte ich mir parallel zu meiner Lehre so einige Nebenjobs. Ich führte Hunde Gassi, übernahm Baby-sitter-Jobs, ging für alte Leute einkaufen oder half ihnen im Haushalt. Allerdings ging das nur in den Wochen, in denen ich Berufsschule hatte. Denn meine Schichten im Hotel ließen Nebenerwerbstätigkeiten weder körperlich noch zeitlich zu.

Nach einer Schicht im Hotel war ich so erledigt, dass an nichts anderes mehr als an Schlaf zu denken war. Höchstens noch kurz mit Ralf telefonieren, ihm eine gute Nacht wünschen oder ein paar kleine Schweinereien ins Ohr flüstern, während ich noch ein bisschen an mir selbst rumspielte. Ich hatte die Fähigkeit, Ralf am Telefon völlig wahnsinnig zu machen. An-fangs war ich in dieser Beziehung noch etwas schüchtern gewesen. Aber durch die räumliche Trennung der letzten Monate mussten wir oft auf das Telefon ausweichen, um unsere Lust wenigstens im Ansatz zu befriedigen. Meist beschrieb ich ihm zuerst was ich gerade trug. Und natürlich sagte ich nicht, dass es mein Baumwoll-Kuschel-Pyjama war, sondern meist ein Hauch von Nichts. Und dieses Nichts war durchsichtig, aus roter Spitze oder schwarzer Seide. Und natürlich war ich immer feucht. »Feucht bis tropfnass«, wie ich am Telefon versicherte. Ich sprach sehr offen über meinen Körper. Nur meine Brüste, die sparte ich immer sehr geschickt aus. Diese waren inzwischen zwar ausgewachsen, aber über eine Körbchen-größe A kam ich nicht hinaus. Eigentlich hätte ich überhaupt keine Büstenhalter tragen müssen. Meine Brüste waren für mich einfach nur zwei Schamhügel auf Brusthöhe. Also lenkte ich Ralfs Aufmerksamkeit auf die Region zwischen meinen Beinen. Ich spielte hörbar an mir rum, stöhnte in den Hörer und verlangte nach seinem Schwanz, den ich in den schillerndsten Farben beschrieb. Genauso wie das, was ich alles mit ihm machen wollte. Oh ja. Ja! Ja! Spätestens dann kam Ralf. Aber meist schon viel früher. Wenn er dann erschöpft den Hörer auflegte, machte ich oft noch ein bisschen allein weiter. Das machte mir eh viel mehr Spaß, da ich mit Ralf im Bett noch nie einen Orgasmus gehabt hatte. Allerdings war ich mir sicher, dass das meine eigene »Schuld« war. Schließlich hatte ich beim Sex noch nie einen Orgasmus gehabt. Und da es vor Ralf nur Stefan gegeben hatte, fehlten mir auch ein wenig die Vergleichsmöglichkeiten. Aber ich war sicher, dass es nicht an Ralf lag. Drei Minuten Kopulation schienen mir völlig normal zu sein. Und woher sollte ich es auch wissen? Mein Mutter und ich redeten nie über Sex. Eine beste Freundin hatte ich auch nicht. Eigentlich gar keine Freundin. Und Oma konnte ich auch nicht alles fragen. Außerdem war Ralf viel erfahrener im Bett als ich. Der wusste bestimmt ganz genau, wie das ging. Trotzdem machte mir das mit dem Telefonsex fast noch mehr Spaß. So viel Spaß, dass ich eine Zeitlang ernsthaft darüber nachdachte, mir damit etwas Taschengeld dazu zu verdienen. Diese Jobs waren nämlich sehr rentabel bezahlt. Da hätte ich Hunde, Babys und alte Leute glatt an den Nagel hängen können. Allerdings gab es dabei drei Probleme. Erstens: Ich hatte keinen Festnetzanschluss und mein Handyvertrag lief als Zuschuss immer noch über meine Mutter. Zweitens hätte es Ralf bestimmt nicht gefallen, wenn sich andere Männer auf mein so einzigartiges sächsisches Stöhnen einen abgewichst hätten.

Und drittens: Ich liebte Hunde, Babys und alte Leute. Diese Jobs waren zwar mies bezahlt, aber sie machten mir mehr Spaß als irgendeine Tätigkeit in meiner gesamten Lehrzeit. Vor allem das Babysitten. Für ein eigenes Kind war ich definitiv noch zu jung, aber ich empfand das Babysitten als hervorragende Übung für mich und Ralf. Für später. Und auch die Arbeit mit und für die alten Leute ließ einfach mein Herz aufgehen. Ich ging mit ihnen einkaufen oder half ihnen in den eigenen vier Wänden. Kochen, saubermachen, aufräumen, bügeln oder auch mal Haare waschen. Viel mehr konnte und durfte ich auch gar nicht tun, da ich keine ausgebildete Pflegekraft war. Aber ich genoss es sehr, mich mit den alten Herrschaften zu unterhalten oder ihnen etwas vorzulesen. Die meisten saßen einfach nur da, hörten zu und sahen aus dem Fenster. Andere wollten lieber selbst reden und erzählten mir aus ihrem Leben. Es gab einen alten Mann, Opa Siggi, der immerzu vom Krieg erzählte. Ich fand das wirklich spannend. Gerade, weil mein eigener Großvater mit mir noch nie über den Krieg gesprochen hatte. Vermutlich deshalb, weil er selbst so viele geliebte Menschen im Krieg verloren hatte. Egal, ob ich aus Klassikern, der Fernsehzeitschrift oder der Bibel vorlas, ob ich Siggis Geschichten aus dem Schützengraben lauschte oder Oma Magdalena die Haare machte, ich fühlte mich immer sehr wohl mit den alten Menschen. Leider blieb mir aufgrund der Lehre und den vielen Nebenjobs viel zu wenig Zeit für meine eigenen Großeltern, die ich so abgöttisch liebte. Ich sah und sprach sie nun zwar öfter als während meiner Zeit im Allgäu, aber immer noch nicht so oft wie ich es gern gehabt hätte.

Doch das Geld brauchte ich nun einmal, schon allein, um mit Ralfs Lebensstil mithalten zu können. Denn er wollte nur selten zu Hause sitzen, kuscheln und fernsehen. Ralf wollte immerzu ausgehen. Und er dachte nie im Traum daran, mich dabei einzuladen. Das einzige Mal, dass er mich eingeladen hatte, war bei unserem ersten Date gewesen, damals im Zoo. Sobald Ralf die Kinokarten bezahlte, musste ich das Popcorn kaufen. Wir wechselten uns sogar ab, wer das Taxi bezahlte. Dabei fuhren wir meistens Taxi, wenn Ralf zu betrunken war, um selbst zu fahren. Ich war schließlich erst 17 und machte gerade meinen Führerschein von meinem mühsam Ersparten. Damals versuchte ich mir einzureden, dass Ralf kein Geizkragen war, sondern mich nur nicht allzu sehr verwöhnen wollte. Fest stand: Das Leben mit Ralf hatte seinen Preis. Und daher war ich ständig in Geldnot.

So tat ich im Februar 2006 etwas sehr Seltsames: Ich meldete ich mich bei einem Schönheitswettbewerb auf der Haus-Garten-Freizeit-Messe an. Und das tat ich aus einem einzigen Grund: Es gab dreihundert Euro Preisgeld für den ersten Platz zu gewinnen. Ich dachte nicht wirklich daran, auch nur den Hauch einer Chance zu haben, aber ich wollte nichts unversucht lassen, um schnell an etwas Cash zu kommen.

Allerdings ahnte ich nicht, dass dem ersten Lauf – in Latzhose, Gummistiefeln, mit Schlabber-Strohhut auf dem Kopf und Gartenschaufel in der Hand – zwei weitere folgen würden. Der zweite Catwalk schrieb ein leichtes Sommerkleid vor und der dritte ließ den Kandidatinnen die Wahl zwischen Fegefeuer oder Hölle, also zwischen Badeanzug oder Bikini. Diese Details erfuhr ich erst einen Tag vor dem Wettbewerb.

Aber kneifen kam nicht in Frage.

Natürlich hätte ich am liebsten sofort das Handtuch – beziehungsweise die Gartenschaufel – geschmissen. Aber kneifen kam nicht in Frage. Schon allein deshalb, weil ich 25 Euro Teilnahmegebühr bezahlt hatte. Ich musste wenigstens versuchen, diese zu verzwölffachen. Sie zu veracht- oder zu vervierfachen, wäre für mich auch schon ein Erfolg gewesen. Und da ich mit 17 Jahren immer noch zu den jüngsten Kandidatinnen zählte, rechnete ich mir tatsächlich ein paar winzig kleine Prozentchen an Gewinnchance aus. Doch spätestens als ich mit meinem dunkelblauen Badeanzug, Bauch voraus, über den Catwalk schlurfte, wollte ich mir mit der Gartenschaufel am liebsten ein tiefes Loch oder noch besser gleich mein eigenes Grab buddeln, um vor lauter Scham für immer darin zu versinken. Ich machte verdientermaßen den letzten Platz und nahm mir vor, dass niemals irgendeine Menschenseele von dieser Blamage erfahren durfte. Allerdings begrüßte mich am Ausgang mein Vater mit seiner gesamten Kollegschaft. Da meine Mutter mein kleines Vorhaben mal wieder nicht hatte für sich behalten können, machte sich Papa einen Spaß daraus, mich aus dem Publikum heraus anzufeuern. Ich hatte mich schon gewundert, während ich über den Laufsteg getaumelt war, wer da plötzlich so laut »Lauf, Mopsi, lauf!« gebrüllt hatte. So ungeschickt diese Motivation auch formuliert gewesen war, sie kam genau im richtigen Moment und ließ mich auf den letzten Metern noch mal Gas geben. Ich ging zwar unter, aber das tat ich hoch erhobenen Hauptes. Immerhin.

Als Entschädigung für meine Blamage schlug mein Vater vor, dass wir alle zusammen essen gehen könnten. Auf seine Rechnung. Da ich aussuchen durfte, wohin, ging es natürlich zum Griechen. Zu einer riesigen Portion Gyros und Zaziki. Und zu meiner großen Überraschung fragte mein Vater bei der Vorspeise, ob ich Ralf nicht auch dazu holen wollte. Ich sah ihn mit von Zaziki verschmiertem Mund freudestrahlend an. Klar wollte ich!

Doch leider hatte Ralf schon etwas anderes vor. Was Wichtiges. Ich glaube, es war »Bierzeltsaufen«. Oder »Porno-wichsen«. Da bin ich jetzt nicht mehr sicher. Aber am Telefon meinte er noch, ich könnte später noch auf einen Flutschfinger bei ihm vorbeikommen. Daraufhin erwiderte ich etwas sehr, sehr Unanständiges. Ich nannte ihm den Ort, wohin Ralf sich seinen Flutschfinger selbst schieben konnte, Papa spuckte den Ouzo fast wieder aus, schlug mit der Hand auf den Tisch und sagte: »Ich glaube, dieser Ralf gefällt mir!«

Papa, Mama und Ralf lernten sich tatsächlich noch kennen. Ein paar Tage später, bei heimischen Kaffee und Kuchen, was schließlich in Schnaps-Wetttrinken zwischen Ralf und meinem Vater mündete. Und wie von meinem Vater vorausgesagt, ver-standen sich die beiden prächtig. So kam es, dass Ralf schon bald mehr Zeit mit meinem Vater verbrachte als mit mir. Aber als Veranstaltungsmanager war es nie verkehrt, sich mit dem Bezirksschornsteinfeger gut zu stellen. Schließlich konnte der Halbgott in Schwarz auch über Leben und Tod eines jeden Ver-anstaltungsortes entscheiden. Denn er konnte Heizungsanlagen genehmigen. Oder auch stilllegen lassen. Aber ganz abgesehen von beruflichen Überschneidungspunkten hatte ich tatsächlich den Eindruck, dass die beiden sich mochten. Sie waren ja auch im gleichen Alter. Schade nur, dass ich von nun an meinen Freund noch weniger sah als ohnehin schon.

Ab und an klappte es dann doch am Wochenende mit Ralf und mir. Denn sobald ich keine Frühschicht hatte, half ich an Samstagen bei Ralfs Veranstaltungen als Bedienung aus. Ich bekam das gleiche Gehalt wie alle anderen auch. Nur mein Trinkgeld, das zog mir Ralf nach wie vor ab. Und das war enorm hoch. Oft um die siebzig bis achtzig Euro. Denn die Tochter des Schornsteinfegers war eine sehr beliebte Kellnerin. Doch Ralf meinte, dieses Geld würden wir bei gemeinsamen Unternehmungen zusammen auf den Kopf hauen. Allerdings blieb uns dazu ja kaum noch Zeit. Ich ackerte mich krumm, um mich selbst über Wasser zu halten und zugleich in Ralfs Nähe sein zu können. Und Ralf? Der wollte ab und an seine krumme Ente in mir versenken. Oder wenn er nicht mehr bis zu mir fahren konnte, am Telefon eine Runde abwichsen. Damit waren seine Bedürfnisse wenigstens schon mal befriedigt.

Am 10. Juni 2006 war es endlich soweit: Ich war ein freier, unabhängiger Mensch. Denn ich wurde volljährig. Und diesen 18. Geburtstag feierte ich groß in der Wohnung von Ralf. Ich hatte zwar keinen wirklich großen Freundeskreis, aber ein paar Bekannte. Kurz gesagt: Ich lud alle ein, die ich kannte. Sogar zwei Kolleginnen aus dem Hotel, mit denen ich inzwischen einigermaßen auskam. Zumindest kannte ich ihre Vornamen. Selbst Opa Siggi machte sich auf den Weg. Außerdem kam fast die gesamte Belegschaft aus der Bar, in der ich derzeit abends jobbte. Und natürlich kam auch ein Haufen Verwandtschaft. Unter anderem mein Lieblingscousin und sogar meine

Vorzeigecousine Ariane. Die konnte ja auch nichts dafür, dass ihr immer alles gelang. Noch dazu waren ein Haufen Freunde von Ralf da und Kollegen aus dem Betrieb meines Vaters. Und natürlich kamen Mama und Papa auch. Es war ein Riesenfest.

Als mein Vater mir mein Geschenk überreichte, war ich im ersten Moment etwas enttäuscht. Es war eine Konifere. Ich hatte Pflanzen zwar wirklich sehr gern und auch mal in Gegenwart meiner Eltern erwähnt, dass Ralfs Balkon etwas Grünzeug vertragen könnte, aber zum 18. Geburtstag fand ich ein Nadelholzgewächs etwas merkwürdig. Daher konnte ich auch nicht so richtig mitlachen, als mein Vater ein paar anzügliche Witze über diese »nacktsamige Pflanze« machte, die auch »Zapfenträger« genannt wird. Ralf legte den Arm um mich, bewunderte mein grünes Geschenk und bedankte sich überschwänglich bei meinem Vater. Der Schleimer. Bei dieser Gelegenheit erklärte er mir, beziehungsweise vielmehr meinem Vater, dass sein Geschenk an mich ja diese Party wäre. Aha. Damit wusste ich auch Bescheid. Ich hätte ihn gern gefragt, ob er diese Party von meinem gesammelten Trinkgeld bezahlt hatte. Aber ich fürchtete zu sehr, dass er »Ja« sagen würde. Also kippte ich einen Wodka-Orangensaft und stürzte mich wieder ins Gemenge. Diesen Abend wollte ich mir von niemandem verderben lassen. Weder von Grünzeug noch von meinem geizigen Freund. Doch aus diesem Vorhaben schien nichts zu werden, denn fünf Minuten später bemerkte ich Blaulicht. Sofort wurde die Musik herunter gedreht und alle Fenster geschlossen. Ich stürmte zum Balkon und warf einen Blick auf die Straße. Doch anstelle der Polizei fuhr ein Abschleppwagen in Ralfs Einfahrt. Darauf geladen war ein silberner Mercedes A-Klasse.

Ich warf einen Blick zur Seite und mein Vater grinste mich mit seinem verschmitzten Lausbuben-Lächeln an.

»Hast echt gedacht, ich schenk dir nur so blödes Grünzeug?« Sofort fiel ich meinem Vater um den Hals, bevor ich nach unten stürzte, um mein Auto etwas genauer zu begutachten. Okay. Es war ein Mercedes, aber leider kein SLK. Und er war silber. Nicht pink.

»Gab es den nicht in einer anderen Farbe?«, fragte ich und sah meinen Vater enttäuscht an. Der Gesichtsausdruck meines Vaters erinnerte nun an meinen, als ich die Konifere überreicht bekam.

»War nur ein Scherz, Papa!«, fügte ich schnell an und umarmte ihn fest. Natürlich war das kein Scherz. Ich hatte schon beschlossen, diese A-Klasse einfach umspritzen zu lassen. Aber dazu war noch ausreichend Zeit. Denn ich hatte ja noch keinen Führerschein. Also, die praktische Prüfung hatte ich schon gemacht. Aber ich war leider zweimal durch die Theorieprüfung gefallen. Das mit dem Spicken hatte nicht so recht geklappt und ich musste auf Pauken umsteigen. Was bei mir immer etwas länger dauerte, weil ich es nicht gewohnt war. So stand meine A-Klasse ein gutes halbes Jahr bei Ralf in der Einfahrt. Und ich habe den Wagen einmal pro Woche geputzt. Blitzeblank!

Kurz vor Weihnachten hatte ich dann endlich meinen Führerschein in der Tasche. »Das war eine schwere Geburt«, meinte mein Fahrlehrer Rudi, der sich immer während der Fahrt die Nasenhaare schnitt, anstatt mir die Verkehrszeichen zu erklären. Ich würde sagen: Schuld beider.

Weihnachten verbrachte ich ganz beschaulich mit meinen Eltern bei meinen Großeltern in Ganzig auf dem Hof. Ohne

Ralf. Denn gerade um die Weihnachts- und Neujahrszeit hetzte er als Eventmanager von einem (Sauf-)Termin zum nächsten. Er war in dieser Zeit ziemlich gestresst und abgehetzt. Daher war auch an ein gemeinsames Silvesterfest nicht zu denken. Für mich war das auch nur halb so wild, da ich am ersten Januar um fünf Uhr morgens zur Frühschicht im Hotel antreten musste. So konnte ich auch Ralf bei seiner Festzeltparty nicht als Bedienung aushelfen. Trotzdem hätte ich ihm natürlich gern um Mitternacht einen Neujahrskuss gegeben. Also versprach er mir, zwischen 22 Uhr und Mitternacht zu mir zu kommen, um wenigstens mit mir auf das nächste gemeinsame Jahr anzustoßen.

Als er um halb zwölf immer noch nicht bei mir war, wusste ich nicht, ob ich wütend sein oder mir Sorgen machen sollte. Zumindest öffnete ich schon mal den Champagner und trank einen Schluck nach dem anderen, während ich vergeblich versuchte, Ralf anzurufen. Kurz vor zwölf kam eine SMS: »Ich bin im Stress!«

So kippte ich Punkt Mitternacht dann den Rest der Flasche allein und schrie: »Frohes Neues, ihr Pissbirnen!« aus dem Fenster.

Eine Viertelstunde nach Mitternacht klingelte mein Telefon. Der Herr gab sich die Ehre, mich anzurufen. Allerdings nicht, um sich zu entschuldigen und mir ein frohes neues Jahr zu wünschen. Sondern um Schluss zu machen.

Er sagte: »Melanie, ich komme heute nicht mehr vorbei. Und auch in Zukunft nicht. Mir ist das alles zu viel!«

Ich weiß nicht, warum, aber ich brach in einen wahnsinnigen Lachanfall aus. Und das Einzige, was mich in diesem Moment wirklich schmerzte, war, dass ich keine zweite Flasche Champagner hatte.

VIELE ERSTE MALE

Am nächsten Tag, mit schwerem Schädel um fünf Uhr morgens hinter der Hotelrezeption, sah das alles schon nicht mehr ganz so witzig aus. Denn ich hatte realisiert, dass ich zum ersten Mal in meinem Leben abserviert worden war! Und zwar von einem alten Sack, der nach Kaffee und Zigaretten stank, seinen Penis nicht länger als drei Minuten steif bekam und mehr Bauch als Gehirn hatte. Das nagte doch ziemlich an meinem mühsam erworbenen Selbstbewusstsein, das somit von einem Tag auf den anderen spurlos verschwand. Ich fand mich ganz plötzlich einfach nur noch furchtbar. Ich fand mich fett, flachbrüstig und durchschnittlich. Das musste ich ja sein, wenn mich sogar Ralf verließ! Mir war hundeelend zumute. Erst war ich schrecklich traurig, dann stinkwütend. Wütend auf Ralf, den gemeinen Geizkragen und Ausbeuter. Wütend auf meine Eltern, die diesen Unmenschen auch noch mochten. Aber die aller größte Wut, die hatte ich auf mich selbst. Auf das dumme, dicke Mädchen, das sich von Ralf so lange so schlecht hatte behandeln lassen und für diesen Vollidioten sogar das Allgäu samt Käsespätzle aufgegeben hatte. Ich war hier offensichtlich der größte Trottel. Denn ich war es, die nun allein und frustriert in einer Minibude in Leipzig saß, täglich einer Arbeit nachging, die sie hasste, und keinerlei Freunde hatte, weil Ralf fast zwei Jahre lang Mittelpunkt des Universums gewesen war. Na Bravo!

Mein erster Liebeskummer fühlte sich an, wie sich Liebeskummer nun einmal anfühlt: nach dem Ende der Welt.

Mein erster Liebeskummer fühlte sich an, wie sich Liebeskummer nun einmal anfühlt: nach dem Ende der Welt.

Zumindest konnte mein Leben so auf gar keinen Fall weitergehen. Ich nahm mir fest vor, wieder öfter auszugehen, um wenigstens Leute kennenzulernen. Doch leider war ich zu sehr mit Trübsalblasen und in-Selbstmitleid-baden beschäftigt, sodass ich es erst einige Wochen nach Silvester endlich wieder unter Leute schaffte. Und das zählte irgendwie nicht so richtig, da »unter Leute« in diesem Fall bedeutete, auf einer Party im elterlichen Wohnzimmer zu sitzen. Mein Vater hatte nach großem Bitten und Betteln meinerseits netterweise darauf verzichtet, »seinen Freund Ralf« einzuladen. Trotzdem – oder vielleicht auch gerade weil – Ralf nicht da war, kam ich nicht so recht in Stimmung. Ich kann mich auch gar nicht mehr erinnern, warum oder zu welchem Anlass meine Eltern überhaupt diese Party schmissen. Vielleicht musste der Weinkeller mal wieder entrümpelt, also geleert werden. Ich saß auf jeden Fall ziemlich unmotiviert in einer Ecke und nuckelte gerade an einem Glas Bowle, als eine Frau auf mich zukam mit den Worten: »Du bist aber groß geworden!«

Ich erinnerte mich nur dunkel an diese Person, die mal eine Kollegin meiner Mutter gewesen war. Jedenfalls fand ich ihren Begrüßungsspruch nicht gerade einfallsreich und reagierte dementsprechend: abfälliger Blick, nach oben gezogenen Augenbraue. Ansonsten kein Kommentar. Was so viel bedeutete wie: »Zieh Leine, alte Kuh!«

Doch in diesem Moment musste sie schon selbst über ihre dumme Begrüßung lachen: »Wie kling ich denn? Du bist aber groß geworden!«, äffte sie sich selbst nach. »Wie so eine alte Tante! Gerade, dass ich dir nicht noch in die Wange kneife. Oder auf ein Taschentuch spucke, bevor ich dein Gesicht sauber mache!« Bei dieser Vorstellung musste ich auch lachen. Dann bat ich ihr den leeren Platz neben mir an und fragte sie nach ihrem Namen.

Das Eis zwischen Carola und mir war schnell gebrochen. Wir quatschen den ganzen Abend über Beziehungen, Männer und andere Enttäuschungen. Carola meinte, sie wäre längst dahintergekommen, dass man eine feste Beziehung genauso dringend bräuchte wie ein Loch im Kopf. Als ich ihr von Ralf und mir erzählte, konnte Carola sich ein Grinsen nicht verkneifen. Sie kannte Ralf, der in Leipzig und Umgebung so bekannt war wie ein bunter Hund. Carola gratulierte mir, dass ich den eitlen Gockel los war. Eine Freundin von ihr hatte wohl vor einigen Jahren eine Affäre mit ihm gehabt und erzählt, dass er immer doppelt so lange im Badezimmer gebraucht hatte wie sie selbst. Im Bett allerdings hätte er sich nie so viel Zeit gelassen. Angeblich hätte er ihn nie länger als drei Minuten hochbekommen. Mein Gesichtsausdruck bei dieser Geschichte sprach Bände. Ich wurde sofort knallrot und Carola sah mir an, dass ich genau die gleichen Erfahrungen gemacht hatte: dreißig Minuten Badezimmer, nach drei Minuten Sex. Carola lachte sich halb kaputt, was mich damals etwas verunsicherte. Mit meinen gerade mal 18 Jahren war ich es wirklich nicht gewohnt, mit irgendwem über Sex zu sprechen. Bei uns zu Hause war das Thema tabu. Freundinnen hatte ich so gut wie keine und Ralf wollte nie darüber reden. Er meinte, man redet auch nicht über Essen, sondern isst. Ehrlich gesagt verstand ich seine Argumentation nie so recht. Denn ich liebte es schon immer, über Essen zu reden. Vor allem über Wurst.

Doch mit Carola über Sex zu reden, fiel mir noch am selben Abend schnell sehr viel leichter. Denn es machte unheimlich Spaß. Wir tranken einen Cocktail nach dem anderen und mit jedem Schluck wurde auch ich ein bisschen mutiger, intime Details auszuplaudern. Nach nur wenigen Stunden hatten wir beide voreinander die Hosen komplett runtergelassen. Also, im übertragenen Sinn. Carola war mit ihren 37 Jahren zwar fast zwanzig Jahre älter als ich, aber dennoch hatten wir so einige Gemeinsamkeiten. Wir wurden beide in Grimma geboren, wohnten derzeit allein in Leipzig, waren Singles, hatten den gleichen Humor und die Schnauze von festen Beziehungen gehörig voll.

Dieser Abend war der Beginn einer wunderbaren Freundschaft, die bis heute noch ein wichtiger Teil meines Lebens ist. Denn Carola wurde meine erste richtige Freundin. Von nun an zogen wir bei jeder Gelegenheit zusammen los. Ich holte das nach, was ich aufgrund der Beziehung zu Ralf nie gehabt hatte: eine Sturm- und Drang-Zeit. Eine Jugend. Denn tatsächlich war ich bis zu meinem 18. Lebensjahr noch nie in einer Diskothek gewesen. Bierzelte kannte ich in- und auswendig. Ebenso hatte ich mich nächtelang in Kneipen und Bars rumgetrieben. Aber meist aus beruflichen Gründen und daher hinter dem Tresen anstatt flirtend auf einem Barhocker am Tresen. Aber jetzt – wir schrieben das Jahr 2007 – führte mich Carola ein in das Nachtleben von Leipzig. Wir zogen durch die Discos bis in die frühen Morgenstunden. Dabei hatten wir nur ein Ziel vor Augen: Spaß haben – zu jedem Preis. Und dazu gehörte viel Alkohol, tanzen, viel lachen, flirten und gern auch Männer kennenlernen. Oder auch ein bisschen mehr. Es gab nur eine einzige Regel. Und die lautete: auf keinen Fall verlieben! Denn wir wollten Spaß und keine Beziehung.

Allerdings hatte ich noch nie zuvor in meinem Leben einen One-Night-Stand gehabt. Carola war da um einiges erfahrener als ich. Aber auch sie staunte nicht schlecht, als uns Celine von ihren Erfahrungen erzählte. Celine hatten wir beim Weggehen kennengelernt. Sie war einige Jahre älter als ich, immer noch viele Jahre jünger als Carola und hatte es gerade männertechnisch faustdick hinter den Ohren. Als Celine erfuhr, dass ich auf dem Gebiet One-Night-Stand noch Jungfrau war, fühlte sie sich sofort berufen, mir alles, was es darüber zu wissen gab, zu offenbaren – ob ich wollte oder nicht. Ich sollte, so erklärte sie mir, mich einfach in der Disco umsehen und mir einen Mann aussuchen, der mir gefiel. Einen, den ich attraktiv und körperlich anziehend fand. Alles andere wäre in diesem Fall nicht wirklich wichtig. Ich sollte Blickkontakt aufnehmen und ihm signalisieren, dass er mir gefiel. Der Rest würde sich dann meist von selbst ergeben. Es würde nicht lange dauern, bis er mir seine Zunge in den Hals steckte. Und es wäre auch enorm wichtig, schon vorab in der Disco ein bisschen mit ihm rumzumachen. Zumindest sollte ich sichergehen, dass er einigermaßen küssen konnte und ordentlich ausgestattet war. Wenn ich mich auf der Toilette von seiner Beschaffenheit überzeugt hätte, konnte ich mit zu ihm nach Hause fahren. Allerdings niemals, ohne meiner Begleitung – in meinem Fall Carola – vorher Bescheid zu geben. Für Kondome müsste ich immer selbst sorgen.

Denn die Typen hätten meistens keine zu Hause und nahmen die Sache mit der Verhütung auch nicht so genau. Schließlich waren sie ja fein raus, wenn irgendetwas passieren würde. Und komischerweise haben heterosexuelle Männer selten Angst, sich bei Frauen mit Krankheiten anzustecken. Celine gab mir weitere Tipps zum Akt an sich. Ich sollte eigentlich immer nur das tun, was mir gefiel. Überhaupt, so sagte sie, sollte ich immer auch unbedingt sagen, was mich anturnen würde und was nicht. Woher sollten es die Guten denn sonst erfahren, wenn nicht von uns selbst. Egal, ob bei einem One-Night-Stand oder in einer festen Beziehung: Kommunikation im Bett stand für Celine an oberster Stelle. Verbal wie auch nonverbal. Auf

Alles kann, nichts muss! } keinen Fall sollte ich irgendetwas tun, wozu ich keine Lust hatte. Egal, ob 69, Analsex, fesseln, peitschen oder anderen Fetisch. Alles, wobei ich mich nicht wohlfühlte, sollte ich lassen. Alles kann,

nichts muss! Und gerade bei einer einmaligen Sache mit einem Unbekannten musste ich niemandem einen Gefallen tun außer mir selbst. Denn dazu waren sie nun mal da, die One–Night-Stands. Ausschließlich zu meiner eigenen Bedürfnisbefriedigung. Wichtig war außerdem, dass ich entweder noch in derselben Nacht oder spätestens am nächsten Morgen schnell wieder verschwand. Nicht dass der Typ noch auf die Idee kam, mir einen Kaffee zu machen, Nummern auszutauschen oder gar – worst case – sich zu verlieben. Denn, darin stimmte Celine mit Carola und mir überein, wir wollten keine Beziehung! Und deshalb sollten wir die Männer auch nicht mit zu uns nach Hause nehmen, sondern immer zu ihnen gehen.

Schließlich musste nicht jeder Idiot wissen, wo wir wohnten. So, jetzt wussten Carola und ich aber ordentlich Bescheid.

In der Theorie hatte ich das alles verstanden. Ich fand Celines Regeln spannend und auch einleuchtend. Überhaupt fand ich es furchtbar aufregend, so offen über Sex zu sprechen. Da ich das so bis zu diesem Zeitpunkt nicht kannte, reagierte ich gerade anfangs immer noch etwas verlegen. Vor allem, wenn Celine so Sachen sagte wie: »Du musst niemanden anpinkeln, wenn du nicht willst!« Ich wusste nicht einmal, dass es so etwas gab! Ich war wirklich noch ziemlich grün hinter den Ohren. Und ich hatte großen Nachholbedarf und ebenso große Lust, all das auszuprobieren. Bis auf die Sache mit dem anpinkeln.

So zogen Carola und ich wie so oft an einem Samstagabend im März mal wieder los. Zuerst gingen wir zu unserem Lieblingsitaliener Da Bruno. Wir bestellten uns eine Flasche Weißwein, dazu leckeren Fisch mit Gemüse und hinterher noch ein paar Schnäpse. Dafür ließen wir auch das Tiramisu weg. Seit mit Ralf Schluss war, purzelten bei mir nur so die Kilos. Ich war schon fast meinen gesamten Allgäu-Speck wieder los. Aber zu irgendetwas musste Liebeskummer ja schließlich auch gut sein. Zu jener Zeit fühlte ich mich in meinem Körper auf jeden Fall schon viel wohler als zuvor. Wenn auch noch lange nicht zu Hause.

Carola und ich gingen nach dem Italiener immer in unsere Stammdisco und zogen unser Programm durch: erst

Aber zu irgendetwas musste Liebeskummer ja schließlich auch gut sein.

ein paar Drinks an der Bar, wobei wir die Umgebung abcheckten, dann tanzen, gern auch auf dem Podest oder an der Stange. Wir hatten Spaß und genossen es, aufzufallen. Bis zu diesem Zeitpunkt hatte sich jede schon einen Flirt-Favoriten ausgesucht, mit dem sie so lange Blickkontakt hielt, bis er sich schließlich anpirschte. Celine hatte recht. Es war ganz einfach und funktionierte immer. Meistens folgten dann ein paar weitere Drinks, etwas Smalltalk und die ersten unauffälligen Berührungen. Dann gemeinsames Tanzen, das immer enger wurde, bis man sich auf der Tanzfläche allmählich aneinander rieb und schon kurz darauf zum ersten Mal küsste. Anschließend ging es Richtung Toilette, um in einem dunklen Winkel etwas wilder rumzumachen. Knutschen und fummeln war erlaubt. Sex auf der Discotoilette kam aber nicht in Frage. Das war eine von Carolas und meinen Grundregeln: »Solche Frauen sind wir nicht!«

Bisher endeten diese Abende immer damit, dass ich spätestens nach dem »wild Rummachen« die Handbremse zog und ungevögelt nach Hause ging. In meine kleine Rumpelbude mit Aussicht.

Doch an jenem Samstagabend nach dem Italiener wollte ich es endlich durchziehen. Ich wollte meinen ersten One-Night-Stand unbedingt hinter mich bringen. Und dazu auserkoren hatte ich Fabian, 42 Jahre, von Beruf Dachdecker. Er konnte gut küssen, war muskulös gebaut und hatte eine angenehme Stimme – das war für mich immer schon sehr wichtig. Er machte keinen besonders cleveren Eindruck, aber war nett und irgendwie harmlos. Zumindest machte er mir keine Angst. Und: Ich war sicher, mich niemals in ihn zu verlieben. Daher war er der perfekte Kandidat für meinen ersten One-Night-Stand.

Streng Celines Regeln befolgend, gab ich Carola Bescheid, dass ich gleich mit Fabian abhauen würde. Sie freute sich für mich, dass ich es endlich durchziehen wollte. So sehr, dass ihr vor lauter Freude alle Farbe aus dem Gesicht wich.

»Alles in Ordnung?«, fragte ich. »Du siehst echt blass aus.« Doch Carola winkte ab und versicherte mir, dass sie in Ordnung wäre. Ich sollte endlich abhauen, bevor ich es mir noch anders überlegen würde. Sie hätte nur einen Drink zu viel. Oder auch zwei bis vier.

Fabian war noch nüchtern genug, um zu fahren. Er grinste die ganze Fahrt über wie ein Kind an Weihnachten. Er freute sich offensichtlich schon sehr, mir gleich die Klamotten vom Leib zu reißen. Kaum betraten wir seine Wohnung, griff er unter meinen kurzen Rock und zog mein Höschen nach unten. Ich machte mich an seinem Gürtel zu schaffen, während wir uns Richtung Schlafzimmer schoben. Doch plötzlich, und zwar wirklich plötzlich, wurde mir furchtbar schummerig und übel. Ich stieß Fabian zurück, der direkt auf das Bett plumpste. Doch anstatt mich rittlings auf seinen erigierten Schwanz zu setzen, was er wohl erwartet hatte, stürmte ich Richtung Bad, das ich Gott sei Dank auch sofort fand. Denn nur eine Sekunde später hätte ich nichts mehr von dem, was nun meinen Körper verlassen sollte, in mir halten können. Aus irgendeinem Instinkt heraus sprang ich direkt in die Wanne. Und dann geschah es: Ich entleerte mich halb stehend aus allen Körperöffnungen gleichzeitig. Mein erster Gedanke war: ›Der Fisch!‹ Mein zweiter: ›Hab ich abgesperrt?‹

Tatsächlich kotzte und kackte ich eine geschlagene Stunde in die Wanne eines Typen, den ich nicht mal kannte. Und mit dem ich eigentlich wilden Sex haben wollte. Natürlich kam er irgendwann und klopfte an die Tür, um nach mir zu sehen. Ich hatte zwar inzwischen abgesperrt, aber Fabian konnte hören und vermutlich auch schon riechen, was in seinem Badezimmer vor sich ging. Ich schämte mich in Grund und Boden. Für so eine Situation hatte mir Celine keine Anleitung gegeben. Für anpinkeln schon. Aber für eine Fischvergiftung während eines One-Night-Stands nicht. Ich habe mich selten so geschämt in meinem Leben wie in dem Moment, als ich eine Stunde später das Badezimmer wieder einigermaßen sauber und halbwegs aufrecht verlassen konnte. Da mir Fabian zum Glück schon vorab mein Höschen ausgezogen hatte, hatte ich mir wenigstens nicht in die Hosen gemacht.

»Ich glaub, ich hab'ne Fischvergiftung«, sagte ich nur, als ich leichenblass vor Fabian stand. Tatsächlich reagierte der Dachdecker sehr verständnisvoll. Er machte mir eine Wärmflasche und einen Kamillentee. Angefasst hat er mich nicht mehr. Verständlich.

Als ich mich wieder einigermaßen regeneriert hatte, bot er an, mich nach Hause zu fahren. Aber diese Peinlichkeit wollte ich uns beiden gern ersparen. Ich rief mir ein Taxi und verabschiedete mich mit einem »Danke!«. Auf das »Bis bald!«, verzichtete ich aus berechtigten Gründen. Erst im Taxi las ich die SMS von Carola: »Liege zu Hause im Bett. Ich glaube, mit dem Fisch war was nicht in Ordnung. Ich hoffe, du hast Spaß!«

Spaß? Na ja. Es hat zwar eine lange Zeit gedauert, aber irgendwann konnte ich über die Geschichte meines ersten und letzten One-Night-Stands wirklich lachen.

Nach diesem Abend gab ich den Versuch eines One-Night-Stands nun endgültig auf. Carola und ich zogen weiterhin durch die Schlipsträger-Discos, aber unternahmen auch tagsüber und an den Wochenenden sehr viel. Celine sahen wir nur noch selten.

An meinen 19. Geburtstag überraschte mich Carola mit einer Fahrradtour inklusive Picknick. Leider hatte ich nach wenigen Kilometer mitten in der Pampa einen platten Reifen. Und natürlich kein Flickzeug. Als wir gerade überlegten, die ganze Sache wieder abzublasen und die paar Kilometer in die Stadt zurück zu schieben, kamen zwei junge Männer des Weges geradelt. Richtige Profis, mit engen Fahrradhosen, Helmen und dem ganzen Klimbim. Und daher auch mit Flickzeug. Die beiden, Paul und Rainer, fanden uns furchtbar komisch. Ohne Flickzeug eine Fahrradtour zu machen, war für die beiden wohl genauso abenteuerlich, wie ohne Wasser in die Wüste zu gehen. Die Männer waren zirka zehn Jahre älter als ich und damit zehn Jahre jünger als Carola. Und nachdem sie mich wieder einsatzbereit geflickt hatten, taten wir vier uns für diesen Tag zusammen. Carola verstand sich sofort hervorragend mit Rainer und ich mich mit Paul. Dieser Mann war genau so ehrgeizig wie er aussah. Er hatte BWL studiert und seit einem Jahr nun irgendeinen wichtigen Job in einer wichtigen Firma. Ich verstand nicht wirklich, was er mir erzählte, aber mir gefiel die Leidenschaft, die er versprühte, sobald er von seiner Arbeit sprach. Ich wünschte, meine Augen würden nur im Ansatz so funkeln, wenn ich von meinem Beruf erzählte. Stattdessen zog sich in mir alles zusammen. Und genau davon erzählte ich Paul an diesem Tag der Fahrradtour. Ich erzählte einem völlig

Fremden, was ich vorher noch nie jemandem erzählt hatte. Nicht mal Carola. Es war einfacher, einem Fremden die eigenen Versagensängste einzugestehen. Vielleicht lag es gar nicht an dem schrecklichen Hotel, samt Kollegen und Vorgesetzten. Möglicherweise lag es an mir. War ich einfach in dem, was ich tat, nicht gut?

»Ganz sicher sogar«, sagte Paul. »Du musst eine miserable Hotelfachfrau sein.« Ich sah ihn ungläubig an. »Nichts gegen dich«, ergänzte er. »Aber wir können nur wirklich gut in Sachen sein, für die wir brennen. Für was brennst du, Melanie?«

Ich sah Paul mit großen Augen an, während wir in die Pedale traten. Da es gerade bergauf ging und mir sichtlich die Puste ausging, gewann ich etwas Zeit, um über meine Antwort nachzudenken. Das hatte mich zuvor noch nie irgendwer gefragt. Für was brannte ich eigentlich? Ich hatte leider keine Ahnung. Und offen gesagt, hatte ich darüber auch noch nie nachgedacht. Bisher tat ich einfach immer das, was von mir erwartet wurde. Ich machte einen Schulabschluss und bewarb mich für eine bodenständige Lehre. Der rebellischste Ausdruck eines selbstbestimmten Lebens, war ein Lehrstellenwechsel vom Allgäu zurück in den Osten. Nicht gerade eine aufregende Geschichte, die ich später meinen Enkelkindern erzählen konnte. Plötzlich kam es mir so vor, als hätte ich – mit gerade erst 19 Jahren – nicht nur nichts

Plötzlich kam es mir so vor, als hätte ich – mit gerade erst 19 Jahren – nicht nur nichts erlebt, sondern schon das Beste verpasst.

erlebt, sondern schon das Beste verpasst. Dieser Wirtschafts-absolvent, der in kurzen Hosen neben mir radelte, hatte vermutlich ein aufregenderes Leben als ich angepasster Durchschnitts-Ossi. Paul schien, meine Gedanken lesen zu können.

»Denk dir nichts, Melanie. Du bist noch jung. Du wirst deinen Weg finden. Wichtig ist nur, dass du deinem Herzen folgst und keine Angst vor Veränderungen hast. Jede Veränderung ist nämlich zugleich ein Neuanfang.«

Inzwischen oben angekommen grinste ich Paul frech an. »Kannst du das in mein Poesiealbum schreiben?«

Auch wenn ich nach außen hin Witze machte, blieb so einiges von dem, was dieser Paul zu mir gesagt hatte, bei mir hängen. Und nur kurze Zeit nach diesem Gespräch wechselte ich meine Lehrstelle zum dritten und letzten Mal. Diesmal allerdings nicht örtlich. Ich blieb in Leipzig, machte aber meinen Abschluss als Restaurantfachfrau und Barkeeperin. Dafür brannte ich zwar auch nicht gerade, aber Essen und Trinken machten mir weitaus mehr Freude, als Betten aufzuschütteln und Beschwerden entgegenzunehmen. Und ich hatte auch noch genug Gelegenheit, mich bei Paul für diese ungebetenen Ratschläge zu bedanken. Denn Paul und ich sind bis heute unzertrennlich. Nicht als Paar, sondern als Freunde. Paul wurde in kürzester Zeit mein bester Freund und mit den Jahren zu dem Bruder, den ich nie hatte.

Im Herbst desselben Jahres sollte ich mich auch tatsächlich wieder neu verlieben. Carola und ich waren mal wieder auf einem unserer legendären Streifzüge durch Leipzigs Nachtleben unterwegs. Man kannte uns. Zumindest die anderen Stammgäste wie auch die Türsteher oder Clubbetreiber.

Carola und ich waren einfach ein Duo, das auffiel. Schon allein wegen des Altersunterschiedes. Zuweilen, so hörten wir, kursierte das Gerücht, dass wir ein lesbisches Pärchen wären. Uns war das egal.

»Sollen die Leute doch denken, was sie wollen«, sagte Carola. »Und wer weiß, vielleicht lege ich dich eines Tages noch flach, wenn das nicht bald ein Typ übernimmt!«

Carola spielte mit dieser Aussage auf meine anhaltende Phase der sexuellen Abstinenz an. Seit mit Ralf Schluss war, hatte ich keinen Sex mehr gehabt. Und nach der Misere mit Fabian und seiner Badewanne hatte ich es auch aufgegeben, mir einen Mann für die Nacht zu suchen. Ich konnte und wollte nun einmal nicht mit einem Fremden vögeln. Trotzdem machten mir feiern, tanzen und flirten nach wie vor großen Spaß. Das mit Ralf lag nun schon einige Monate zurück und ich hatte ordentlich Nachholbedarf in dieser Hinsicht. Schließlich hatte ich wegen Ralf meine Jugend verpasst. Doch an jenem Abend, an dem Carola bereits drohte, mich selbst flachzulegen, da lernte ich Joachim kennen.

Es passierte ganz klassisch an der Bar. Ich wollte Drinks bestellen und wurde mal wieder von der Tussi hinter dem Tresen ignoriert, die lieber mit den attraktiven Männern neben mir flirtete. Einer davon war Joachim. Ihm fiel auf, dass ich wiederholte Anläufe startete, Wodka-Orangensaft zu bestellen. Kurz entschlossen nahm er das für mich in die Hand und schob mir zwei Drinks rüber.

»Für mich?«, fragte ich ungläubig nach.

»Für dich. Alle beide. Ich hoffe, der zweite ist nicht für deinen Freund?«

»Nein. Doch. Also, Freundin. Aber nur so Freundin. Nicht so anders Freundin«, stammelte ich vor mich hin, weil es längst um mich geschehen war.

»Hm«, sagte Joachim verwirrt. »Das klingt spannend. Ich würde gern mehr von dir und der nicht-so-anders-Freundin erfahren. Darf ich dich danach auf eine zweite Runde einladen?«

»Aber du hast die hier doch auch schon bezahlt.«

»Die Investition ist mir die Geschichte schon wert. Ich warte hier auf dich. Ich bin übrigens Jo.«

»Jo, ja?«

»Ja. Also, Jo wie Joachim. Aber Jo ist kürzer. Und so nennen mich die Idioten, die sich meine Freunde schimpfen.« Joachim machte eine Kopfbewegung zu den anderen Männern im Anzug, die neben ihm an der Bar standen. Ich ließ mich nicht zweimal bitten, mit diesem attraktiven Mann noch einen zu heben. Also holte ich Carola an die Bar und verbrachte den Rest des Abends an Jo's Lippen hängend. Ich hörte ihm zu und wünschte mir dabei nichts sehnlicher, als seine Lippen auf meinen zu spüren. Als meine Zunge in seinem Mund versinken zu lassen. Als so schnell wie möglich mit diesem Mann zu verschmelzen. Oh mein Gott! Ich war verknallt.

Aus dem Verschmelzen wurde so schnell allerdings nicht. Denn Jo, der damals 45 Jahre alt war, hatte Skrupel sich mit einer Frau einzulassen, die geschlagene 26 Jahre jünger war als er. Ich wusste nicht, was gegen eine solche Beziehung sprechen könnte. Jo war unverheiratet, kinderlos und genauso in mich verknallt wie ich in ihn. Wir gingen drei bis vier Mal miteinander aus, bevor wir uns das erste Mal überhaupt küssten. Ich fand den Altersunterschied nicht ungewöhnlich, da ich es gar nicht anders kannte. Für Jo allerdings war es das erste Mal, das er mit einer so viel jüngeren Frau zusammen war.

»Du könntest locker meine Tochter sein!«, pflegte er zu sagen, wenn ich Annäherungsversuche wagte. Doch je mehr Zeit wir miteinander verbrachten, umso besser gelang es ihm, den Tochtergedanken zur Seite zu schieben. Auch wenn er sich immer sehr liebevoll und manchmal schon fast väterlich um mich kümmerte. Jo war aufmerksamer als jeder Mann, den ich bisher kannte. Bei fast jedem Treffen ließ er sich irgendetwas Besonderes einfallen. Er brachte mir kleine Geschenke mit und versuchte, mich zu überraschen, um mir eine Freude zu machen. Kinokarten für einen Film, den ich gern sehen wollte (und die ich nicht selbst bezahlen musste) oder Schokolade aus dem teuren Laden in der Innenstadt, an dessen Schaufenster ich mir immer die Nase plattdrückte. Aber es ging gar nicht um die Geschenke. Es ging darum, dass Jo mir zuhörte und sich Sachen merkte, die ich mal gesagt hatte. Nicht wie Ralf, der sich außer dem blöden Flutschfinger nie etwas gemerkt hatte. Und immer wenn er mir Flutschfinger mitbrachte, hieß das auch nur, dass er ran wollte.

Nach dem vierten Date mit Jo startete ich einen erneuten Versuch, unsere Beziehung auf eine andere, etwas weniger platonische Ebene zu heben. Tipps dazu hatte mir diesmal mein Freund Paul gegeben. Paul und ich trafen uns seit der Fahrradtour regelmäßig, um gemeinsam etwas zu unternehmen. Oder einfach nur, um schön essen zu gehen. Dabei war irgendwie von Anfang an klar, dass zwischen uns nie etwas laufen würde. Erst dachte ich, Paul wäre schwul. Bis er mir von dieser Frau vorschwärmte, die ihm nicht mehr aus dem Kopf ging.

So kam es, dass Paul und ich meistens über Beziehungen sprachen und uns gegenseitig Ratschläge zum anderen Geschlecht gaben. Daher fragte ich ihn auch zu Jo aus: Warum der verdammt noch mal so zurückhaltend war? Paul

Denn Penis siegt immer über Hirn. Immer.

war der beste Ratgeber in dieser Angelegenheit. Immerhin war er ein Mann und auch etwas älter. Er riet mir, Jo nicht unter Druck zu setzen und unbedingt vorher klarzustellen, dass ich schon mal Sex gehabt hatte. Viele Männer, so erklärte Paul, hätten einfach Angst davor, Frauen zu entjungfern. Oder eben im fortgeschrittenen Alter überhaupt mit jungen Frauen zu schlafen. Aber wenn ich ihn entsprechend heiß machen würde, würden auch diese Skrupel schnell verschwinden. Denn Penis siegt immer über Hirn. Immer.

Diese Worte fielen mir wieder ein, als mich Jo nach unserem vierten Date nach Hause fuhr. Wir saßen im Auto vor meiner Wohnung. Jo machte den Motor aus und bedankte sich für den schönen Abend. Er gab mir einen zärtlichen Abschiedskuss auf die Stirn und sagte: »Gute Nacht, meine Hübsche!«

»Oh«, sagte ich und konnte selbst nicht glauben, was ich mich gleich sagen hörte: »Ich bin nicht müde. Ich spiele erst noch ein bisschen an mir rum. Willst du zusehen?«

Jo entwich in diesem Moment alle Farbe aus dem Gesicht. Er sah mich mit offenem Mund an. Gerade als ich ansetzen wollte, mich mit »Äh, war nur ein Scherz!« rauszureden, packte er mich am Hinterkopf, zog mich zu sich ran und küsste mich leidenschaftlich. Na also, es ging doch. Anschließend sprangen wir aus dem Auto und rannten nach oben in meine

Wohnung. Von Jo's Zurückhaltung war plötzlich so gar nichts mehr zu spüren. Penis siegte über Hirn. Immer!

Jo riss mir die Klamotten vom Leib, während ich mich an seiner Hose zu schaffen machte. Was dann folgte, entbehrt jeglicher Beschreibung. Ich weiß auch bis heute nicht genau, woran es lag. Denn Jo's Penis war weder außergewöhnlich groß noch besonders geformt. Es war ein ganz normaler, durchschnittlicher Penis. Trotzdem war der Sex mit Jo ganz anders als alles, was ich bisher erlebt hatte. Bis zu diesem Abend ging ich irgendwie davon aus, dass es an mir läge, beim Sex nie einen Orgasmus gehabt zu haben. Wenn ich mit mir allein Sex hatte, war das gar kein Problem. Aber mit einem Mann hatte das bisher noch nie geklappt. Doch Jo änderte in jener Nacht alles.

Erst machten wir es im Stehen an der Wand. Bis auf meine Schuhe und meinen Büstenhalter hatte er mich komplett ausgezogen. Er selbst dagegen hatte sich nur seiner Schuhe und Hose entledigt. Vielleicht klappte es deshalb so gut, weil ich High Heels trug und Jo ohne Schuhe jetzt genau die richtige Größe hatte, um mich im perfekten Winkel an die Wand gelehnt zu verwöhnen. Ich war schon kurz davor zu kommen, als Jo mich plötzlich nach oben hob. Ich schlang meine Füße um seine Hüften, während er mich Richtung Bett trug. Dort angekommen ließ er sich auf die Matratze nieder. Somit saß ich auf ihm. Ich bewegte mich keine drei Mal und explodierte förmlich auf seinem Schoß. Das war, wie ich heute annehme, mein erster vaginaler Orgasmus. Und als ich das Zittern meiner Knie wieder einigermaßen unter Kontrolle hatte, folgte keine sieben Minuten später der zweite.

FAST AND FURIOUS. ODER: DU BIST ES, VIELLEICHT ... DOCH NICHT

Jo und ich waren von diesem Abend an offiziell ein Paar. Seine Skrupel bezüglich des Altersunterschiedes ließen mehr und mehr nach. Dazu trug auch der neidvolle Gesichtsausdruck der Idioten bei, die sich seine Freunde schimpften, wenn Jo irgendwo mit mir auftauchte. Die meisten waren Geschäftsmänner und Kollegen Mitte vierzig, die schreiende Kleinkinder und eine nörgelnde, übergewichtige Ehefrau zu Hause hatten. Sie beneideten Jo um mich, die 19-jährige Freundin, die so unkompliziert und immer gut gelaunt zu sein schien. Und tatsächlich stimmte das zu diesem Zeitpunkt auch. Der Lehrstellenwechsel hatte mir unglaublich gut getan. Ich mochte meine Arbeit in dem Restaurant, in dem ich meistens abends hinter der Bar stand und Cocktails mixte. Das Publikum war gepflegt und in einer Altersgruppe, mit der ich gut auskam. Nämlich vierzig plus. Außerdem mochte ich meine neue Chefin, auch – oder vielleicht gerade – weil sie sehr streng war und mich immerzu forderte. Jo kam oft vorbei, um mich von der Arbeit abzuholen oder dort zu besuchen, wenn er abends frei hatte. Dann saß er an der Bar mit seinen Freunden, die unauffällig auffällig versuchten, mit mir zu flirten. Aber ich, ich hatte nur Augen für meinen Jo. Ich fand ihn so toll. Seine grünen Augen zu den braunen Haaren, die trotz seines fortgeschrittenen Alters noch recht füllig waren. Und Jo trug immer Anzüge. Das tat er in seiner Funktion als Geschäftsführer mehrerer kleiner Firmen schon aus beruflichen Gründen. Aber eben auch, weil er wusste, dass ich darauf stand.

Ehe ich mich versah, war ein Jahr vergangen, seitdem Ralf mir den Laufpass gegeben hatte. Silvester stand vor der Tür und ich war glücklicher als jemals zuvor. Allerdings sollte es für mich auch dieses Jahr keinen rauschenden Neujahrswechsel geben, da ich mich von meiner Chefin dazu verpflichten ließ, am Silvesterabend in unserem Restaurant als Rahmenprogramm aufzutreten und Klavier zu spielen. Obwohl ich dank jahrelangen Klavierunterrichtes wirklich ganz passabel spielen konnte, hasste ich es, vor anderen Leuten zu spielen. So etwas machte mich unglaublich nervös. Trotzdem sagte ich zu. Denn meine Chefin versprach mir für diesen Abend eine ordentliche Gage, die ich sehr gut gebrauchen konnte. Noch dazu machte ich mir seit jeher nicht wirklich viel aus dem Tag. Die Erwartungen waren meistens höher als das Ergebnis und am Ende nur alle enttäuscht. So wie Jo jetzt schon vor Silvester, als ich ihm von meinem Engagement erzählte.

Er hatte sich schon ein romantisches Programm für uns beide ausgedacht, dass er mir aus Trotz nun nicht mehr erzählen wollte. Aber Jo gab schließlich nach. Er verstand, dass ich mir diesen Job samt Gage nicht durch die Lappen gehen lassen wollte. Also plante er, Silvester bei Freunden zu verbringen und mich später von der Veranstaltung abzuholen. Dann könnten wir immer noch nachträglich anstoßen und das neue Jahr im Bett beginnen. Ich hoffte nur, dass es zu diesem Jahreswechsel keine böse Überraschung für mich geben würde.

Ich machte mich also am Silvesterabend um kurz nach sieben auf den Weg, um pünktlich um acht Uhr am Klavier zu sitzen. Aber wie immer, wenn ich es furchtbar eilig hatte, klappte so rein gar nichts. Ich verschmierte die Wimperntusche in die Haare, die Frisur wollte nicht sitzen und der Reißverschluss meines Silvesterkleides klemmte. Da ich grundsätzlich lieber zu früh als zu spät dran war, machte mich das alles noch nervöser als ich eh schon wegen dieser ganzen Klaviernummer war. Irgendwann pfiff ich auf die Frisur, lenkte mit knallrotem Lippenstift von der Wimperntusche ab und entschied mich für ein anderes, wenn auch weniger spektakuläres Kleid. Ich sprang in mein Auto und düste los. Natürlich war ausgerechnet an diesem Tag auch noch mein Tank fast leer. Es half nichts. Ich entschied mich für die Landstraße anstatt für die Autobahn, weil ich genau wusste, dass ich es so noch bis zur nächsten Tankstelle schaffen würde. Nach einem hektischen Tankmanöver sondergleichen, sprang ich zurück in den Wagen und gab volle Kanne Gas. Ich kannte die Strecke in- und auswendig, fuhr aber gerade wegen meiner erhöhten Geschwindigkeit noch aufmerksamer als sonst. Es war bereits dunkel und vor Landstraßen hatte ich schon immer großen Respekt. Die vielen Grablichter, Blumen und Kreuze am Wegesrand waren schließlich nicht ohne Grund da. Ich war gerade erst zwanzig Minuten unterwegs, als mir plötzlich zwei Scheinwerfer auf meiner Fahrbahn entgegenkamen. Ich wusste sofort, dass etwas nicht stimmte. Doch von nun an ging alles viel zu schnell. Ich erinnere mich noch, darüber nachgedacht zu haben, ob ich dem Geisterfahrer ausweichen oder besser abwarten sollte, ob er mir in letzter Sekunde noch ausweichen würde. Doch als er keine

Anstalten machte, auf seine eigene Fahrspur zurückzukehren, riss ich in letzter Sekunde das Lenkrad rum. Ich prallte erst gegen einen Baum und überschlug mich anschließend zweimal im Straßengraben. Erst als der Wagen zum Stillstand kam, realisierte ich, was geschehen war: dass ich einen Unfall gehabt hatte und offensichtlich noch am Leben war.

Das Denken an sich setzte allerdings erst sehr viel später ein. Denn mein erster Gedanke war, dass ich nun zu spät zu dieser Veranstaltung kommen würde. Ich überlegte ernsthaft, sofort meine Chefin anzurufen, um ihr zu sagen, dass es später werden würde. Wie absurd dieser Gedanke war, ging mir erst auf, als ich den aufsteigenden Qualm bemerkte. Heute weiß ich, dass dieser von den aufgegangenen Airbags kam. Aber in jenem Moment war ich mir sicher, dass mein Wagen gleich brennen würde und ich daher so schnell wie möglich raus müsste. Schließlich explodierten Autos in Actionfilmen immer sofort.

Ich löste panisch den Gurt und versuchte, durch die Beifahrertür auszusteigen. Mir tat alles weh, aber die Panik war größer als der Schmerz. Vor allem, als ich feststellte, dass die Tür klemmte und ich im Wageninneren gefangen war. Möglicherweise war ich schwer verletzt. Ich begann, zu schreien und wie wild auf die Hupe zu drücken, was mir noch mehr Schmerzen bereitete. In meinem Rückspiegel konnte ich Scheinwerfer von der Landstraße ausmachen, die zu meinem großen Entsetzen einfach an der Unfallstelle vorbeifuhren. Entweder man sah mich von der Straße aus nicht oder man wollte mich nicht sehen. In diesem Moment hatte ich den ersten vernünftigen Gedanken: mit meinem Handy Hilfe zu holen. Aber das scheiß Ding war in meiner Handtasche. Und die war im Kofferraum.

Ich weiß nicht, wie lange ich so hinter dem Steuer klemmte und panisch vor mich hin heulte. Aber ich weiß noch, wie erleichtert ich war, als sich wie von Zauberhand die Beifahrertür öffnete und mich ein Mann in Feuerwehruniform aus dem Fahrzeug hievte. Dann ging wieder alles sehr schnell. Ich kam in einen Krankenwagen, realisierte Blaulicht und auch meine Eltern, die an meiner Seite waren und meine Hand hielten. Ich murmelte immerzu vor mich hin, dass ich mein Handy holen müsste, um meine Chefin anzurufen. Meine Mutter versuchte, mich zu beruhigen und versprach, sich um alles zu kümmern. Dann dämmerte ich weg.

Als ich aufwachte, sah ich sofort in die besorgten Augen von Jo.

»Tut mir leid!«, stammelte ich los.

»Was tut dir leid?«

»Dass ich dir Silvester versaut habe!«, sagte ich und staunte über den schönen Blumenstrauß neben meinem Bett. »Die sind aber schön!«

Jo musste lachen und sagte: »Das nächste Mal, wenn du Blumen willst, gib einfach Bescheid. Du musst nicht extra in den Graben fahren!«

Ich hatte wahnsinniges Glück gehabt, denn außer ein paar Prellungen und zwei gebrochenen Daumen (was eingegipst wirklich sehr lustig aussah) hatte ich keine weiteren Verletzungen davongetragen. Mein Auto dagegen hatte einen Totalschaden und ich dank Vati eine Vollkasko-Versicherung. Nach dem Geisterfahrer wurde gefahndet. Allerdings erfolglos.

Ich durfte noch am selben Tag das Krankenhaus verlassen. Jo fragte mich, ob ich von nun an ihn entscheiden lassen würde, was wir zukünftig an Silvester machten. Ich nickte artig. Und einen Tag später lud er mich in seinen Wagen, um den romantischen Neujahrswechsel nachzufeiern. Wir fuhren nach Österreich und machten eine Woche Erholungsurlaub in einem Wellnesshotel. Ich genoss diesen Aufenthalt sehr, auch wenn ich mit meinen zwei gebrochenen Daumen in der Sauna ein echter Hingucker war.

Der Rest des Jahres verlief immerhin unfallfrei. Zumindest was Blechschäden anging. Ich war im letzten Jahr meiner Lehre, die mir auch gegen Ende hin immer mehr Spaß machte. Jo und ich verbrachten unsere freie Zeit miteinander, wobei wir viel in den Urlaub fuhren oder Wochenendausflüge nach Berlin machten. Dort lagen wir vor allem stundenlang auf Jo's Hausboot in der Sonne oder schipperten über die Gewässer von Berlin und Potsdam. Man fand uns auch häufig vögelnderweise unter Deck, was mir mit Jo nach wie vor wahnsinnigen Spaß machte.

Dagegen schien es Jo mit der Zeit etwas langweilig zu werden. Denn eines Abends in Berlin fragte er mich, ob ich Lust hätte, mit ihm in einen Swingerclub zu gehen. Ich sah ihn mit großen Augen an, weil ich gar nicht so genau wusste, was ein Swingerclub eigentlich war.

»Ich weiß nicht«, stammelte ich. Schüchtern schob ich die Frage hinterher: »Was muss ich denn da machen?«

Jo lachte sich halb kaputt und erklärte mir alles ganz geduldig. Dass ich nämlich gar nichts machen müsste, was ich nicht wollte. Dass ein Swingerclub einfach eine Art Bar oder Club sei, wohin man ausgeht wie sonst auch. Mit dem Unterschied, dass man so gut wie nichts anhat und dort Sex haben konnte.

Entweder nur zu zweit oder auch mit anderen Leuten, wenn man möchte. Jo fand die Atmosphäre dort einfach spannend, weil man anderen beim Sex zusehen konnte und auch selbst beobachtet wurde.

»Es ist wie ein Live–Porno, live und in Farbe. Und man selbst ist mittendrin!«, erklärte Jo und seine Augen begannen zu leuchten.

Ich war unsicher. Ich wusste nicht, ob ich beleidigt und eifersüchtig oder froh darüber sein sollte, dass Jo mir seine Sehnsüchte anvertraute. Außerdem hatte er mich mit seinen Erzählungen auch ein bisschen neugierig gemacht. Und da mich in Berlin eh niemand kannte, sprach eigentlich nichts dagegen, sich diese Swingerclub-Sache mal etwas genauer anzusehen.

Doch als wir am nächsten Abend von einer Frau im Lack- und Leder-Kostüm durch eine schwere Eisentür in das Innere des Club eingelassen wurden, war mir doch ganz schön mulmig zumute. Zuerst zogen wir uns in dem dafür vorgesehenen Raum um. Natürlich hatte Jo an alles gedacht und war vorab mit mir noch shoppen gegangen. In dem großen Beate Uhse-Laden am Kurfürstendamm suchte er mir ein heißes Outfit aus, das vor allem ihm gefiel: ein Mini-Lederrock und Nippel-Pads. Bei dem Rock machte ich noch mit, aber ich bestand zumindest auf einen Büstenhalter. Und zwar auf einen ordentlichen Push-Up. Denn meine so gut wie nicht existenten Brüste waren nach wie vor mein großer wunder Punkt.

Als ich nun mit schwarzen High Heels, diesem Mini-Lederrock und meinem Push-Up-BH im Kellergeschoss eines zwielichtigen Clubs stand, wollte ich plötzlich gar nicht mehr hier sein. Ich sehnte mich für einen kurzen Moment nach dem

> *Ich beneide Männer ja seit jeher darum, dass sie sich offensichtlich immer sehr wohl in ihrem Körper fühlen.*

Hof meiner Großeltern, auf dem das Leben immer so leicht zu sein schien. Auch ein Blick auf Jo konnte nicht dazu beitragen, dass ich mich besser fühlte. Ganz im Gegenteil. Er trug einfach nur einen schwarzen engen Slip. Sonst nichts. Ich beneide Männer ja seit jeher darum, dass sie sich offensichtlich immer sehr wohl in ihrem Körper fühlen. Egal, wie sie aussehen. Dass sie zumindest nach außen hin von Minderwertigkeitskomplexen und Selbstzweifeln frei zu sein scheinen. Aber ein wenig mehr Eitelkeit wäre in Jos Fall schon angebracht gewesen. Denn Jo machte an diesem Abend und in diesem Outfit zumindest in meinen Augen nicht wirklich eine gute Figur. Sein Bauchansatz hing ein wenig über dem Slip und seine Brust war völlig frei von Muskeln. Aber trotzdem war ich verdammt froh, nicht allein hier zu sein. Auch wenn ich ohne Jo gar nicht erst in die Verlegenheit gekommen wäre, an diesem seltsamen Ort zu sein. Wie dem auch sei. Ich wollte Jo nicht enttäuschen, kniff die Arschbacken zusammen und stürzte mich mit ihm ins Getümmel.

Für mich hieß das erst einmal: ab an die Bar. Ich wusste: Falls ich das hier überstehen wollte, musste ich mir ordentlich einen hinter die Binde kippen. Ich trank zwei Wodka-Red Bull auf ex, bevor ich zustimmte, mit Jo eine Runde durch die Räumlichkeiten des Clubs zu drehen. Ich weiß nicht, ob es am Alkohol lag, an der lauten Musik oder an dem schummrigen Licht. Aber irgendwie erschien mir der gesamte Club nun gar nicht mehr so schrecklich. Es war ein bisschen wie in der Sauna. Wenn alle nackt waren, war es auch normal, nackt zu sein. Fast fühlte ich mich ein bisschen unwohl, weil ich im Vergleich zu den anderen Frauen noch ziemlich angezogen war. Ich sah Frauen, die nur einen String-Tanga und High Heels trugen. Nippel-

Wenn alle nackt waren, war es auch normal, nackt zu sein.

Pads waren tatsächlich sehr verbreitet. Ebenso Büstenhalter, die nur mit Bügeln und ohne Stoff auskamen. Überhaupt erwischte ich mich dabei, mir mehr die Frauen als die Männer anzusehen. Ich fand Frauen schon immer viel ästhetischer und ihre großen Brüste faszinierten mich. Ich hätte solche Brüste gern mal angefasst, aber dafür hätte ich vermutlich noch einen ganzen Eimer Wodka-Red Bull trinken müssen.

Im hinteren Bereich des Clubs gab es Séparées, in die sich kleine Gruppen zurückgezogen hatten. Einzelne Paare, Paare im gemischten Doppel oder auch mal drei Männer mit nur einer Frau. Das nannte man dann Gangbang, erklärte mir Jo.

Als wir so von Raum zu Raum gingen, konnte ich die Faszination, von der mir Jo erzählt hatte, etwas nachvollziehen. Ich sah zwei Frauen und einem Mann dabei zu, wie sie es zu dritt machten. Eine der Frauen leckte und blies seinen Schwanz, während die andere auf seinem Gesicht saß und zugleich nach den Brüsten der anderen Frau griff. Ich muss zugeben, dass mich dieser Anblick erregte. Und das war mir fast schon wieder ein bisschen peinlich. So wie damals mit Willi, meinem Hopseball. Denn irgendwie gehörte sich das alles nicht. Als mir eine der beiden Frauen zuwinkte und mir zu verstehen gab, dass ich auch noch willkommen wäre, schüttelte ich verlegen den Kopf. So weit wollte ich nicht gehen. Aber als ich ein paar Sekunden später Jos Finger zwischen meinen Beinen spürte, zog ich ihn in das nächste freie Separée.

Jo und ich machten es an diesem Abend im Swingerclub ununterbrochen. Ich wurde immer hemmungsloser, was bestimmt auch und vor allem am Alkohol lag. Aber ich hatte plötzlich so eine Lust. Und Jo offensichtlich auch. Das Einzige, was mich ein bisschen irritierte, war, dass seine Lust immer dann zunahm, wenn uns jemand zusah. Dann packte er mich gröber an als sonst und sah die anderen Männer mit stolzem Gesichtsausdruck an. Jo markierte sein Revier. Und erst sehr viel später verstand ich, dass es dieses Gefühl war, was Jo wieder und wieder in den Swingerclub trieb.

Denn seit diesem Abend verbrachten wir fast jedes Wochenende in solchen Clubs. Auch in Leipzig und Umgebung. Ich legte von Besuch zu Besuch mehr Hemmungen ab und auch die Sorge, auf jemanden zu treffen, den ich oder der mich kennen könnte. Denn selbst wenn, war es doch eigentlich nur wie Sauna mit anfassen, oder?

Ich erzählte auch Paul und Carola von meinen Erlebnissen im Swingerclub. Aber die beiden waren sich einig, dass sie diese Freizeitbeschäftigung mit meinem Partner nicht nachvollziehen konnten. Sie fanden es seltsam für ein Paar, sich so häufig in Swingerclubs rumzutreiben. Paul sagte, es würde ihn in den Wahnsinn treiben, seine eigene Freundin als »Wichsvorlage« für andere Männer auszuleihen. Und Carola, die kurz nach unserer Fahrradtour mit Pauls Freund Rainer zusammen kam, sah das ähnlich. Sie und Rainer waren so verliebt,

112

dass sie sich überhaupt nicht vorstellen wollte, noch jemanden bei ihrem intimen Liebesspiel dabeizuhaben.

Carola war nicht wiederzuerkennen, seitdem sie verliebt war. Die einstige Beziehungshasserin wurde zur monogamen Turteltaube. Ich war froh, Carola so glücklich zu sehen, aber erklärte sie und auch Paul kurzerhand für engstirnige Spießer. Was wussten die schon! Vielleicht mehr als ich? Aber auch meine eigenen Zweifel schluckte ich tapfer runter. Denn tatsächlich fiel mir auf, dass es Jo ziemlich anturnte, mich anderen Männern vorzuführen. Außerdem sah er nahezu immer, wenn er mit mir schlief, in den Spiegel. Und irgendwie hatte ich nicht das Gefühl, dass er nur sichergehen wollte, für mich gut auszusehen. Nein, ich fürchtete, es turnte ihn an, sich selbst beim Sex zu beobachten. Das alles verunsicherte mich arg. Denn warum sah er sich und nicht mich an?

Ich versuchte, mir tapfer einzureden, dass das alles nicht viel zu bedeuten hätte. Dass Jo stolz auf seine Freundin war und deshalb ganz eindeutig mich als sein Revier markieren wollte.

Doch eines Abends schlug Jo mir vor, noch eine weitere Person dazuzuholen. Ich wäre tatsächlich neugierig darauf gewesen, was man mit zwei Schwänzen gleichzeitig so hätte anstellen können, aber Jo hatte da etwas falsch verstanden. Ein Mann kam für ihn bei einem Dreier natürlich nicht in Frage. Er wollte eine weitere Frau dabei haben. Auch in diesem Fall reizte es mich, endlich mal zu erleben, wie sich große Brüste anfühlten. Doch andererseits fürchtete ich auch, tierisch eifersüchtig zu reagieren, sobald Jo eine andere Frau vor meinen Augen vögeln würde. Noch dazu eine mit großen Brüsten. Also lehnte ich diesen Vorschlag strikt ab und war weiterhin sein einziges Vorführobjekt.

Es fühlte sich irgendwie richtig an, auch noch meine eigenen vier Wände zu haben.

Jo und ich sprachen nun schon öfter darüber, ob ich nicht einfach bei ihm einziehen sollte. Denn die meiste Zeit verbrachten wir sowieso in seiner Wohnung, die mit zweihundert Quadratmetern fast sechs Mal so groß war wie meine. Aber irgendwie bestand auch keine wirkliche Notwendigkeit. Meine Miete konnte ich mit meinem Gehalt des dritten Lehrjahres inzwischen ganz gut selbst berappeln. Und im Gegensatz zu Ralf war Jo sehr großzügig zu mir. Er ließ mich nie etwas bezahlen, wenn wir zu zweit unterwegs waren. Noch dazu hatte ich meine Bruchbude inzwischen sehr lieb gewonnen. Es fühlte sich irgendwie richtig an, auch noch meine eigenen vier Wände zu haben. Meinen Rückzugsort mit Blick auf die Mülltonnen.

Meinen 20. Geburtstag feierte ich ganz beschaulich mit Jo, im Kreise von Familie und Freunden. Denn meine Großeltern hatten mir angeboten, auf ihrem Hof ein kleines Gartenfest auszurichten. Es war herrlichstes Wetter und alle waren bester Laune. Meine Eltern waren da, natürlich Paul und Carola, einige Arbeitskollegen von mir und auch von Jo. Es gab Kuchen, Punsch, Bowle, Salate und natürlich jede Menge selbstgemachte Wurst und Fleisch vom Grill. Das Besondere für mich an diesem Tag war auch, dass meine Familie und einige meiner Freunde Jo endlich kennenlernten. Natürlich hatte ich schon viel von ihm erzählt. Alle wussten längst, dass wir zusammen waren. Auch meine Eltern. Aber irgendwie hatte es bisher kaum Gelegenheit gegeben, alle einander vorzustellen.

Unter anderem auch deshalb, weil Jo leider nie wirklich Anstalten machte, meine Freunde treffen zu wollen. Carola kannte er von jenem Abend aus der Schlipsträger-Disco, an dem wir uns kennengelernt hatten. Meine Eltern kannte er schon. Und tatsächlich mochten sie ihn. Vermutlich vor allem wegen seines dicken Portemonnaies. Aber Paul, meinen besten Freund, hatte er noch nie getroffen. Das hatte er bisher sehr deutlich zu vermeiden versucht. Jo glaubte grundsätzlich nicht an platonische Freundschaften zwischen Männern und Frauen. Er war schlichtweg eifersüchtig.

Leider wurden Jo und Paul auch an diesem 10. Juni im Jahr 2008 keine Freunde. Das Ganze fing schon mit den Geschenken an, die ich bekam. Jo hatte mir sein Geschenk schon in der Nacht zuvor gegeben. Es war ein Lack- und Leder-Kostüm, das ich bei unserem nächsten Besuch im Swingerclub tragen sollte. Mein Kommentar, dass das wohl eher ein Geschenk für Jo selbst als für mich war, hatte ihn offensichtlich gekränkt. Denn er reagierte ziemlich beleidigt. Diesen Fauxpas konnte ich nur wieder gut machen, indem ich das Kostüm sofort anzog und mich Jo auf dem Balkon hingab. Bestimmt hoffte er, die Nachbarn würden uns dabei zusehen.

Als ich am Tag meines Geburtstages mein Geschenk von Paul überreicht bekam, flippte ich dagegen fast aus vor Freude. Es war ein Hundewelpe! Ein echter, lebendiger, acht Wochen alter Hundewelpe. Noch dazu ein Mops! Ich hatte mir schon immer einen gewünscht.

»Jetzt kannst du das mit dem Zusammenziehen aber vergessen!«, war Jos erster Kommentar, den er mir zuraunte. »Das Vieh kommt mir nicht ins Haus!«

Ich beschloss, Jo für diesen Tag einfach mal zu ignorieren und bedankte mich überschwänglich bei Paul. Carola schenkte mir in Absprache mit Paul die erste Grundausstattung. Nämlich Hundekörbchen, Halsband, Leine und ein paar Spielsachen für den Anfang. Außerdem eine erste Ladung Hundefutter. Ich war überglücklich. Denn dieses Minitier, das ich Lia taufte, konnte ich sogar in meiner kleinen Wohnung unterkriegen. Doch Jo zog ein Gesicht wie sieben Tage Regenwetter. Jetzt war er nicht nur eifersüchtig auf meinen besten Freund, sondern auch noch auf ein kleines, tapsiges Hundebaby.

Von nun an wurde es mit Jo nicht mehr wirklich besser. Seine zunehmende Eifersucht konnte ich nicht ganz mit unserem konträren Freizeitprogramm im Swingerclub in Einklang bringen. Denn scheinbar war Jo auf alles und jeden eifersüchtig, der sich in meiner Nähe aufhielt. Freunde, Kollegen, Hundebabys. Aber dass uns andere Männer beim Sex zusahen, machte ihm nicht nur nichts aus, sondern turnte ihn sogar noch an. Inzwischen war es schon so, dass wir außerhalb des Swingerclubs so gut wie gar keinen Sex mehr hatten. Zu Hause im Bett sah Jo lieber fern, als sich mit mir zu vergnügen. Und sobald ich am Wochenende vorschlug, mal etwas anderes zu machen als zu »swingen«, zum Beispiel ins Kino oder Essen zu gehen, so wie früher, hatte Jo einfach keine Lust. Das, so sagte er, könnte ich ja auch mit meiner Freundin Carola oder »diesem Paul« machen. Und genau das tat ich dann auch. Ich ging wieder mehr mit meinen Freunden aus, da der Swingerclub für mich mit den zunehmenden Besuchen eher an Reiz verloren hatte. Ich fand es oft weitaus amüsanter, mir Actionfilme mit Paul anzusehen oder mit Carola wie in alten Zeiten erst zu unserem

Italiener und anschließend in eine dieser Schlipsträger-Discos zu gehen. Mit dem Unterschied, nicht mehr direkt auf Männerfang zu sein. Flirten und Appetit holen, so sagten wir uns, war ja schließlich noch erlaubt, solange wir zu Hause essen würden.

Doch offensichtlich sah Jo auch das ganz anders. Denn sobald ich wirklich mit anderen Leuten loszog, machte er mir das Leben zur Hölle. Er beschuldigte mich, ihn zu betrügen und wollte mich oft tagelang, nachdem ich ausgegangen war, nicht mehr sehen. Dabei schaffte er es immer und immer wieder, mir ein wahnsinnig schlechtes Gewissen zu machen. Oft so extrem, dass ich meine Verabredungen absagte und zu Hause, bei Jo vor dem Fernseher blieb. Die wenigen Male, die ich dann doch ausging, passierte es schon bald, dass Jo auf einmal ganz zufällig im gleichen Club auftauchte, in dem ich gerade mit Carola war. Als ich ihm unterstellte, mich zu kontrollieren, reagierte er wie immer beleidigt. Er zog ab und ließ mich mit dem erneut schlechten Gewissen zurück, ihm womöglich unrecht getan zu haben. Da half es auch nichts, wenn Carola noch so sehr auf mich einredete, dass ich nichts falsch gemacht hätte, sondern »dieser Typ«, wie sie Jo immerzu nannte, einfach nur eine ordentliche Meise hätte.

Jo lernte aus diesem Abend und machte sich schon bald nicht mehr selbst die Mühe, mir nachzuspionieren. Dafür schickte er andere los, die sich an meine Fersen hefteten und auch gern Beweisbilder schossen, sobald ich mich mit Typen unterhielt, die nicht gerade Taxifahrer oder Barkeeper waren. Obwohl – Barkeeper waren auch schon kritisch.

Meine Liebe zu Jo schwand mehr und mehr mit seiner zunehmenden Eifersucht und seinem wachsenden Kontrollzwang.

Wir stritten uns immer häufiger und fanden schon bald keinen normalen Umgangston mehr miteinander. Eines Abends kam es vor Jo's Wohnung zu einem großen Eklat. Ich kam gerade von einem Abendessen mit Paul zurück. Es war Ende Oktober und ich hatte wie immer Lia, meinen süßen Mops, bei mir. Obwohl ich mit Jo ausgemacht hatte, dass ich bei ihm übernachten würde, weigerte er sich, den Hund in seine Wohnung zu lassen. Er kam runter, öffnete die Haustür und sagte: »Entscheide dich, Melanie: der Hund oder ich!«

Ich konnte nicht glauben, was ich da hören musste und reagierte auf die einzige mir mögliche Art und Weise: Ich fing an, zu lachen.

»Du wirst doch als erwachsener Mann nicht wirklich auf einen Mops eifersüchtig sein?«, sagte ich, als ich wieder einigermaßen Luft bekam. »Und falls doch, hast du einfach nicht mehr alle Tassen im Schrank!«

Was dann passierte, hatte ich nicht kommen sehen. Jo lief zuerst rot an vor Wut. Dann holte er plötzlich aus und schlug mir voll ins Gesicht. Anschließend packte er mich am Hals, warf mich auf den Boden und schlug mich regelrecht zusammen. Ich hörte noch, wie Lia jaulte, als er zu guter Letzt auch ihr in den Bauch trat. Dann sprang Jo in seinen Wagen und fuhr davon.

Ich schaffte es irgendwie, Paul anzurufen, der mich an Ort und Stelle abholte. Paul wollte mich sofort ins Krankenhaus bringen und auch die Polizei rufen. Aber ich wollte nicht. Ich saß zusammengekauert mit meinem verschreckten Hund auf dem Beifahrersitz und sagte etwas, was ich schon sehr lange, vielleicht auch noch nie, gesagt hatte: »Ich will zu meiner Mutter!«

Paul brachte mich also nach Grimma, nach Hause zu meinen Eltern. Dort brachte er mich ins Wohnzimmer, machte mir eine Tasse Tee und erklärte meinen Eltern in der Küche, was passiert war. Ich hörte durch die offene Tür zu. Beide sagten lange gar nichts. Mein Vater fing irgendwann an, Fragen zu stellen. Wo Jo jetzt wäre? Was Paul und ich an dem Abend zusammen gemacht hätten? Fragen, die zu diesem Zeitpunkt und in dieser Situation überhaupt keinen Sinn machten. Als meine Mutter schließlich das Wort ergriff, konnte ich nicht glauben, was ich hören musste: »Die Melanie hat bestimmt ihren Teil dazu beigetragen, dass der Joachim so ausgerastet ist.« Als ich sie das sagen hörte, fing ich einfach nur an zu heulen. Ich stand auf und ging wortlos zurück zu Pauls Auto.

Paul verstand sofort und folgte mir. An diesem Abend war ich sehr froh, dass ich meine eigene Wohnung nicht aufgegeben hatte und überglücklich, einen besten Freund zu haben, der in dieser Nacht auf dem Boden zwischen Bett und Hundekörbchen Wache – und auch meine Hand – hielt.

Die nächsten Monate verbrachte ich ausschließlich mit Paul und Carola. Jo startete schon wenige Tage nach dieser schrecklichen Nacht immer wieder Versuche, sich bei mir zu entschuldigen, sich zu erklären und mich zurückzuerobern. Aber für mich stand das nicht zur Debatte. Ich machte einen klaren Schnitt. Mit einem Mann, der mich schlug, wollte ich nie wieder etwas zu tun haben. Paul half mir, meine letzten Sachen aus Jo's Wohnung zu holen und ihm auch das Katzenbaby, das er mir als Versöhnungsgeschenk einfach vor die Tür gesetzt hatte, zurückzubringen. Ich ließ mich nicht verprügeln und anschließend bestechen. Auch wenn es mir fast das Herz brach, die Katze wieder abzugeben.

Weihnachten feierte ich dieses Jahr im Kreise von Freunden, zusammen mit Paul, Carola und ihrem Rainer. Meine Großeltern besuchte ich an den Feiertagen, aber meine Eltern bekamen mich länger nicht mehr zu Gesicht. Ich war zu enttäuscht über ihre Reaktion. Da sitzt die zusammengeschlagene Tochter heulend im Wohnzimmer und die Mutter unterstellt ihr, selbst schuld gewesen zu sein. Unfassbar. Ich hatte erstmal genug von den beiden und konzentrierte mich wieder ganz auf mich selbst und alles, was mir Spaß machte und gut tat.

Die ersten Monate des neuen Jahres verbrachte ich vor allem mit Paul. Und zwar mit unserer Lieblingsbeschäftigung: Quatsch machen. Wir besuchten Autorennen und fuhren auch selbst auf der Rennbahn. Als Paul nach einem misslungenen Skiurlaub mit seiner Angebeteten, die ihm endgültig einen Korb gegeben hatte, schrecklichen Liebeskummer hatte, fuhren wir sogar zusammen in den Urlaub. Und zwar nach Mallorca. Wir gingen zusammen feiern, zogen über den Ballermann oder bestellten uns Pizza ins Hotelbett. Seltsamerweise ist zwischen Paul und mir nie etwas gelaufen. Nichts. Nicht mal küssen. Ich glaube, wir wussten beide, dass wir uns gerade deshalb so gut verstanden, weil wir die Finger voneinander ließen.

Zurück in Leipzig verbrachten wir auch meist die Wochenenden miteinander. Oft zusammen mit Carola und Rainer oder eben zu zweit, falls die beiden mal wieder im Pärchenmodus waren. Dann fuhren wir in Pauls Cabrio zum Shoppen nach Berlin oder in andere Städte, wenn er irgendwo wichtige Termine hatte. Denn Paul war eigentlich ständig geschäftlich in ganz Deutschland unterwegs und freute sich über Gesellschaft auf den langen Autofahrten. Ich begleitete ihn auch regelmäßig zu Geschäftsessen, auf denen ich, wie Paul fand, eine kosmopolitische Figur an seiner Seite machte. Tatsächlich lagen mir solche Termine. Irgendwie sorgte ich mit meiner Anwesenheit immer für gute, etwas lockere Stimmung unter den ach so ernsten Herren in Anzug und Krawatte. Natürlich gab es auch Termine, zu denen mich Paul nicht mitnehmen konnte. Dann blieb ich im Hotelzimmer, wo ich viel Spaß mit der Minibar und dem Fernsehprogramm hatte oder mich selbst im Wellnessbereich verwöhnte.

Irgendwie sorgte ich mit meiner Anwesenheit immer für gute, etwas lockere Stimmung unter den ach so ernsten Herren in Anzug und Krawatte.

Doch eines Abends in Düsseldorf hatte ich eine ganz andere Idee. Ich beschloss spontan, allein in einen Swingerclub zu gehen. Denn es gab da etwas, was ich längst ausprobieren wollte und mich bisher nicht getraut hatte. Ich wollte Sex mit einer Frau haben und endlich mal große, pralle Brüste anfassen. Und genau das tat ich dann auch. Ich ging in einen Swingerclub und ließ mich von einer Frau verführen.

Eigentlich war es ganz einfach. Ich googelte den nächsten Swingerclub in der Stadt und eine halbe Stunde später saß ich in meinem Lack- und Leder-Kostüm, das mir Jo zum Geburtstag geschenkt hatte, allein an der Bar. Die Männer, die mich ansprachen, wies ich sehr eindeutig zurück. Frauen, die mir gefielen, lächelte ich schüchtern an. Viel mehr musste ich eigentlich auch gar nicht tun. Es dauerte keine zwanzig Minuten, bis mich eine Frau Mitte vierzig auf einen Drink einlud. Sie stellte sich mir als Susanne vor.

»Ich bin Scarlet«, sagte ich verlegen und wurde sofort rot. Denn kein Mensch hieß Scarlet. Das war wirklich der dümmste Deckname, den ich mir hätte einfallen lassen können. Doch sofort fiel mir eine schlüssige Erklärung ein und ich fügte hinzu: »Ich komme aus dem Osten. Und meine Eltern sind große Fans von *Vom Winde verweht*.«

Susanne grinste. Ihr war es offensichtlich ziemlich egal, wie ich hieß. »Namen sind Schall und Rauch, meine Kleine«, sagte sie und schob mir im nächsten Moment mit ihren Lippen einen Eiswürfel in den Mund. Dann ergriff sie meine Hand und führte mich in eines der Séparées, die es auch hier gab. Susanne machte einen wirklich sehr erfahrenen Eindruck auf mich. Damit war sie die ideale Wahl, um mein erstes Mal mit einer Frau zu begehen. Erst machten wir eine gute Stunde miteinander rum. Wir küssten und streichelten uns. Ihre Brüste fühlten sich ungewohnt aber gut an. Und sogar meine schienen ihr zu gefallen. Susanne knabberte an meinen Brustwarzen und arbeitete sich langsam über meinen Bauchnabel nach unten, bis ihre Zunge zwischen meinen Beinen verschwand. Das machte sie wirklich besser als jeder Mann zuvor. Ich kam mehrere Male hintereinander.

Doch so aufregend das auch alles war, verabschiedete ich mich schon bald und etwas abrupt von Susanne. Meine Abenteuerlust war so plötzlich gestillt wie sie gekommen war. Für heute Nacht hatte ich genug erlebt.

Als ich zurück im Hotelzimmer Paul von meinem Ausflug erzählte, lachte er sich halb kaputt. Er sagte, er wäre sehr stolz auf mich, dass ich so eine mutige und kluge Frau wäre.

»Ich wüsste nicht, was das mit mutig oder klug zu tun hätte«, sagte ich und sah ihn fragend an.

»Na mutig, weil du dich so etwas allein traust. Weil du dich traust, Sachen, die dich interessieren, auszuprobieren. Und klug, weil du weißt, wie weit du dabei gehen kannst, ohne dich einer Gefahr auszusetzen. Ich bin sehr froh, dass du mit keinem komischen Swingerclub-Typen geschlafen hast.«

»Ich auch!«, sagte ich und schlief erschöpft neben Paul ein.

Tatsächlich hatte dieser Abend so einige Spuren bei mir hinterlassen. Ich hatte erkannt, dass es mir Spaß machte, meine eigenen Grenzen auszutesten. Und dabei gelernt, dass diese weit großzügiger bemessen waren, als ich es bisher selbst angenommen hatte. Von nun an war ich ständig auf der Suche nach neuen Herausforderungen. Nach Erlebnissen, zu denen ich mich überwinden musste. Nach diesem Adrenalin-Kick, der immer dann einsetzte, sobald ich etwas Neues gewagt hatte. Danach wurde ich regelrecht süchtig.

Der Abend im Swingerclub war nur ein kleiner aber wichtiger Anfang gewesen. In den nächsten Jahren steigerte ich mich mit immer größer werdenden Schritten. Ich lernte, dass ich sehr viel allein schaffen konnte. Alles gelang mir nicht. Aber auf der Haus-Garten-Freizeitmesse belegte ich im Schönheitswettbewerb in diesem Jahr schon den dritten statt des letzten Platzes. Und dabei tauschte ich nicht nur Schaufel gegen Rechen, sondern auch Badeanzug gegen Bikini. Und vor allem: erhobenen Blick gegen Schamgefühl. Denn alles war eine Sache der Einstellung. Auch Erfolg.

OB MANN, OB FRAU?

Ehe ich mich versah, war ich von einem Kind zu einer erwachsenen Frau geworden. Alles zwischendrin habe ich glatt übersprungen. Denn Pubertät und Jugend hatten bei mir nie so richtig stattgefunden. Und damit auch nicht all die Dinge, die eigentlich dazugehörten: Ich hatte noch nie Geschlechtsverkehr mit einem Gleichaltrigen. Überhaupt fand ich zu meinen Altersgenossen nie so recht einen Draht. Vielleicht auch deshalb, weil ich kaum Kontakt mit ihnen hatte. Ich gehörte in meinem ganzen Leben zu keiner Clique, hatte noch nie an einer einzigen Zigarette gezogen oder eine andere Droge als Alkohol ausprobiert. Ich fand Erwachsene nie doof. Ich habe von klein auf verstanden, wie sie dachten und warum sie das taten, was sie taten. Eigentlich waren sie die einzigen Menschen, die ich verstand. Und plötzlich war ich auch erwachsen. Auch wenn ich mich selbst oft am wenigsten verstand, war ich überraschenderweise auch sehr selbstbewusst geworden und fand mich gar nicht mehr so schrecklich. Ich fand mich bis auf die zu klein geratenen Brüste sogar sehr ansehnlich. Und lustig. Vor allem lebenslustig. Ich hatte große Lust auf das Leben. Es war zu jener Zeit, dass ich zum ersten Mal Sehnsucht nach mehr verspürte. Denn inzwischen hatte ich ziemliche Gewissheit darüber, dass das hier, mein Leben in Leipzig als Restaurantfachfrau und Barkeeperin, wenn auch mit abgeschlossener Lehre und eigenem Mops, noch nicht alles gewesen sein konnte. Einfach nicht sein durfte. Und zugleich wusste ich, dass einzig und allein *ich* es in der Hand hatte, ob sich hier noch etwas ändern würde oder nicht.

Dass wenn hier noch was passieren sollte, ich das schon selbst machen musste. Wer sonst?

Als kleinen Motivationsschub schrieb ich mit Lippenstift auf meinen Badezimmerspiegel: »Mach's dir selbst, sonst

> »Mach's dir selbst, sonst macht's dir keiner!«

macht's dir keiner!« Das brachte mich morgens und abends zum lächeln und erinnerte mich jeden Tag aufs Neue daran, dass ich selbst darüber entscheiden konnte, ob ich in Ostdeutschland hinter dem Tresen versauern oder doch besser die Welt erobern wollte?

Ich entschied mich für letzteres. Und ich bin mir bis heute ziemlich sicher, dass es kein Zufall war, dass genau zu dieser Zeit Mike in mein Leben trat. Er war Gandalf, ich der Hobbit, der in sein erstes großes Abenteuer geschubst werden musste. Ein Abenteuer, das bis heute anhält. Aber fangen wir von vorne an.

Es war ein Donnerstagabend hinter dem Tresen im Restaurant. Ich mixte gerade ein paar Cocktails, als schon wieder dieser Kerl direkt vor mir an der Bar Platz nahm. Es war nun der fünfte Abend hintereinander, an dem er hier saß.

»Hast du kein Zuhause?«, fragte ich ihn und grinste ihn an.

»Doch«, sagte er. »Aber hier gefällt es mir besser! Und schön, dass du mich bemerkt hast«, sagte er und grinste zurück.

»Bist ja nicht zu übersehen. Außerdem gehört das zu meinem Job«, erwiderte ich, worauf er passenderweise feststellte, dass ich bestimmt nicht wegen meiner freundlichen Art hier angestellt wäre. Ich wollte gerade etwas noch unfreundlicheres antworten, als plötzlich meine Chefin herein kam und den Kerl mit großem Hallo, Küsschen links und Küsschen rechts begrüßte.

Sie setzte sich neben ihn und bestellte für sich beide bei mir Cocktails.

»Hab dein bestes Pferd im Stall schon kennengelernt!«, sagte er und machte dabei eine Kopfbewegung in meine Richtung. Ich wurde sofort rot. »Wenn ich selbst noch meine Clubs hätte, würde ich sie dir glatt abwerben«, sagte er und zwinkerte mir aus dem Augenwinkel zu.

»Melanie?«, sagte meine Chefin und klang mir dabei etwas zu verwundert.

»Melanie also. Freut mich! Ich bin Mike!« Er streckte mir seine Hand entgegen und ließ mir keine andere Wahl, als seinen Gruß vor meiner Chefin zuckersüß zu erwidern.

»Na, wenn sogar du mit Melanie zufrieden bist, müsste ich doch mal über eine Gehaltserhöhung nachdenken«, sagte meine Chefin und entschuldigte sich, als ihr Telefon klingelte.

Ich sah Mike fragend an.

»Du kannst ja doch ganz nett sein, wenn du willst!«, sagte er und grinste frech vor sich hin. Schon an jenem Tag fiel mir der Schalk in seinen Augen auf. Seine Augen lachten immer mit, wenn er lachte. Und das tat er oft. Diese Augen waren es, die dem eigentlich sehr durchschnittlichen Mann etwas ganz Besonderes verliehen. Ansonsten wäre mir der Mittvierziger mit fast Glatze und sehr straff sitzendem Hemd wahrscheinlich nicht groß in Erinnerung geblieben.

Aber am nächsten Abend bemerkte ich, dass ich schon zu Beginn meiner Schicht nach ihm Ausschau hielt. Und dass ich etwas Enttäuschung in mir aufsteigen spürte, als es danach aussah, dass er heute nicht kommen würde. Aber Mike kam. Jeden Abend. Zwei Wochen lang. Und das waren die lustigsten zwei Wochen, die ich seit Langem erlebt hatte. Wir quatschten stundenlang über den Tresen hinweg über Gott und die Welt. Ich, damals zwanzigjährig, lauschte Mikes Geschichte. Er war 43 Jahre alt, ehemaliger Club-Betreiber in Leipzig, der aber seit nun schon einem Jahr auf Mallorca lebte und arbeitete. Weil es ihm dort besser gefiel, auch das Wetter, wie er schlüssig erklärte. Mike war selbstbewusst, aber anders als ich es bisher von anderen Männern kannte. Er ging nicht damit hausieren. Er bemühte sich nicht um eine selbstbewusste Ausstrahlung. Sie war einfach da, selbst wenn er über das Wetter plauderte. Er konnte auch gerade deshalb über etwas Belangloses wie das Wetter das reden, weil er sich seines Charmes, seiner Ausstrahlung und seines Egos bewusst war. Er versuchte gar nicht erst, mich permanent mit den Heldengeschichten seiner bisherigen Leistungen zu beeindrucken. Und das gefiel mir. Denn in diese Falle war ich Küken nun schon viel zu oft getappt.

Vielleicht war unser Umgang von Anfang an auch deshalb so unkompliziert, weil Mike ziemlich schnell von sich aus von seiner Freundin erzählte. Dabei war er allerdings nicht der typische Barquatscher, der die Schnauze von seiner Alten zu Hause voll hatte und sich bei der Thekenschlampe auskotzte. Nein. Er sprach immer sehr respektvoll von seiner Freundin Renate, mit der er zusammen auf der spanisch-deutschen Insel lebte. Ab und an, so erklärte er, käme er nach Leipzig, um Freunde zu besuchen und auch ein paar Geschäftstermine zu erledigen. So wie jetzt gerade. Ich wusste zwar nicht, was das für Termine waren, die Mike es ermöglichten, jeden Abend bei mir an der Bar zu sitzen, aber ich genoss seine Gesellschaft. Und seine Erzählungen.

Eigentlich war es fast egal, was Mike erzählte. Ich hörte ihm wahnsinnig gern zu. Er hatte nicht nur eine sehr angenehme Stimme, sondern konnte auch die banalsten und belanglosesten Sachen so lustig erzählen, dass ich mich vor Lachen oft gar nicht mehr einbekam. Als er nach zwei Wochen zurückfliegen musste, schenkte er mir zum Abschied einen Wackeldackel, mit dem ich mich anstatt seiner solange unterhalten sollte. Und er versprach, bald schon wieder in der Stadt zu sein. Zusammen mit seiner Freundin Renate, die ich dann unbedingt kennenlernen müsste.

Ich fand das alles etwas ungewöhnlich, aber war auch gespannt darauf, die Frau zu treffen, die an der Seite dieses Mannes lebte. Und tatsächlich dauerte es nicht lange, bis das passierte. Ungefähr einen Monat später kam Mike wieder in das Restaurant, diesmal in Begleitung einer Frau. Ich hatte gerade die Tagschicht. Aber er schien sowieso immer irgendwie zu wissen, wann ich arbeitete. Ich freute mich sehr, ihn zu sehen. Auch wenn ich versuchte, mir das nicht allzu sehr anmerken zu lassen, gerade in Anwesenheit seiner Freundin.

»Na, wieder im Lande?«, fragte ich und versuchte, dabei so locker wie nur möglich zu klingen.

»Renate: Melanie. Melanie: Renate!«, sagte er und stellte mir ohne Umschweife die Brünette neben sich vor.

»Hab schon viel von dir gehört«, sagten wir beide gleichzeitig und mussten lachen. Ich hatte tatsächlich schon viel von Renate aus Mikes diversen Erzählungen erfahren. Ich weiß gar nicht, warum, aber ich hatte sie mir jünger vorgestellt. Ich bin immer von einer Frau in meinem Alter oder vielleicht maximal um die dreißig ausgegangen. Aber Renate war 45 Jahre alt und damit sogar zwei Jahre älter als Mike. Sie war keine wirklich schöne Frau, aber irgendwie attraktiv. Sie hatte ihrem Alter entsprechend schon die eine oder andere Falte im Gesicht. Man sah, dass sie jahrelang geraucht hatte. Aber auch, dass sie viel gelacht hatte. Kein Wunder, an Mikes Seite, dachte ich und schämte mich sofort für diesen etwas eifersüchtigen Gedankengang. Auf jeden Fall strahlte Renate etwas aus, das sofort sympathisch wirkte. Ich schätze, das nennt man Charisma.

Mike und Renate blieben auf einen Aperitif. Wir quatschten miteinander, als wären wir alte Freunde. Die beiden waren für vier Tage in der Stadt und fragten mich, ob ich Lust hätte, abends mit ihnen essen zu gehen. Ein Bekannter von Mike hatte ein neues Restaurant eröffnet und das wollten sie heute Abend gern ausprobieren.

»Ich würde mich sehr freuen, wenn du uns begleitest!«, sagte Renate und lächelte mich an. Ich konnte gar nicht anders, als Ja zu sagen. Diese Frau hatte eine unschlagbare Ausstrahlung. Genauso wie Mike.

Wir gingen also abends gemeinsam essen und auch trinken. Die Stimmung war schon bald sehr locker. Die beiden löcherten mich mit Fragen. Über meinen Job, aber auch schon bald über mein Privatleben. Ob ich einen Freund hätte? Ich erzählte ihnen von Jo und Ralf und meiner Erkenntnis, dass es noch zu viel da draußen in der Welt gäbe, um sich jetzt schon im Pärchenmodus auf die Couch zurückzuziehen. Mike und Renate erzählten mir die Geschichte, wie sie zusammengekommen waren. Mike hatte früher Goldschmiedemeister gelernt und Renate kam vor vielen Jahren in den Laden, um mit ihrem Verlobten zusammen Eheringe auszusuchen. Doch als sie in

Mikes Augen sah, war es sofort um sie geschehen. Die beiden konnten wirklich sehr lustig erzählen. Doch ich spürte auch ein bisschen, wie ich sie um ihr gemeinsames Glück beneidete.

Nach dem Essen entschuldigte ich mich. Ich musste pinkeln, aber mir war auch ganz schummerig von dem ganzen Alkohol. Kaum in der Damentoilette angekommen, spritzte ich mir am Waschbecken etwas kaltes Wasser ins Gesicht. Als ich mich wieder vor dem Spiegel aufrichtete, entdeckte ich plötzlich Renate hinter mir.

»Wollte nur nach dir sehen. Bist du okay?«, fragte sie und strich mir zärtlich eine Strähne aus dem Gesicht. Ich weiß nicht, ob es an dem Wein lag, aber ich konnte irgendwie nicht antworten. Ich starrte nur in ihr Gesicht und spürte, dass ich plötzlich große Lust hatte, diese Frau zu küssen. Und vielleicht hätte ich es sogar getan, wären in diesem Moment nicht die Tür aufgegangen und zwei betrunkene Frauen in den Raum gestolpert.

»Ja. Alles gut«, stammelte ich irgendwann. »Mir war nur ein bisschen schwindelig.«

Ich sah Mike und Renate auch noch in den nächsten beiden Tagen. Ich wusste nicht genau, was das war. Denn mir war schon klar, dass es seltsam war, so viel Zeit mit einem Paar zu verbringen. Aber die beiden hatten irgendwie einen Narren an mir gefressen und ich genoss es sehr, mit ihnen zusammen zu sein. Meistens holten sie mich direkt von meiner Schicht ab und dann unternahmen wir etwas miteinander. Wir gingen gemeinsam essen und später noch in Clubs feiern. Dabei kamen wir uns immer näher. Auch körperlich. Kleinen unauffälligen Berührungen folgte Körperkontakt beim Tanzen. Mit Renate fiel mir das sehr viel leichter als mit Mike. Nicht, dass ich Mike nicht hätte anfassen wollen. Ich wusste nur nicht, ob das für Renate in Ordnung gewesen wäre und hielt mich daher sehr zurück.

An ihrem letzten Abend fuhren mich die beiden nachts um drei nach dem Feiern nach Hause. Sie würden schon in wenigen Stunden zurückfliegen und fragten mich, ob ich Lust hätte, sie auf Mallorca bald besuchen zu kommen. Klar hatte ich Lust. Ich wusste nur nicht, ob ich mir das leisten konnte.

»Das lässt du mal unsere Sorge sein«, sagte Renate. »Weißt du, Melanie«, fuhr sie fort, »wir mögen dich beide sehr gern!« Während sie das sagte, strich sie mir zärtlich über die Wange. »Sehr, sehr gern«, wiederholte sie. Dann kam ihr Gesicht immer näher und plötzlich spürte ich ihre Lippen auf meinen.

Nach einem sehr langen Kuss sagte ich nur: »Ich mag euch auch sehr gern.« Und grinste. Renate wich etwas zurück und forderte mit Blicken Mike und mich auf, uns auch zu küssen. Auch diesem Wunsch kam ich sehr gern nach. Ich küsste Mike. Dann wieder Renate. Dann küssten sich Mike und Renate. Als ich den beiden einen letzten Abschiedskuss gab, spürte ich, dass ich mich tatsächlich verliebt hatte. Und zwar in beide.

Schon am nächsten Tagen fehlten sie mir. Ich war verwirrt über dieses Gefühl und grübelte darüber nach, ob man sich tatsächlich in zwei Menschen gleichzeitig verlieben konnte. Und ich denke, ja. Denn als ich eine Woche später meinen Briefkasten öffnete, machte mein Herz einen gewaltigen Freudensprung. Ich fand ein Ticket nach Palma de Mallorca vor. Hin- und Rückflug mit einer Nachricht von Renate und Mike: »Komm uns besuchen, Süße. Wir vermissen dich.«

Ich dachte keine Sekunde lang darüber nach, ob ich es tun sollte oder nicht. Schließlich sehnte ich mich doch nach einem Abenteuer. Und das hier fühlte sich zumindest wie eines an. Ein Liebesabenteuer auf der spanischen Insel. Ich reichte sofort Urlaub für den entsprechenden Zeitraum ein und saß zehn Tage später im Flieger. Abgesehen von Paul und Carola hatte ich niemandem erzählt, wohin ich flog. Die beiden erklärten mich zwar für verrückt, aber wünschten mir auch viel Spaß.

Wie erwartet holten mich Renate und Mike vom Flghafen ab. Ich war furchtbar aufgeregt, sie wiederzusehen und diesmal ganze fünf Tage am Stück mit ihnen zu verbringen. Ich wusste nicht genau, wo das hinführen sollte. Aber sobald wir uns zur Begrüßung umarmten und ich in Mikes fröhliche Augen sah, wich die Aufregung der Freude.

Zuerst fuhren wir zu den beiden in die Finka. Sie zeigten mir ihr Anwesen und das Gästezimmer, das ich für die nächsten fünf Tage beziehen konnte. Die Einrichtung war ganz in Weiß gehalten. Eine große Fensterfront eröffnete einen herrlichen Blick auf den mit Palmen gesäumten Garten. Außerdem hatte ich ein eigenes Badezimmer, in dem ich mich erst einmal frisch machte. Anschließend machten wir mit dem Auto eine Tour über die Insel. Die beiden zeigten mir wunderschöne Strände und ihre Lieblingsecken von Mallorca. Den Aperitif genossen wir an Deck eines Bootes von einem Freund der beiden. Und abends gingen wir auf der Terrasse eines vornehmen Hotels essen.

Die Stimmung war ausgelassen. Ich fühlte mich ganz leicht und unbeschwert. Nicht nur wegen des Champagners, den wir flaschenweise tranken. Der warme Nachtwind, das Zirpen der Grillen und das Meeresrauschen aus der Ferne ließen mich fast schwerelos werden. Außerdem fühlte ich mich in Gegenwart von Renate und Mike unglaublich begehrt. Schon bald kamen wir auf unseren letzten Kuss zu sprechen. Renate wollte wissen, ob mir das gefallen hätte. Ich nickte.

»Sehr sogar«, sagte ich. »Ich bin nur unsicher, ob nicht jemand von euch beiden eifersüchtig werden könnte. Schließlich seid ihr doch ein Paar«, erklärte ich meine Bedenken mit einer vom Champagner gelockerten Zunge. Mike und Renate sahen sich an und mussten schmunzeln.

»Ganz und gar nicht«, versicherte mir Renate. »Mike und ich haben schon längst darüber gesprochen. Schon bevor wir uns geküsst hatten. Und wir hätten beide große Lust. Auf dich. Aber fühl dich zu nichts gedrängt. Wir können auch einfach nur fünf schöne Tage miteinander verbringen. Alles geht. Nichts muss. In Ordnung?« Als Antwort beugte ich mich über den Tisch und gab erst Renate, dann Mike einen Kuss.

»Ich hab auch Lust auf euch«, sagte ich und wunderte mich über meinen Mut, als ich unter dem Tisch meine rechte Hand unter Renates Rock schob und die linke in Mikes Schritt legte. Dann fingen wir alle drei an, zu lachen. Mike stand auf und entschuldigte sich für einen Moment. Renate und ich wunderten uns, dass Mike überhaupt noch laufen konnte mit seinem Ständer in der Hose und alberten noch ein bisschen am Tisch rum. Dann kam er zurück und legte einen Zimmerschlüssel auf den Tisch. Renate und ich sahen ihn fragend an.

»Zimmer mit Blick aufs Meer!«, sagte Mike und grinste. »Oder glaubt ihr, ich kann noch fünf Minuten länger darauf warten, mit euch beiden allein zu sein? Darf ich die Damen bitten?« Renate stand lachend auf und küsste Mike. In diesem Moment, als es quasi ernst wurde, wurde mir tatsächlich etwas mulmig zumute. Plötzlich hatte ich Angst vor meinem eigenen Mut. Andererseits gab es kein Zurück mehr. Und ich war neugierig auf meinen ersten Dreier.

Wir fuhren in den sechsten Stock und fingen bereits im Aufzug an, miteinander rumzumachen. Allerdings wurden wir im dritten Stockwerk durch zusteigende Fahrgäste unterbrochen. Oben angekommen, verschlug es mir fast den Atem: Das Zimmer, das Mike so spontan für diese Nacht gebucht hatte, war herrlich. Ich glaube, es war eine Suite. Das Bett war riesig, die Badewanne ein Whirlpool und der Balkon eine Terrasse. Wir tobten in diesem Zimmer herum wie Kinder und bestellten noch eine Flasche Champagner vom Room Service. Renate und ich ließen ein Schaumbad in den Whirlpool ein und öffneten die Tür bereits im Bademantel, als der Champagner endlich kam. Als wir in die Wanne stiegen, saß Mike lange nur am Rand und sah uns zu. Wir alberten etwas mit dem Schaum rum und spielten »Pretty Woman« nach. Allmählich fingen wir an, uns gegenseitig zu streicheln und zu küssen. Das war auch der Moment, in dem Mike anfing, sich auszuziehen. Irgendwann kam er näher und begann, unsere Brüste zu streicheln. Abwechselnd. Er kümmerte sich um uns beide sehr ausgewogen. Ich nahm das alles wie hinter einem Schleier wahr. Der Alkohol, das Schaumbad, dieses Zimmer, die zwei eigentlich unbekannten Menschen: Renates Brüste, Mikes Penis, vier Hände, zwei Zungen. Und ich. Drei Menschen. Das alles fühlte sich so surreal, aber auch verdammt gut an.

Irgendwann lagen wir im Bett. Renate und ich schliefen abwechselnd mit Mike und verwöhnten uns dabei gegenseitig zusätzlich mit Streicheleinheiten. Ich konnte gar nicht genug davon kriegen, ihre Brüste anzufassen und parallel Mikes Zunge zu spüren. Als wir es stundenlang und immer wieder zu dritt trieben, verstand ich plötzlich gar nicht mehr, warum man jemals im Leben wieder Sex nur zu zweit haben sollte. Zu dritt fühlte sich das alles viel richtiger und intensiver an. Ich spürte auch keinen Funken von Eifersucht auf Renates Seite, sobald Mike sich mit mir anstatt mit ihr vergnügte. Vielmehr hatte ich das Gefühl, es turnte Renate an, uns beiden zuzusehen. Irgendwann, als die Sonne bereits wieder am Aufgehen war, schliefen wir erschöpft mit Armen und Beinen ineinander verknotet ein.

Als ich gegen Mittag meine Augen öffnete, brauchte ich einen Moment, um zu rekapitulieren, was gestern Nacht eigentlich geschehen war. Ein Blick auf den Mann links und die Frau rechts neben mir half meinem Gedächtnis wieder auf die Sprünge. Sofort stieg ein unangenehmes Gefühl von Scham in mir auf. Ich hatte mich gestern Nacht sehr unanständig benommen. Doch zugleich musste ich auch grinsen über die gesamte Situation. Ich entschied mich, das Grübeln auf später zu verschieben und erst einmal duschen zu gehen.

Als ich aus dem Bad zurückkam, waren Renate und Mike auch schon wach.

»Rührei?«, fragte Mike und hob die silbernen Servierdeckel von den Tellern, die auf einem mit Köstlichkeiten gefüllten Servierwagen angerichtet waren.

»Mit Speck?«, fragte ich skeptisch nach.

»Selbstverständlich!«

»Sehr gern!«, sagte ich und grinste.

Wir setzten uns zu dritt auf die Terrasse und genossen unser spätes und sehr reichhaltiges Frühstück mit Blick auf das Meer. Wir verschlangen Eier, Speck, Wurst, Käse und Berge von Obst, als hätten wir seit Tagen nichts gegessen. Entgegen meiner Befürchtung war die Stimmung nicht merkwürdig. Niemand sah verlegen zu Boden oder vermied Augenkontakt. Keiner von uns schien von dem, was gestern Nacht passiert war, peinlich berührt zu sein. Allerdings machte ich mir schon Gedanken darüber, wie es in den nächsten Tagen weitergehen sollte. Ob das nun das reinste Marathonficken werden würde. Denn ich hatte jetzt schon ziemlichen Muskelkater.

Doch meine Bedenken waren auch diesmal völlig unbegründet. Renate, Mike und ich verbrachten die nächsten vier Tage in einem ausgewogenen Rhythmus unterschiedlichster Aktivitäten. Wir sonnten uns am Pool, gingen gemeinsam zum Strand, machten Ausflüge mit den Mopeds über die Insel, gingen schön Essen, feierten in Clubs oder hatten eben zu dritt Sex. Gleich am nächsten Tag, als wir alle wieder einigermaßen von dieser aufregenden Nacht regeneriert waren, verführte mich Renate am Pool ihrer Finka. So völlig nüchtern, ohne einen Schluck Alkohol intus, überkam mich immer noch mein Schamgefühl bezüglich meiner kleinen Brüste – auch wenn Renate und Mike alles dafür taten, mir diese Bedenken zu nehmen.

Obwohl ich insgesamt nur fünf Tage mit den beiden verbrachte, hatte ich das Gefühl, dass wir uns schon ewig kannten. Unser Umgang war nach diesen wenigen Tagen so vertraut miteinander, als hätten wir schon immer zu dritt in diesem

Paradies gelebt. Nur einmal, als Mike beruflich etwas erledigen musste, schliefen Renate und ich zu zweit miteinander. Das war auch schön, aber nach wie vor fehlte mir der männliche Part. Und zwar nicht nur in Form eines Penisses. Tatsächlich dachte ich, während Renates Kopf zwischen meinen Schenkel verschwand, darüber nach, ob Renate und Mike auch zu zweit Sex hatten, während ich hier war. Und ich spürte, dass mir dieser Gedanke nicht besonders gefiel, sondern mich eifersüchtig machte. Ich konnte nur nicht genau einordnen, ob ich auf Renate oder auf Mike eifersüchtig war.

Nach diesen aufregenden fünf Tagen, die irgendwie – das spürte ich – mein Leben verändert hatten, standen wir alle drei etwas bedrückt am Flughafen. Dabei sahen wir aus wie eine kleine Familie. Wie Mutter, Vater, Kind, was wir irgendwie amüsant fanden und worüber wir unsere Witze machten. Aber als ich schließlich zum Boarding musste, schlug zumindest meine Stimmung um. Ich musste zurück ins kalte Leipzig fliegen. Und dabei konnte ich mir beim besten Willen nicht vorstellen, dort so weiterzumachen wie zuvor. Nicht nachdem ich Blut geleckt hatte. Blut von einem Leben auf einer Trauminsel, in einer Beziehung außerhalb gesellschaftlicher Normen. Nämlich in einer Beziehung zu dritt, mit zwei sehr viel älteren Menschen.

Als hätten Renate und Mike in diesem Moment meine Gedanken gelesen, war es diesmal Mike, der mich auf die Zukunft ansprach. Er fragte mich, ob ich mir vorstellen könnte, mit ihm und Renate auf Mallorca zu leben. Ich sah die beiden völlig erstaunt an und wusste nicht, was ich antworten sollte. Auf der einen Seite war es genau das Angebot, auf das ich insgeheim gehofft hatte. Auf der anderen Seite wusste ich nicht, ob ich für so eine Entscheidung mutig genug war. Könnte ich das denn? Einfach so meinen Job kündigen, meine Wohnung aufgeben und weit weg von Freunden und Familie in Spanien in einer Dreierbeziehung leben? Ich hatte keine Ahnung.

»Denk in Ruhe darüber nach!«, sagte Renate, als sie mich zum Abschied ein letztes Mal umarmte, wobei sie zärtlich meinen Nacken küsste. »Du hättest deinen eigenen Bereich. Und wegen des Finanziellen musst du dir keine Sorgen machen.« Ich versprach, mich sobald wie möglich zu melden. Dann küsste ich beide zum Abschied und ging Richtung Check-In.

Ich wollte unbedingt finanziell unabhängig bleiben.

Als mir im Flugzeug, kaum über den Wolken, die Tränen kamen, war meine Entscheidung längst gefallen. Ich würde zu Renate und Mike nach Mallorca ziehen. Allerdings unter einer einzigen Bedingung: Ich wollte mein eigenes Geld verdienen. Denn in dieser Sache war ich mir ganz sicher. Ich wollte unbedingt finanziell unabhängig bleiben. Worin ich mir weniger sicher war, war die Frage, ob ich nun in Mike oder Renate verliebt war.

Oder einfach nur in das Gefühl, verliebt zu sein, endlich begehrt, geliebt und vor allem respektiert zu werden?

ICH BIN DANN MAL WEG

Zurück in Leipzig stand schon bald alles unter dem Zeichen meiner Abreise. Meinen Eltern erzählte ich von meinen Auswanderungsplänen erst einmal gar nichts. Seit dem Vorfall mit Jo war unser Kontakt immer noch sehr spärlich.

Doch Paul und Carola weihte ich natürlich ein. Meine zwei besten Freunde waren nicht gerade begeistert, als ich ihnen erzählte, dass ich meinen Job schmeißen würde, um zu Renate und Mike nach Mallorca zu ziehen. Sie hielten das sogar für eine ziemliche Schnapsidee.

»Willst du für den Rest deines Lebens deren Liebessklavin sein?«, fragte Carola und sah mich entgeistert an.

»Gibt schlimmere Jobs«, sagte ich und grinste amüsiert. »Außerdem suche ich mir auf Malle eine eigene Arbeit. Restaurantfachfrauen werden überall gebraucht. Du weißt doch: Gefressen, gestorben und gefickt wird immer! Außerdem leben wir dort genauso wie andere Paare es auch tun. Nur eben zu dritt. Jeder geht seiner Arbeit nach und die Freizeit verbringen wir zusammen.«

»Im Bett«, warf Paul ironisch ein.

»Auch das«, sagte ich. »Aber keine Sorge. Wenn ihr mich besuchen kommt, müsst ihr mit niemandem das Bett teilen. Außer vielleicht mit mir. Und Palma ist wirklich nur gute zwei Flugstunden von Leipzig entfernt. Ob ihr nun am Wochenende nach Berlin düst oder nach Mallorca jettet, macht zumindest zeitlich keinen Unterschied. Vom Wetter her schon.«

Die Aussicht eine Art Zweitwohnsitz auf Mallorca zu haben, ließ auch meine Freunde die ganze Sache etwas weniger skeptisch betrachten. Trotzdem nahmen sie mir das Versprechen ab, dass ich meine Wohnung unbedingt erst einmal nur untervermieten würde. Man wüsste schließlich nie, was passierte. Und so hätte ich wenigstens die Möglichkeit, jederzeit zurückzukommen. Das leuchtete mir ein.

Der schwierigste Part für mich war eigentlich, mal wieder meiner Chefin reinen Wein einzuschenken. Schließlich hatte ich meine Lehre bei ihr beendet und war ihr immer sehr dankbar gewesen, für alles, das sie für mich getan hatte. Ich hatte einen hervorragenden Abschluss gehabt und war direkt von ihr übernommen worden. Meine Kündigung fiel mir daher alles andere als leicht. Aber bereits zwei Wochen nach meiner Rückkehr, bat ich sie um ein Gespräch.

»Du ziehst nach Mallorca, stimmt's?«, sagte sie, bevor ich überhaupt den Mund aufgemacht hatte.

»Woher weißt du das?«, stammelte ich verwundert los.

»Mike hat da so eine Andeutung gemacht. Und ich kenne ihn doch, den alten Schwerenöter!«, sagte sie und grinste. Mein Gesichtsausdruck sprach Bände. »Nicht, was du denkst!«, sagte sie sofort. »Mike und ich hatten nie etwas. Aber so, wie er dich angesehen hat, wusste ich, dass es nur eine Frage der Zeit war, bis er dich mir wegschnappt.«

Ich bekam den Segen meiner Chefin, allerdings unter der Bedingung, noch mindestens einen Monat bei ihr zu arbeiten, bis sie einen Ersatz für mich gefunden hatte. Ob sie ahnte, dass Mike und ich nicht allein auf Mallorca lebten und in welcher Beziehung wir wirklich zueinander standen, wusste ich nicht. Und ich habe sie auch nie danach gefragt.

Zwei Wochen vor meiner Abreise führte auch kein Weg mehr daran vorbei, meine Eltern einzuweihen. Schließlich hatte ich meine Wohnung an meinen eigenen Cousin untervermietet, der dringend eine Bleibe in der Innenstadt von Leipzig gesucht hatte. Früher oder später hätte sich dieses »Familiengeheimnis« dann wohl sowieso rumgesprochen. Ich erzählte meinen Eltern also ohne große Umschweife, dass ich nach Mallorca ziehen würde. Nur den Teil, dass ich in einer Dreierbeziehung mit zwei Menschen ihres Alters leben würde, den ließ ich für den Anfang besser weg. Ich gab vor, aus beruflichen Gründen nach Mallorca zu ziehen, da Restaurantfachkräfte und Barkeeperinnen dort gerade in den Sommermonaten haufenweise gesucht wurden. Mein Vater sah mich mit offenem Mund an und fragte dann: »Und was machst du im Winter? Lebkuchen verkaufen?«

»Vielleicht«, sagte ich. »Oder Pelzmäntel. Oder von meinem Erspartem leben und einfach nur mal das Leben genießen. Solltest du auch mal ausprobieren!«

Ich fühlte mich wahnsinnig rebellisch, aus meinem Kleinstadt-Trott auszubrechen. Natürlich behauptete ich, bereits diverse Jobangebote auf Mallorca zu haben. Und auch bezüglich meiner Wohnsituation konnte ich Auskunft geben. Ich würde bei einem befreundeten Paar im Gästezimmer wohnen. Und das war nicht mal gelogen. Meine Eltern nahmen meine Entscheidung fortzugehen wie eh und je ohne große Tränen oder Gefühlsausbrüche hin. Meine Mutter ließ mich noch wissen, dass sie von nun an aber nicht mehr meine Handyrechnung bezahlen würde. Das wäre im Ausland viel zu teuer. Ich versicherte ihr, dass das kein Problem wäre und dass ich sie trotzdem ab und an mal anrufen würde. Vielleicht.

Anfang Mai stand ich wieder an dem Flughafen, an dem mich Mike und Renate zwei Monate zuvor verabschiedet hatten. Diesmal hatte ich allerdings etwas mehr Gepäck dabei und natürlich meinen Mops Lia, der unter sechs Kilo wog und daher gerade noch so als Handgepäck transportiert werden durfte. Obwohl wir drei uns erst einen Monat zuvor noch mal in Deutschland gesehen hatten, als mich die beiden überraschenderweise besuchen kamen, war ich diesmal aufgeregter als je zuvor. Denn erst jetzt würde sich zeigen, ob unser Beziehungsmodell auch alltagstauglich war. Ob wir Höhen und Tiefen zusammen meistern konnten. Ob wir uns bald aneinander sattsehen oder miteinander langweilen würden. Ob doch noch Eifersucht die Oberhand gewinnen konnte. Ob es irgendwann zwei gegen einen heißen würde. Und falls ja, ob ich dann diese eine wäre?

Die ersten Tage nach meiner Ankunft ließen wir es wie gehabt krachen. Wir gingen aus, feierten, lebten in den Tag hinein und fielen übereinander her, wann immer wir Lust dazu hatten. Und das hatten wir oft. Aber schon nach der ersten Woche drängte ich darauf, mir eine Arbeit zu suchen. Ich hatte immer noch nicht so ganz kapiert, wovon Mike und Renate eigentlich lebten. Mike, so hatte ich es verstanden, spekulierte hauptsächlich am Aktienmarkt. Und Renate vermittelte Ferienwohnungen auf Mallorca an exklusive Kunden. Sie sprach auch sehr gut Spanisch und verdiente sich als Übersetzerin noch etwas dazu. Allerdings sah ich Renate nie wirklich arbeiten. Wie dem auch sei. Ich wollte so schnell wie möglich mein eigenes Geld verdienen. Denn mein Erspartes war sehr gering bemessen und neigte sich schon nach den ersten Tagen dem Ende entgegen.

Eigentlich hatte ich vor, durch die Clubs zu ziehen und mich als Barkeeperin zu bewerben. Aber Renate schlug mir vor, bei einer Freundin von ihr, die ein eigenes Nagelstudio hatte, Nageldesignerin zu lernen. Das Zertifikat, so erklärte sie mir, hätte ich in sechs Wochen in der Tasche. Anschließend könnte ich mir meine Arbeitszeiten sehr flexibel einteilen. Außerdem gäbe es dort eine ganze Menge sehr exklusiver Kundinnen, die bekannt waren für ihr großzügiges Trinkgeld.

Die Aussicht, mich in meinem Arbeitsalltag ausschließlich mit Frauen zu umgeben, die vermutlich noch dazu ein wahnsinniges Mitteilungsbedürfnis hatten, fand ich nicht besonders verlockend. Ich mochte sie einfach nicht, diese Frauengespräche beim Friseur oder bei der Maniküre. Andererseits konnte es nie schaden, noch etwas zu lernen. Und mir die Nächte hinter den Club-Tresen um die Ohren zu schlagen, war auch nicht besonders aussichtsreich. Denn ich wollte zur Abwechslung auch mal auf der anderen Seite der Tresen stehen und feiern. Die Nacht durchtanzen und nicht immer nur durcharbeiten. Noch dazu könnte ich dann meinen Eltern etwas »Handfestes« vorlegen, falls sie mich doch einmal versehentlich in meinem neuen Zuhause besuchen kämen.

Andererseits konnte es nie schaden, noch etwas zu lernen.

»Hier, mein Nageldesignerinnen-Zertifikat!«, könnte ich dann sagen. Nicht gerade der Wahnsinn, aber auch keine Lebkuchen oder Pelzmäntel! Immerhin.

Ehe ich mich versah, nämlich sechs Wochen später, war ich geprüfte Nageldesignerin, was ich irgendwie schon wieder ganz ulkig fand. Ausgerechnet ich, die vorher noch nicht mal selbst lackierte Nägel hatte. Doch tatsächlich war ich eine ganz hervorragende Nageldesignerin. Ich ließ meine Kundinnen reden und hörte einfach nur zu. Das hatte ich schließlich schon als Barkeeperin genauso gemacht. So verdiente ich mir damit tatsächlich ein ganz ordentliches Taschengeld. Zumindest reichte es aus, mich ab und an bei Renate und Mike revanchieren zu können. Miete wollten die beiden nämlich nach wie vor nicht von mir annehmen.

Eines heißen Sonntages im Juli lud ich Renate und Mike zu einem Mittagessen in unserem Lieblingslokal in El Arenal ein, um mein Nageldesigner-Zertifikat mit ihnen zu feiern. Natürlich machte ich Renate und mir vorab die Nägel an Händen und Füßen. Im Partnerlook. Mike lehnte dankend ab.

Im Restaurant teilten wir uns eine riesige Paella mit Meeresfrüchten. Es fühlte sich verrückt an, dass wir nach gut zwei Monaten immer noch so harmonisch in unserer Dreifaltigkeit miteinander lebten und liebten. Und vielleicht war dieser Tag auch der letzte, an dem es sich danach anfühlte, dass alles in Ordnung wäre.

Nach dem Essen stellte ich fest, dass ich vor lauter Nageldesign mein Portemonnaie zu Hause vergessen hatte. Ich bestand aber darauf, wie ausgemacht zu bezahlen und so schnappte ich mir die Autoschlüssel von Mikes A-Klasse, um mein Portemonnaie schnell zu holen. Für die beiden bestellte ich noch Sangria, um die Wartezeit zu überbrücken. Ich beeilte mich also, durch das Gewirr an Einbahnstraßen zu unserer Finka zu fahren. Und dabei wusste ich doch, dass ich nie mehr abgehetzt Auto fahren durfte. Denn das letzte Mal, als ich das

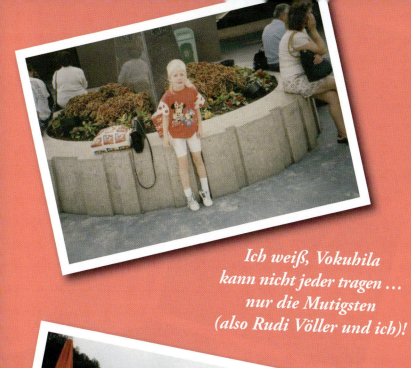

*Ich weiß, Vokuhila
kann nicht jeder tragen ...
nur die Mutigsten
(also Rudi Völler und ich)!*

*1998 am Meer:
Ich trage auf diesem Bild
„Wassermelone".*

Schon von klein auf fuhr ich am liebsten in die Berge und suchte Murmeltiere.

Es war immer mein größtes Abenteuer, mit Papa auf die Jagd zu gehen.

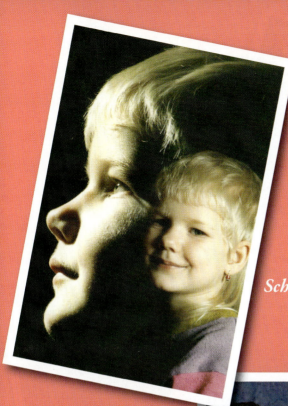

Meine Schokoladenseiten.

Beim Abschlussball mit Tom – der perfekte Tanzpartner.

Mit Mops und Mama auf Malle – mein süßer Mops Lia will auch mit aufs Bild. Fragt sich nur, wer die dickeren Backen hat, ich oder Lia oder ich?

Mit Papa auf Mallorca – noch sind wir beide etwas skeptisch, wie es scheint.

Mike und ich auf Malle – traumhaft!

Pures Glück auf unserer Lieblingsinsel. Prost, ihr Trottel!

Meine beste Freundin Jean und ich bei der Berliner Fashion Week.

Mike, Jean und ich: Posieren können wir, das muss man uns lassen!

Ein altes Bahnhofsgebäude – das war schon immer mein Traum.

Das ist unser Bahnhof vor über hundert Jahren, aber bald sieht er wieder so aus.

Da steckt noch viel Arbeit in unserem Traumhaus – aber Mike und ich haben schon ganz andere Dinge gemeistert.

Mit großen Geräten kann ich umgehen.

getan hatte, endete die Fahrt schließlich im Straßengraben. Als ich an einer Hauptstraße, die nur nach links ging, auch nach links abbog, passierte es. Denn natürlich hatte ich nur nach rechts geschaut, ob jemand kam, und dabei leider vergessen, dass die Busspur in diesen Einbahnstraßen von beiden Seiten her befahren werden durfte. So knallte mir von links ein Linienbus volle Kanne in die Fahrerseite.

Ich hatte ein absolutes Déjà-vu: Der Seiten-Airbag ging auf. Ich spürte Qualm, Schmerzen und Glassplitter. Der größte Unterschied zu meinem letzten Unfall war jedoch, dass diesmal alles sehr viel schneller ging. Krankenwagen, Blaulicht, Krankenhaus, Renate und Mike sehr bald an meiner Seite, die sofort informiert worden waren. Der Wagen war schließlich auf Mike zugelassen – und jetzt ein Totalschaden inmitten von El Arenal. Ich dagegen hatte mal wieder mehr Glück als Verstand gehabt. Diesmal trug ich ein ordentliches Schleudertrauma davon, eine von Glassplittern aufgerissene Hand und eine komplett geprellte linke Körperhälfte, die mich für die nächsten Tage ans Bett fesselte.

Nachträglich gesehen bin ich mir ziemlich sicher, dass es diese Tage waren, die unserer Dreierbeziehung den Todesstoß versetzten. Denn Mike kümmerte sich Tag und Nacht um mich. Nicht nur, dass er mit keinem Wort den Totalschaden seines Autos bedauerte, er ließ auch einfach alles andere stehen und liegen. Für Mike zählte nur noch, dass ich schnell wieder gesund wurde. Renate kümmerte sich auch sehr liebevoll um mich, ging aber nach einem Besuch im Krankenhaus auch wieder ihrem Leben nach. Arbeiten, Freunde treffen, feiern.

Allerdings musste sie das in jener Zeit allein tun. Denn Mike wich nicht von meiner Seite. Obwohl ich ihn wiederholte Male dazu aufforderte und ihm versicherte, dass ich in Ordnung und in besten Händen war. Doch Mike blieb stur. Er bestellte uns Essen ins Krankenhaus und schlief auf einem Stuhl neben meinem Bett.

Als wir in der zweiten Nacht im Krankenhaus allein waren, erzählte er mir, wie er sich gefühlt hatte, als ihn die Nachricht von meinem Unfall erreichte. Im ersten Moment fürchtete er, sein Herz würde stehen bleiben. Er sagte, durch diese ganze Sache wäre ihm schlagartig bewusst geworden, was ich ihm bedeutete. Nämlich mehr als er sich eingestehen wollte. Als ich eine halbe Stunde später die Augen schloss und vorgab zu schlafen, flüsterte Mike in mein Ohr: »Ich liebe dich, Melanie.«

›Ich dich auch‹, dachte ich, brachte es aber nicht über die Lippen. Denn ich konnte damals schon ahnen, welche Folgen diese Erkenntnis für unser aller Leben haben musste. Nichts würde mehr so wie zuvor sein. Ich liebte Mike. Und ich liebte auch Renate. Aber Renate liebte ich anders. Renate liebte ich wie eine Freundin. Renate liebte ich, weil sie zu Mike gehörte. Aber Mike liebte ich wie einen Freund und Mann, den ich mit niemandem mehr teilen wollte. Und mit dieser Erkenntnis ließ meine Liebe zu Renate sehr abrupt nach. Denn die Eifersucht nahm zu.

Als ich nach dem Krankenhausaufenthalt wieder nach Hause auf die Finka kam, war alles anders. Auch Renate spürte sofort, dass sich etwas verändert hatte. Dass sich die Machtverhältnisse verschoben hatten und nicht mehr ausgewogen waren. Wir alle spürten es. Aber niemand sprach darüber.

Wir spürten es, wenn wir miteinander schliefen und uns dabei nicht mehr richtig in die Augen sehen konnten. Ich spürte es, wenn Renate versuchte, mich zu verführen. Sie wollte mich mit aller Kraft zurückgewinnen. Und ich konnte nur ahnen, dass sie dasselbe mit Mike tat, sobald die beiden allein in ihrem Bett lagen. Dieser Gedanke war es, der mir am meisten zusetzte und mich fast wahnsinnig vor Eifersucht machte. Mike und ich hatten lange nicht darüber gesprochen, was in uns vorging. Aber wir zogen uns gleichzeitig instinktiv von Renate zurück. Wir suchten uns mit Blicken und Berührungen. Wir suchten und fanden Momente, in denen wir allein sein konnten. Dann fielen wir übereinander her, liebevoller und leidenschaftlicher als je zuvor. Aber wir sprachen nicht darüber. Vielleicht fürchteten wir, dass wir unsere Gefühle zerreden könnten.

Und genau in dieser Zeit, in der alles unklar und verschwommen war, beschlossen meine Eltern, mich auf Mallorca besuchen zu kommen. Ihr Timing war wirklich einmalig. Mein Vater kam mit einer Tasche vollgepackt mit hausgemachter Wurst, über die ich mich wirklich sehr freute. Auch wenn es auf Mallorca jede Menge deutsche Wurst gab. Sogar meine Mutter gab sich große Mühe, nett zu sein. Vor allem zu Mike und Renate, die sich fürsorglich um meine Eltern kümmerten. Renate ging sogar mit meiner Mutter shoppen und zeigte ihr die Orte, an denen sich die High Society von Mallorca rumtrieb. Natürlich konnte meine Mutter gar nicht mehr aufhören, von Renate zu schwärmen. Die beiden waren fast im gleichen Alter und verhielten sich schon bald wie langjährige beste Freundinnen. Und auch ein bisschen wie dumme Teenager.

Was meine Mutter wohl sagen würde, wenn sie wüsste, dass ihre neue Freundin regelmäßig die Muschi ihrer Tochter leckte? Ich wusste nicht, ob ich über diesen Gedanken lachen oder weinen sollte.

Auch mein Vater genoss die Aufmerksamkeit, die Renate ihm zukommen ließ. Es sah ein bisschen danach aus, als blühte mein Vater in diesem Urlaub noch einmal so richtig auf. Er war wieder mehr der lustige Mann, an den ich mich aus so manchen Kindertagen erinnerte. Der Schornsteinfeger, mit dem ich die Berghänge nach unten kullerte und von Kuhfladen zu Kuhfladen sprang. Trotzdem ließ sich mein Vater nicht so leicht täuschen wie meine Mutter. Scheinbar spürte er die Spannungen in unserer Dreierkonstellation. Überhaupt schien ihm die ganze Sache berechtigterweise suspekt zu sein. Mike und Renate waren beide älter als er selbst. Sie kümmerten sich liebevoll um seine Tochter, aber anders als Eltern es tun würden. Da war nichts Väterliches in Mikes Blick, wenn er mich ansah. Mein Vater kapierte also ziemlich schnell, was hier im Busch war. Und entgegen unserer sonst üblichen Familienpolitik des Totschweigens, sprach er mich an ihrem letzten Abend darauf an. Auf seine ganz eigene Art.

Wir saßen gerade bei Weißwein auf der Terrasse. Renate und meine Mutter probierten irgendwelche Kleider an und Mike hing seit einer Stunde aus geschäftlichen Gründen am Telefon. Papa und ich lauschten dem Zirpen der Grillen und dem entfernten Meeresrauschen.

»Schön habt ihr es hier ... ihr drei.«

»Mmh.«

»Melanie?«

»Mmh?«

»Was ist hier im Busch?«

»Das willst du nicht wissen.«

»Mmh.«

»Aber mach dir keine Sorgen.«

»Mmh. Geht mich ja auch nichts an.«

»Ist nur ein bisschen schwierig zu erklären.«

»Bin ja nicht von gestern!«, sagte mein Vater und grinste. »Aber lass dir eines gesagt sein: Wenn er dich liebt, kommt er dir hinterher. Also pack deine Sachen und schau, dass du hier wegkommst. Gibt's noch Wein?«

Das war wohl das erste Mal, dass mich mein Vater wirklich überraschte. Er kapierte ganz genau, was hier los war. Und plötzlich hatte ich das Gefühl, dass er selbst schon mal in einer ähnlichen Situation gewesen war.

»Hat Mama auch mal ihre Sachen gepackt?«

»Das willst jetzt du nicht wissen. Aber deine Eltern waren auch mal jung.«

»Du hast recht. Ich will es nicht wissen«, sagte ich und schenkte meinem Vater grinsend Wein nach. Dann drückte ich ihn und sagte: »Danke, Papa!«

Tatsächlich hatte mir mein Vater mit seinen wenigen Worten die Augen geöffnet. So konnte es nicht weitergehen. Ich konnte Mike nicht mehr länger mit Renate teilen. Und ich fühlte mich auch längst nicht mehr zu Renate hingezogen. Ich war nur noch eifersüchtig und wurde immer wütender auf diese Frau. Ich wollte nicht, dass das, was so harmonisch und schön begonnen hatte, schmutzig endete. Trotzdem dauerte es noch eine ganze Weile, bis ich die Kraft und den Mut hatte, dem Ratschlag meines Vaters zu folgen und Mallorca zu verlassen.

Ich blieb noch bis Anfang Dezember in der Hoffnung, dass sich meine Gefühle für Mike wieder legen würden. Oder ich zumindest lernen könnte, mit der Eifersucht umzugehen. Aber die Dreier im Bett wurden für mich immer unerträglicher und die Beziehung zu Renate immer schwieriger. Sobald wir allein waren, ohne Mike, schlug ihre freundliche Art um. Sie herrschte mich wegen jeder Kleinigkeit an und gab mir schon bald sehr deutlich zu verstehen, dass ich nicht mehr erwünscht war. Sobald sie allerdings getrunken hatte, sprach sie anders mit mir. Dann versuchte sie, zärtlich auf mich einzureden. Dass alles zwischen uns dreien wieder so werden sollte, wie es einst gewesen war. Dass wir drei zusammengehörten. Dass wir nur zu dritt funktionieren könnten.

»Ich kann das aber nicht mehr«, versuchte ich Renate eines Tages zu erklären, die dann sofort zu weinen anfing. Sie flehte mich geradezu an, ihr Mike nicht wegzunehmen. Bis ihr Flehen in Drohen umschlug: »Glaub bloß nicht, Mike verlässt mich für ein Flittchen wie dich, Süße!«, sagte sie eines Tages und funkelte mich mit hasserfüllten Augen an.

In solchen Momenten der Konfrontation versuchte ich, sie einfach zu ignorieren und mir meine Gefühle nicht anmerken zu lassen. Denn ansonsten hätte ich ihr wohl die Augen ausgekratzt. Aber Renate traf mit Aussagen wie diesen tatsächlich meinen wunden Punkt. Ich hatte wahnsinnig Angst, dass Mike mich vergessen würde, sobald ich in den Flieger stieg. Renate und er waren schließlich seit Jahren zusammen. Und wer weiß? Vielleicht hatte es schon vor mir einmal eine Dritte im Bunde gegeben? Womöglich war ich nur eine von vielen, die sich die beiden zu ihrem sexuellen Zeitvertrieb dazu holten? Ich hatte es nie gewagt, die beiden danach zu fragen. Trotz all dieser Unsicherheiten war ich nicht bereit, kampflos von dannen ziehen. Erst später erkannte ich, dass ich diesen Kampf nur gewinnen konnte, wenn ich das Schlachtfeld als Erste verließ.

Mike bekam von diesen Situationen zwischen Renate und mir nicht allzu viel mit. Ich wollte ihn nicht unter Druck setzen, dass er sich entscheiden müsste. Vermutlich auch, weil ich Angst hatte, er würde sich nicht für mich entscheiden. Noch dazu war es in den letzten Wochen wahnsinnig schwer geworden, mit Mike allein zu sein. Renate lauerte über ihm wie ein Wachhund. Ich hatte kaum Möglichkeiten, ihn ungestört zu Gesicht zu bekommen.

Dafür unternahm ich inzwischen viel allein. Ich zog mich zurück und ging mehr und mehr ohne Renate und Mike aus. Zumindest, soweit es mein Budget zuließ. Denn Mallorca, vor allem die Gesellschaften, in denen wir uns für gewöhnlich bewegten, waren eine recht kostspielige Angelegenheit. Mit meinem Nageldesignerinnen-Gehalt kam ich nicht sehr weit. Also ließ ich mich wiederholt von Männern zu Getränken, dann auch mal zum Essen einladen. Allerdings anfangs nur von solchen, die ich sympathisch fand. Es gab einen hartnäckigen Kandidaten, nennen wir ihn Mister X, dem ich wiederholte Male seine Einladung ausschlug. Bis er mir plötzlich fünfhundert Euro anbot, wenn ich ihn begleitete. Da konnte ich – zugegebenermaßen – einfach nicht widerstehen. Es war ja nur ein Abendessen. Als er allerdings nach dem Essen anbot, noch einmal das Doppelte draufzulegen, sollte ich ihn auf sein Hotelzimmer begleiten, lehnte ich entsetzt ab. Schließlich war ich keine Prostituierte. Er nannte das ganz vornehm »Escort-dame« und steckte mir seine Karte zu – für den Fall, dass ich es mir anders überlegte.

Und tatsächlich, als ich zwei Tage später lautes Stöhnen aus dem Schlafzimmer von Mike und Renate vernahm, wählte ich kurzerhand die Nummer von Mister X. Vielleicht würde es mir gelingen, von Mike loszukommen, wenn ich mich mit anderen Männern einließ. Dann müsste ich wenigstens nicht mehr die Fingernägel von diesen sonnengegrillten Malle-Tussis machen, wäre endlich finanziell unabhängig und hoffentlich emotional abgehärtet.

Heute weiß ich, dass es ein Fehler war, diesen Weg einzuschlagen. Und es dauerte nicht lange, bis ich das auch auf Mallorca begriff. Denn mein Plan, durch Sex mit anderen Männern, der mir die finanzielle Unabhängigkeit ermöglichte, um in der High-Society Mallorcas dazuzugehören, endlich Mike aus meinem Herz zu streichen, ging nicht auf. Ganz im Gegenteil. Denn ich war unglücklicher als je zuvor. Und das bemerkte auch Mike, der sich große Sorgen um mich machte. Denn

Heute weiß ich, dass es ein Fehler war, diesen Weg einzuschlagen.

natürlich bekam er mit, dass ich mich zurückzog. Dass es Nächte gab, in denen ich nicht nach Hause kam und dass meine Kleidung immer teurer wurde. Vielleicht ahnte er, was los war. Aber auf seine Fragen, ob ich über irgendetwas mit ihm reden wollte, schüttelte ich meist verlegen den Kopf. Ich schämte mich. Ich schämte mich so sehr, dass ich das leicht verdiente Geld schon nach kurzer Zeit nicht mehr wollte. Ich hörte auf damit, mich von fremden Männern für meine Gesellschaft bezahlen zu lassen. Auch auf die Gefahr hin, dass mein Traum vom paradiesischen Leben auf Mallorca platzen könnte. Denn, so wusste ich schon bald, dieses Opfer war auch das Paradies nicht wert. Ich erkannte, dass es Zeit war, nicht mehr vor meinen Gefühlen davon zu laufen, sondern Mike endlich reinen Wein einzuschenken.

So ergriff ich eines Abends meine Chance, Mike meine Liebe zu gestehen. Kurz und schmerzlos. Leider und ausgerechnet passierte das im Bierkönig. Kein besonders romantischer Ort für eine Liebeserklärung. Doch Renate war gerade aufgestanden, um auf Toilette zu gehen. Natürlich fragte sie mich, ob ich mitkäme. Aber ich schüttelte trotzig den Kopf. Sie müsste sich schon in die Hosen machen, wenn sie mir diese fünf Minuten mit Mike allein nicht gönnen wollte, dachte ich. Kaum war sie weg, drehte ich mich Mike zu und schrie durch den ohrenbetäubenden Lärm der Musikanlage: »Mike, ich liebe dich!«

Mike sah mich an und brüllte: »Was?«

»Ich liebe dich!«, schrie ich ihm ins Gesicht. Es war wirklich furchtbar laut in diesem Club. »Ich liebe dich. Und ich will mit dir zusammen sein. Aber ich will dich nicht mehr teilen. Ich will dich ganz für mich allein. Nur du und ich. Denk darüber nach.« Dann küsste ich ihn.

»Ich liebe dich auch«, sagte Mike und strahlte über das ganze Gesicht.

Und schon war Renate zurück und unser Gespräch beendet. Irgendwie war ja auch alles gesagt. Denn nun, so wusste ich, war es Zeit, dem Ratschlag meines Vaters zu folgen.

Es war gerade Anfang Dezember und ich beschoss, zumindest für zwei Wochen in der Vorweihnachtszeit nach Hause zu fliegen. Ich hatte Sehnsucht nach Leipzig. Nach Winter mit Schnee. Nach Glühwein. Nach Weihnachtsmusik und gebrannten Mandeln. Nach Paul und Carola. Und sogar ein klein wenig nach meinen Eltern. Seit sie mich auf der Insel besucht hatten, vermisste ich sie irgendwie. Denn, so musste ich aus sicherer Entfernung feststellen, so schrecklich waren sie gar nicht. Vielleicht hätte ich sie manchmal einfach mehr in mein Leben integrieren sollen? Möglicherweise hätten sie tatsächlich mehr verstanden, als ich ihnen zugetraut hatte. Denn es stimmte. Sie waren schließlich auch mal jung gewesen.

Paul und Carola freuten sich sehr, dass ich zu Besuch kam. Auch wenn ihnen ein »für immer« lieber gewesen wäre. Die beiden wussten längst, dass sich das dreiblättrige Blatt im Paradies gewendet hatte. Vor allem Paul hatte seine Zweifel, da er mich in den letzten Monaten insgesamt zweimal besucht und schon Spannungen gespürt hatte, bevor ich sie selbst wahrnahm. Auch wenn ich mir immer wieder anhören musste, dass Paul es von vornherein gesagt hatte, war ich sehr froh, dass er für mich da war. Denn ich wollte auf keinen Fall in der Zeit meines Deutschlandbesuchs in meinem alten Kinderzimmer in Grimma schlafen. Auch wenn es nur zwei Wochen waren. Und da meine eigene Wohnung noch an meinen Cousin untervermietet war, bot mir Paul sofort an, dass ich für diese Zeit bei ihm unterkommen könnte. Seine neue Freundin hätte da sicherlich nichts dagegen.

»Aber keine Dreier! Damit das klar ist!«, sagte Paul vorab am Telefon. Damit brachte mich seit Langem mal wieder jemand zum Lachen.

Am Tag, als ich abreiste, fragte mich Renate ganz schein-
heilig vor Mike, warum ich ausgerechnet zu dieser kalten Jahres-
zeit nach Deutschland wollte.

»Damit mir mal wieder warm ums Herz wird«, sagte ich.
Dann gab ich Mike demonstrativ einen Abschiedskuss, der sich
gewaschen hatte, und stieg, ohne mich von Renate zu verab-
schieden, ins Taxi. Erst als ich hoch oben über den Wolken war,
brach ich mal wieder in Tränen aus.

Doch die Tränen waren schnell getrocknet, als ich mit Paul
und Carola schon wenige Stunden später auf dem Weihnachts-
markt in Leipzig stand und Glühwein trank. Oh Gott, tat das
gut, mit meinen Freunden zusammen zu sein. Ich bemerkte
erst jetzt, wie sehr ich die beiden vermisst hatte. In den nächsten
Tagen besuchte ich meine Eltern und verbrachte auch ein paar
Tage auf dem Hof meiner Großeltern. Ich fühlte mich pudelwohl. Ein bisschen wie das Kind, das ich schon immer auf dem
Hof meiner Großeltern gewesen war. Ich ließ mich von meiner
Oma bekochen und verwöhnen. Den Rest der Zeit verbrachte
ich hauptsächlich mit Paul. Ich erzählte ihm alles. Von meinen
Gefühlen zu Mike und der Eifersucht auf Renate. Von der gesamten verzwickten Scheißsituation zu dritt. Paul verstand
überhaupt nicht, warum ich dorthin zurück wollte. Er bot mir
an, einfach zu bleiben und bei ihm zu wohnen. Er würde die
nächsten Wochen sowieso mit seiner Freundin durch Asien
reisen. Ich müsste nur die Blumen gießen und mich um die
Post kümmern.

»Melanie, wenn dich dieser Mike liebt, dann wird er
kommen«, wiederholte er immer wieder. Genau dasselbe, was
mein Vater gesagt hatte. Dennoch hatte ich meine Zweifel.

»Und wenn er nicht kommt?«, fragte ich verunsichert nach.

»Dann ist er eh der Falsche!«

Ich wusste, dass Paul im Grunde recht hatte. Aber es half nichts. Ich war nicht davon abzubringen, zurückzukehren und den Kampf um Mike wieder aufzunehmen. Die vierzehn Tage vergingen wie im Flug. Und ehe ich mich versah, war es schon wieder soweit. Mein Rückflug stand an. Paul brachte mich zum Flughafen. Da es extrem glatt auf den Straßen war, fuhr er sehr langsam.

»Ich hoffe, wir verpassen deinen Flieger«, sagte Paul und grinste.

»Weißt du was«, sagte ich und überraschte mich selbst: »Ich auch.«

Denn plötzlich war mir sonnenklar, was zu tun war. Ich musste vorübergehend auf Mike verzichten, wenn ich ihn für mich gewinnen wollte. Ich musste eine Handlungs-Notwendigkeit schaffen, die es bisher für ihn nicht gab. Ich musste, so weh es auch tat, konsequent sein. Also griff ich nach meinem Handy und schrieb eine SMS an Mike: »Ich komme nicht zurück. Weil ich dich liebe. Du weißt, wo du mich findest.« Dann drückte ich auf senden.

»Steht dein Angebot noch? Mit Blumen und Post?«, fragte ich Paul.

»Ja, klar!«

»Dann dreh verdammt noch mal um. Oder was willst du bei diesem Wetter am Flughafen?«

ZERREISSPROBE MIT HAPPY END

Wenige Minuten später rief mich Mike an. Ich hob jedoch erst bei seinem fünften Anruf ab, als ich meinen gebuchten Flieger auch sicher in der Luft wusste. Denn ich hatte zu große Angst, dass Mike es schaffen würde, mich umzustimmen. Allerdings versuchte er das gar nicht erst. Mike war zwar traurig und auch ein wenig enttäuscht, dass ich nicht zurückkommen würde, aber verstand auch meine Entscheidung. Mehr als das, er hielt sie sogar für richtig. Denn so wie es war, das wusste auch er, konnte es nicht mehr weitergehen.

Mike versprach, schon bald nach Leipzig zu kommen und mit mir über alles zu reden. Ich war mir nicht ganz sicher, was »über alles reden« zu bedeuten hatte, aber bat ihn vorsorglich, mir meine restlichen Sachen zuzuschicken oder, falls er tatsächlich kommen wollte, am besten gleich mitzubringen. Das Wichtigste hatte ich, Gott sei Dank, schon bei mir: Lia, meinen treuen Mops. Bevor Mike auflegte, sagte er: »Ich liebe dich, Melanie. Aber ich brauche etwas Zeit.« Die sollte er haben. Schließlich war ich noch jung.

»Ich kann warten«, sagte ich. » Aber nicht ewig.«

Paul war sehr stolz auf mich. Und ich auf mich zur Abwechslung auch. Meine Entscheidung tat zwar weh, aber ich

Meine Entscheidung tat zwar weh, aber ich wusste, dass sie richtig war.

wusste, dass sie richtig war. Noch am selben Tag richtete ich mich provisorisch in Pauls Wohnung ein. Und drei Tage vor Weihnachten fuhr ich diesmal Paul samt seiner Freundin Anja, die wirklich zuckersüß war, zum Flughafen. Die beiden wollten gute fünf Wochen gemeinsam durch Asien reisen. Auf Fahrrädern, wenn ich das richtig verstanden hatte.

»Wenn ihr zurückkommt und nach dieser Tortur immer noch zusammen sein solltet, dann machen wir es doch mal zu dritt!«, scherzte ich, als ich die beiden am Abflug rausschmiss. Anja sah Paul irritiert an, der ihr versichern musste, dass ich nur Spaß machte. Paul drückte mich lange zum Abschied und nahm mir das Versprechen ab, durchzuhalten. Und falls ich doch Blödsinn machen würde, ihn wenigstens umgehend darüber zu informieren. Ich nickte artig und bedankte mich zum hundertsten Mal, dass er mir für die nächsten Wochen sein »Leben« überließ. Denn Paul lieh mir nicht nur seine Wohnung, sondern auch sein Auto. Damit war ich ein freier Mensch.

Trotz allem war mir sofort mulmig zumute, als Pauls Wohnungstür hinter mir ins Schloss fiel und die Stille über mich hereinbrach. Ich wusste gar nicht mehr, wann ich das letzte Mal wirklich allein gewesen war. Nur ich mit mir? Meistens war ich in letzter Zeit zu dritt gewesen. Selten zu zweit. Und allein so gut wie nie. Nicht mal auf meiner komischen Arbeit als Nageldesignerin. Als ich gerade online gehen wollte, um mich nach Stellengesuchen umzusehen und vor allem laute Musik zu hören, klingelte mein Handy. Es war eine unbekannte Nummer. Doch als ich abhob, machte mein Herz sofort einen Sprung.

»Ich vermisse dich!«, sagte Mike.

»Ich dich auch«, gab ich zurück. »Wie geht' s dir?«

»Frag nicht!«, sagte Mike und klang wirklich sehr bedrückt. »Wo bist du?«

»Ich bin bei Paul in der Wohnung. Er ist seit heute in Asien unterwegs. Mit seiner neuen Flamme! Auf dem Fahrrad. Ich überlege, ob ich es mir hier jetzt weihnachtlich dekorieren sollte oder nicht. Findest du einen Baum für mich allein übertrieben?« Ich war gerade ins Reden gekommen, wie immer aus lauter Nervosität, als es an der Wohnungstür klingelte. »Bleib mal kurz dran«, sagte ich. »Es hat geklingelt.«

Als ich die Tür öffnete, traute ich meinen Augen nicht. Mike stand vor der Tür. Und zwar mit einem echten Weihnachtsbaum.

»Für dich«, sagte Mike, während ich ihn mit offenem Mund anstarrte, »wäre nicht mal ein ganzer Wald übertrieben.«

Das war einer der glücklichsten Momente meines Lebens. Wir fielen uns um den Hals, als wären wir wie Penelope und Odysseus die letzten zwanzig Jahre voneinander getrennt gewesen. Zusätzlich zu diesem Ungetüm von einem Baum war Mike bis oben hin mit Gepäck beladen. Im ersten Moment hoffte ich, er hätte auch seine Zelte auf der Insel abgebrochen. Aber im zweiten verstand ich, dass das meine Sachen waren, die er da bei sich hatte.

Mike blieb fünf Tage bei mir. Zum ersten Mal überhaupt hatten wir Zeit für uns. Zu zweit. Natürlich verbrachten wir sehr viele Stunden davon miteinander im Bett. Aber wir fanden auch endlich ausreichend Zeit, in Ruhe miteinander zu reden und alles zu besprechen. Wir schworen uns gegenseitig unsere Liebe und sprachen über so vieles, was in den letzten

Monaten, in dem halben Jahr, das wir zu dritt auf Mallorca gelebt hatten, vorgefallen war. Wir erzählten uns, wie wir uns langsam aber sicher unsterblich ineinander verliebt hatten. Und schließlich sprachen wir auch darüber, wie es von nun an weitergehen könnte. Ich überließ in diesem Fall Mike das Reden, da ich ihn zu nichts überreden wollte, was er sich nicht auch wünschte.

Mike holte etwas aus. Er erzählte mir, dass Mallorca schon immer sein Traum gewesen war. Dass er immer dort hatte leben wollen und das auch gern weiterhin tun würde. Aber er sagte auch, dass er die Beziehung zu Renate beenden wollte. Er bräuchte nur Zeit, um alles zu klären. Ich verstand nicht genau, was er damit meinte. Es müsste zwar nicht jeder wie Ralf am Telefon Schluss machen, aber wie lange könnte so eine Trennung denn schon dauern? Genau das fragte ich Mike auch. Er zuckte mit den Schultern: »Renate und ich sind seit vielen Jahren zusammen. Sie ist nicht besonders stabil, verstehst du? Ich habe Angst, dass sie sich etwas antun könnte.«

Ich hatte zwar eher Angst, dass sie Mike etwas antun könnte, aber diesen Gedanken behielt ich an dieser Stelle für mich. Mike zog einen Schlüssel aus der Tasche. Er hatte eine kleine Dachgeschosswohnung in Leipzig Lindenthal angemietet und schlug vor, dass ich dort schon mal einziehen sollte. Er käme nach, sobald er könnte und vorher zu Besuch, wann immer es ihm möglich wäre. In diesem Moment fing ich an zu heulen. Ich wollte doch nicht seine Zweitfrau in Deutschland werden. Ich wollte, dass er sich von Renate trennte und zu mir kam. Oder wir meinetwegen auch zusammen auf Mallorca lebten. Nur eben ohne Renate. Wenn es sein müsste, würde ich mit ihm auch in die Antarktis ziehen. Das war mir alles egal.

Aber allein in einer Wohnung in Leipzig wohnen und warten, bis sich der Herr in aller Ruhe getrennt hatte? Das fand ich scheiße. Ich verstand außerdem nicht, auf welche Zeitspanne Mike seine Trennung anzulegen plante. Wie lange konnte so etwas denn dauern? Eine Woche? Einen Monat? Ein Jahr?

Mike verstand meine Enttäuschung. Aber er bat mich trotzdem um Nachsicht. Er war seit Jahren mit Renate zusammen und wollte ihr wenigstens helfen, alles soweit geregelt zu bekommen, dass sie ohne ihn zurecht kam. Denn es gäbe so viele Dinge, die noch geklärt werden müssten. Auch in finanzieller Hinsicht. Ich fand das wirklich sehr nobel von ihm, auch wenn ich mir eher wünschte, Mike würde sie genauso absägen wie ich von Ralf abgesägt worden war. Das hatte mich schließlich auch nicht umgebracht. Doch als er mir dann versprach, in spätestens zwei Monaten schon jeden Morgen neben mir aufzuwachen, gab ich nach. Zugegebenermaßen hatte ich auch keine echte Wahl. Ich versuchte, tapfer zu sein und hoffte, dass er seine Versprechen halten würde.

Als meine Tränen getrocknet waren, zogen wir los und besorgten alles Nötige für die nächsten Tage. Immerhin stand Weihnachten vor der Tür und wir dachten nicht daran, die Wohnung öfter als notwendig zu verlassen. Wir kauften alle nur erdenklichen Köstlichkeiten und Zutaten für ein wahres Festessen ein und noch dazu Tüten voller Weihnachtsschmuck, um anschließend unseren Baum wie ein altes Ehepaar zu schmücken. Für Heilig Abend hatten wir eine komplette Gans nur für uns beide vorbereitet, die wir nicht im Ansatz schafften. Vermutlich auch deshalb, weil wir lieber halbnackt unter dem Baum lagen und uns sehr unweihnachtlich verhielten.

Als Mike nach dem zweiten Weihnachtstag zurück nach Palma fliegen musste, hatte ich furchtbare Angst, ihn sehr lange nicht mehr zu sehen. Aber Mike drückte mir den Schlüssel für die kleine Dachgeschosswohnung in die Hand und sagte, ich solle es für uns schon mal gemütlich machen und mich solange mit dem Wackeldackel unterhalten, den ich wie einen Goldschatz aufbewahrte. Mike wäre so schnell wie möglich wieder zurück. Er gab mir Geld, das ich zuerst nicht annehmen wollte. Aber er bestand darauf, damit ich alles besorgen konnte, was wir in unserer zukünftigen Liebeshöhle so brauchen würden. Die Wohnung war zwar möbliert, aber eben nur mit dem Notwendigsten ausgestattet. Ich sollte mich austoben und die Zeit ohne ihn noch genießen. Denn sobald er bei mir wäre, würde er mich nicht mehr gehen lassen. Nie mehr.

Mit diesen Worten, die für mich die reinste Melodie waren, ließ ich ihn schweren Herzens ziehen. Und um anschließend nicht wieder allein zu Hause heulend in Selbstmitleid zu zerfließen, lud ich Carola zum Essen ein. Wir tranken zwei Flaschen Rotwein und verputzten den Rest der Gans samt Blaukraut und Klöße. Und plötzlich sah die Welt gar nicht mehr so schrecklich aus. Ich brachte Carola auf den Stand der Dinge. Dass Mike sich von Renate trennen und wir vorübergehend in eine kleine Wohnung in Leipzig ziehen würden. Anschließend, wenn sich die Wogen wieder geglättet hätten, würden wir vermutlich zu zweit zurück nach Mallorca gehen. Das war der Plan. Soweit. Tatsächlich reagierte Carola anders, als ich es erwartet hatte. Im Gegensatz zu ihrer sonstigen Schwarzmalerei bot sie mir an, in der neuen Wohnung ein bisschen zu helfen. Wir könnten zusammen durch Einrichtungshäuser ziehen oder die Bude komplett streichen. Vielleicht auch rosa?

An diesem Abend sah alles wirklich nach rosa Wolken aus. Ich war glücklich und zuversichtlich, dass alles gut werden würde. Doch tatsächlich wurden die nächsten Wochen für mich zur reinsten Zerreißprobe. Als Mike bei Renate die Karten auf den Tisch legte und ihr sagte, dass er sie verlassen würde, um mit mir zu leben, rastete sie völlig aus. Renate sperrte sich kurzerhand mit einer Rasierklinge im Badezimmer ein. Obwohl sie ihre Pulsadern mit keinem einzigen Kratzer versah, nahm Mike diese Reaktion sehr mit. Er fürchtete, Renate könnte eines Tages ernst machen und quälte sich mit Selbstvorwürfen. So zog sich die Trennung immer weiter in die Länge. Ich versuchte, keinen Druck auszuüben, war aber nach den ersten vier Wochen, die ich Mike nicht zu Gesicht bekommen hatte, ziemlich frustriert. Außer ein paar Pflichtanrufen zwischendurch bekam ich nichts weiter mit. Dabei saß ich mittlerweile startklar für unsere gemeinsame Zukunft in einer perfekt ein- und hergerichteten Wohnung, die ich liebevoll zu unserer Liebeshöhle dekoriert und sogar gestrichen hatte, wenn auch nicht in rosa. Ich saß da wie bestellt und nicht abgeholt und fühlte mich wie der letzte Idiot. Ich war wütend, eifersüchtig und verdammt traurig. Langsam aber sicher kamen die Selbstzweifel zurück. Leider konnte mir die auch niemand nehmen. Weder Carola, die mir immer gut zuredete, doch noch ein wenig geduldig zu sein. Noch Paul, der zurück aus Asien völlig buddhistisch unterwegs war und mir immerzu vorschlug, Yoga zu machen, um meine Chakren zu öffnen. Aber ich wollte keine Chakren öffnen. Ich wollte mein Leben mit Mike beginnen.

Und genau das erzählte ich dummerweise auch meiner Mutter, die inzwischen auch über mein Privatleben und die

Beziehung zu Mike informiert war. Sie war die einzige Person, die gar nicht erst versuchte, mir gut zuzureden. Ganz im Gegenteil. Denn anstatt mir mütterlich beizustehen, war ausgerechnet sie es, die mir immer mehr Zweifel in den Kopf setzte: »Du glaubst doch nicht, dass es die beiden nicht mehr miteinander treiben?«, sagte sie und schüttelte den Kopf über ihr naives Kind. Und natürlich hatte ich genau davor Angst. Dass Mike es sich anders überlegen würde. Oder es sich vielleicht sogar schon anders überlegt hatte und bei Renate blieb. Dass seine Liebe zu mir nicht stark genug war.

Neben diesen Zweifeln hatte ich noch dazu viel zu viel Zeit, mich in solche Gedanken und Grübeleien hineinzusteigern. Ich hatte nach wie vor keinen Job und mir fehlte der Antrieb, mich um etwas zu bemühen. Denn es war ja geplant, schon bald zusammen mit Mike wieder auf die Insel zu ziehen. Und darin bestärkte er mich auch jedes Mal, wenn wir uns sahen. Mike kam im Februar sehr regelmäßig, aber immer nur kurz, nach Berlin, wo er Renate gegenüber vortäuschte, geschäftliche Termine zu haben. Und stets versprach er mir, dass es nicht mehr lange dauern würde, bis wir durchgehend zusammen sein könnten. Aber Renate war noch zu labil, um auf sich allein gestellt zu sein. Er hatte immerzu Angst, dass sie sich etwas antun könnte.

Inzwischen hasste ich Renate. Ich wusste ganz genau, dass sie Mikes Gutmütigkeit nur ausnutzte und kein bisschen labil war. Wenn hier jemand labil war, dann war das allmählich ich. Denn mir fiel förmlich die Decke auf den Kopf. Ich wurde immer frustrierter und unmotivierter. Das ging soweit, dass ich in der Zeit, in der ich allein war, völlig verlotterte. Ich kam morgens kaum noch aus dem Bett und stand oft erst gegen Mittag auf. Danach ging ich zum Sport, um mich abzureagieren. Ich machte vor allem Krafttraining und Boxstunden. Und schon bald tat ich das jeden Tag. Nach sechs Wochen Muskelaufbau-Training hatte ich nicht nur 16 Kilo Gewicht verloren und meinen Babyspeck gegen einen ordentlichen Sixpack eingetauscht, sondern auch eine ausgereifte Essstörung entwickelt.

Sobald ich abends vom Sport zurück kam, kochte ich mir eine riesige Mahlzeit. Eher ganze Mahlzeiten auf einmal. Fleisch- und Wurstberge mit fettigen Pommes, die ich in Windeseile verschlang. Anschließend aß ich gern ein bis zwei Liter Schoko-Eis, das mir nicht mal schmeckte. Kaum runtergeschluckt, kotzte ich alles wieder aus. Dabei half ich mit dem Finger im Hals ein wenig nach. Das erste Mal fiel es mir noch schwer, mich auf diese Art zu übergeben. Aber schon bald wurde der Finger im Rachen zum reinsten Routinegriff. Irgendwie, so schien es mir, wollte ich mich selbst bestrafen. Aber für was? Dafür, es nicht wert zu sein, voll und ganz geliebt zu werden? Vielleicht. Denn je mehr Zeit verging, umso ungeliebter, vernachlässigter und unattraktiver fand ich mich. Meine Brüste waren aufgrund des intensiven Krafttrainings noch kleiner geworden als sie eh schon waren und damit kaum noch vorhanden. Ich fühlte mich nicht mehr wie eine Frau und wurde mir immer sicherer, dass Mike Renate nie verlassen würde.

Sobald Mike zu Besuch war, stritten wir immer öfter. Ich ging zum Training, auch wenn er in der Stadt war, und kotzte abends heimlich im Badezimmer. Ich war krank und schämte mich zu sehr, offen mit Mike darüber zu reden. Ich fürchtete, er könnte sich vor mir ekeln. Mike dagegen hatte andere

Ängste in Bezug auf uns. Schließlich war er 23 Jahre älter und fürchtete, dass ich eines Tages nicht mehr an ihm interessiert sein könnte. Vielleicht sogar schon bald. Diese Zweifel beantwortete ich Mike in Form eines Tattoos. Denn ich ließ mir kurzerhand seinen Namen samt Ranken über die linken Rippen tätowieren. Zugegeben, das war eine ziemlich schmerzhafte Art und Weise, meine Liebe unter Beweis zu stellen. Denn diese Stelle auf den Rippen tat weitaus mehr weh als die rechte Wade, auf die ich mir mit 16 Jahren einen Drachen tätowieren ließ. Damals musste ich noch die Unterschrift meines Vaters vorlegen, der – daran war ich nicht ganz unschuldig – der festen Überzeugung war, irgendetwas für ein Kunstprojekt an der Schule zu unterschreiben. Außerdem ließ ich mir mit 18 Jahren bei einem Tätowierer in Grimma ein Playboy-Bunny auf den Steiß und später »La bella vita« auf das rechte Handgelenk stechen. Aber das waren alles Spaziergänge im Vergleich zu der extrem großen Tätowierung auf meinen Rippen. Dennoch habe ich dieses Tattoo bis heute nie bereut. Zum einen, weil es mir nach wie vor gefällt. Zum anderen, weil es seine Wirkung tat. Vielleicht war das tatsächlich der Auslöser, der Mike den letzten Ruck gab. Trotz Renates diverser Drohungen, mir, ihm und natürlich auch sich selbst etwas anzutun oder Mike finanziell zu ruinieren, brach er endgültig seine Zelte auf der Insel und den Kontakt zu Renate ab. Für immer.

Von nun an begann eine sehr unbeschwerte Zeit für Mike und mich. Wir lebten und liebten die ersten Wochen und Monate in der kleinen Wohnung in Lindenthal, unserer »Liebeshöhle«. Allerdings konnte ich auf so engem Raum meine Essstörung schon bald nicht mehr vor Mike geheim halten.

Und ich wollte es auch nicht mehr. Denn ich bekam die Sache allein einfach nicht in den Griff. Ich erkannte, dass ich dringend Hilfe brauchte. Ich hatte auch zuvor versucht, mit meiner Mutter darüber zu sprechen. Aber da kam leider nicht viel zurück, außer: »Friss halt weniger, dann musst du auch nicht kotzen.«

Mike reagierte dagegen wahnsinnig verständnisvoll, als ich ihm sagte, warum ich nach dem Essen immer im Badezimmer verschwand. Er nahm mich sofort in die Arme und konnte ein paar Tränen nicht mehr zurück halten. Er machte sich große Vorwürfe und sein Verhalten der letzten Zeit mit dafür verantwortlich, dass ich diese Essstörung entwickelt hatte. Mike wollte sofort alles dafür tun, mir so schnell wie möglich zu helfen.

Zwei Tage später überredete er mich, einen Hypnosetermin wahrzunehmen, den er für mich gebucht hatte. Ich hielt nicht viel von diesem Hokuspokus. Aber alle Versuche meinerseits, aus eigener Kraft mein Essverhalten wieder zu normalisieren, waren gescheitert. Und die Behandlungs-Alternativen, von denen ich im Internet gelesen hatte, waren meist monatelange Therapien. Es konnte daher nicht schaden, den Hokuspokus zumindest mal auszuprobieren. Ich stimmte also zu und ließ mich hypnotisieren. Insgesamt nahm ich drei dieser Termine wahr. Das Ganze kostete Mike ein kleines Vermögen, wirkte aber tatsächlich Wunder. Nach meiner dritten und letzten Sitzung saß ich neben Mike im Auto und konnte nicht mehr aufhören, mich zu schütteln, sobald ich meine rechte Hand sah. Ich ekelte mich plötzlich davor. Vor allem vor meinem rechten Zeigefinger, den ich mir in den letzten Wochen so regelmäßig in den Hals geschoben hatte, um die riesigen Portionen an Lebensmitteln wieder ins Klo zu befördern. Von der dritten und damit letzten Hypnosesitzung an war die Krankheit Bulimie besiegt. Ich aß wieder normal und dachte nicht im Traum daran, mir noch einmal freiwillig den Finger in den Hals zu schieben. Ich konnte überhaupt nicht mehr nachvollziehen, was mich zu diesem abnormalen Verhalten getrieben hatte und war überglücklich, endlich wieder »normal« zu sein.

Als weitere Wiedergutmachung für die Aufregung der letzten Wochen schlug Mike vor, zusammen in den Urlaub zu fahren. Er hätte gerade etwas Glück an der Börse gehabt. Und da Geld schließlich zum Ausgeben da wäre, flogen wir in die Karibik und machten eine 14-tägige Kreuzfahrt. Aus den geplanten zwei Wochen wurden dann allerdings doch drei, weil wir uns von diesem Paradies einfach nicht loseisen konnten. Wir besuchten insgesamt 14 Inseln auf den Nord- und Südantillen und hauten dabei locker zehntausend Euro auf den Kopf. Wir ließen es uns wirklich mehr als gut gehen, unternahmen Ausflüge mit einem privaten Katamaran, auf dem ich den ersten und letzten Joint meines Lebens rauchte. Feierten auf einsamen Inseln mit Einheimischen und betranken uns mit selbstgebranntem Rumpunsch. Wir schlugen uns durch's Unterholz des Dschungels und kletterten durch Höhlen voller Schlangen, Spinnen und Fledermäuse. Abends lagen wir in der Sauna mit Glasfront und beobachteten vom Ruheraum aus das Einlaufen des Schiffes in den Hafen einer neuen Stadt. Mit neuen Lichtern und neuen Abenteuern, die auf uns warteten.

Wir waren unbeschwert, glücklich und zu zweit. In dieser Zeit machten wir auch Zukunftspläne. Mike konnte sich nach wie vor nicht vorstellen, wieder fest in Deutschland zu leben und fragte mich, ob ich mir immer noch vorstellen könnte, wieder nach Mallorca zu ziehen. Und natürlich konnte ich das. Ich liebte diese Insel und konnte inzwischen sogar schon ein bisschen Spanisch. Solange wir entsprechend weit weg von Renate waren, war mir alles recht. Hauptsache, Mike und ich waren zusammen.

Am letzten Abend unserer Kreuzfahrt lagen wir auf Deck und starrten in den Sternenhimmel. Bis plötzlich eine Sternschnuppe vorbeiflog.

»Und?«, fragte Mike. »Hast du dir was gewünscht?«

»Ja.«

»Und was?«

»Verrate ich nicht. Sonst wird es nicht mehr wahr.«

»Blödsinn«, sagte Mike. »Also, ich habe mir gewünscht, dass wir so glücklich bleiben wie wir sind.«

»Ich auch«, sagte ich. »Unter anderem.«

»Unter anderem?«

»Ja.«

»Was noch?«, hakte Mike neugierig nach.

»Große Brüste!«, sagte ich und grinste.

»Große Brüste?«

»Ja. Ich hätte so wahnsinnig gern größere Brüste«, gab ich kleinlaut zu.

Mike musste lachen. »Und du glaubst, die Sternschnuppe kann dir das erfüllen?«

»Man wird ja wohl noch an Wunder glauben dürfen«, sagte ich und gab Mike einen langen Kuss.

Kaum zurück in Deutschland überraschte mich Mike mit einem Termin in einer der besten Kliniken Leipzigs. Er sagte, Träume wären da, um sie wahr werden zu lassen. Ich bekam eine ausführliche Beratung zum Thema Brustvergrößerung und sollte anschließend selbst entscheiden, ob ich das machen wollte oder nicht. Doch für mich war das gar keine Frage, über die ich nachdenken musste. Denn ich litt unter meinem Busen, seit er beschlossen hatte, nicht zu wachsen. Ich war bereit, alles in Kauf zu nehmen. Auch Risiken und Schmerzen. Allerdings wollte ich mir das nicht von Mike bezahlen lassen. Das konnte ich nicht annehmen. Nicht nach allem, was er allein bei unserer Reise für uns ausgegeben hatte. Aber ich ließ mich auf Mikes Vorschlag ein, mir das Geld für die Operation von ihm zu leihen. Später, so sagte ich, wenn ich groß, reich und berühmt sein werde, würde ich es ihm mit Zins und Zinseszins zurückbezahlen.

So kam es, dass ich mir kurz nach meinem 21. Geburtstag, eigentlich inmitten unseres Umzugs von Leipzig nach Mallorca, die Brüste von einer 70 A auf eine 75 B vergrößern ließ. Von der Operation an sich bekam ich natürlich nicht viel mit. Doch die Schmerzen, die ich in den Tagen nach der OP hatte, waren fast unerträglich. Ich konnte so gut wie nichts mehr alleine machen. Mir wurde erst in diesen Tagen klar, wofür man alles seine Brustmuskulatur brauchte. Das ging schon damit los, dass ich morgens nicht ohne Mikes Hilfe aus dem Bett kam. Denn ich konnte mich nicht mehr abstützen. Meine Brustmuskulatur war außer Gefecht gesetzt. Das führte auch dazu, dass ich mir leider allein nicht mehr den Hintern abwischen konnte. Mike half mir auch dabei, ohne mit der Wimper zu zucken. Er brachte mich morgens aus dem Bett und auf die Toilette. Er half mir, mich zu waschen und anzuziehen. Und er trug mich auf unserer Wendeltreppe nach unten und oben, die ich vor lauter Atemnot nicht mehr bewältigte. Noch dazu kämmte und pflegte er meine Extensions, die ich mir kurz zuvor hatte verpassen lassen. Ich war von einem Tag auf den anderen völlig außer Gefecht gesetzt. Das alles war mir furchtbar unangenehm und peinlich. Aber Mike ging mit allem so natürlich um und schaffte es trotz meiner wahnsinnigen Schmerzen immer wieder, mich, das Häufchen Elend, zum Lachen zu bringen. Er tat wirklich alles, um mich aufzuheitern. So brachte er mir am fünften Tag nach meiner Operation ein Kätzchen mit. Das brach mir auch fast deshalb das Herz vor Freude, da er vor mir nicht verheimlicht hatte, wie sehr Mike Katzen eigentlich hasste. Aber er wusste eben auch, wie sehr ich mir ein weiteres Tierchen wünschte.

Dieses Katzenbaby, eine reinrassige Karthäuser Katze, war das süßeste Lebewesen, das ich je gesehen hatte. Ich nannte sie Pascha und schloss sie sofort in mein Herz. Auch wenn ich sie in den ersten Tagen kaum streicheln konnte. So musste Mike auch das für mich übernehmen, der sich dem Charme dieser Katze schon bald nicht mehr widersetzten konnte. Ich beobachtete ihn freudig dabei, wie er anfing, freiwillig mit der Katze zu schmusen.

Rückblickend gesehen habe ich trotz dieser wahnsinnigen Schmerzen die Operation nie bereut. Nur dahingehend, dass ich sie nicht gleich noch größer hatte machen lassen. Meine neuen Brüste begeisterten mich! Und noch viel mehr, als ich mich ein Jahr später noch einmal beschenkte und sie auf stolze 75 C/D »anwachsen« ließ. Diese Operation war ein sehr wichtiger Schritt für mich. Vor allem für meinen Kopf. Denn der Komplex, nicht genug Frau zu sein, war damit ein für alle Mal beseitigt. Ich war nicht nur zufrieden, sondern sehr glücklich mit meinem neuen Körper und Körpergefühl. Und das übertrug sich auf alles. Auch auf mein Auftreten. Ich war selbstbewusster als zuvor und konnte endlich sagen, dass ich glücklich mit mir war, ohne ein »Aber« anzufügen.

Mike genoss es, zu sehen wie ich aufblühte. Ich steckte voller Energie und Tatendrang. Und das kam gerade recht. Denn Mike und ich hatten seit Mai 2009 Vorbereitungen getroffen, um nach Mallorca zu ziehen. Wir hatten eine neue Wohnung gefunden und diese bei kurzen Aufenthalten auch schon provisorisch eingerichtet. Der einzige Wehmutstropfen für mich war die Tatsache, dass ich Lia, meinen süßen Mops, diesmal leider zurücklassen musste. Sie hatte die sechs Kilo, die für das Handgepäck zulässig waren, inzwischen überschritten. Noch dazu war sie ehrlich gesagt nie ein großer Mallorca-Fan gewesen. Sie schwitzte in der Sonne und hasste den Strand samt Salzwasser. Carola bot sich an, Lia zu übernehmen. Also vielmehr drängte sie sich geradezu auf und überzeugte mich, den armen Mops nicht wieder auf diese heiße Insel zu schleppen. Ich wusste, dass Carola recht hatte und trennte mich schweren Herzens von meiner treuen Freundin. Die kleine Wohnung in Lindenthal vermieteten wir unter. Denn es war immer gut zu wissen, dass man auch noch ein Zuhause in Leipzig hatte. Außerdem hingen wir einfach an dieser Bleibe, in der wir unsere erste gemeinsame Zeit verbracht hatten.

Anfang August war es endlich soweit. Wir bezogen zusammen mit Pascha unsere gemeinsame Wohnung auf Mallorca. Diesmal wohnten wir auf der anderen Seite der Insel. Wir wussten nicht, ob Renate noch auf Mallorca war, aber sicher war sicher. Außerdem tat es uns gut, ein neues Gebiet zu entdecken.

Frei von Erinnerungen an alte Zeiten. Eine Gegend, die wir mit neuen Erlebnissen füllen könnten. Unsere Wohnung hatte eine riesige überdachte Terrasse, auf der ich ein Kräuterbeet anlegte. In den Monaten Mai bis Oktober schoben wir unser Doppelbett nach draußen. Tagsüber beobachteten wir die vorbeifliegenden Flugzeuge, die massenweise Pauschaltouristen brachten und wieder zurückflogen.

»Macht' s gut, ihr Trottel!«, riefen wir dann in den Himmel und waren heilfroh, nicht in einem dieser Flieger sitzen zu müssen. Nachts sahen wir in den Sternenhimmel und errieten die Wünsche des anderen, sobald Sternschnuppen am Horizont auftauchten. Wir liebten uns in diesem Bett Tag und Nacht. Auch wenn wir damit dem Gärtner regelmäßig Schreckmomente verpassten. Nämlich immer dann, wenn er sich gerade mühsam an einer Palme nach oben gerobbt hatte, um deren Blätter zu stutzen, und zumindest beim ersten Mal fast vom Baum gefallen wäre, als er plötzlich meine wippenden Brüste vor der Nase hatte. Aber wir spielten uns ein und begrüßten uns schon bald mit einem »Buenos días«, wenn sein Strohhut wieder vor uns auftauchte und Mike mit irgendetwas meine Brüste bedeckte. Mit etwas sehr großem, versteht sich.

Das erste Jahr auf Mallorca war der reinste Traum. Bis auf kleine alltägliche Streitereien lebten Mike und ich in völliger Harmonie. Und für den seltenen Fall eines Streits hatte Mike den sogenannten Streitkaktus eingeführt. Ursprünglich war das ein kleiner Kaktus, den er von einem Spaziergang mitgebracht hatte, nachdem wir uns gestritten hatten. Mike streckte mir das stachelige Ding entgegen und bat mich um Verzeihung. Ich musste so lachen, dass ich gar nicht anders konnte, als ihm zu vergeben. Anschließend pflanzte ich das hässliche Ding in einen Topf ein. Und von nun an griffen wir immer danach, wenn sich einer von uns beiden entschuldigen wollte, es aber irgendwie nicht über die Lippen brachte. Allerdings wuchs dieser kleine grüne Kaktus in kürzester Zeit ins Unermessliche. Bis an ein Hochheben des Pflanzentopfes nicht mehr zu denken war. Das einst zarte Pflänzchen war inzwischen ein richtiger Baum. Also rief einer von uns beiden einfach: »Ich bin am Kaktus!« Und das Kriegsbeil wurde begraben.

Wir waren sehr glücklich und lebten dieses Glück jeden Tag so, als könnte es morgen schon vorbei sein. Und wir lebten in Saus und Braus. Wir gingen feiern, tanzen und trinken als gäbe es nur das Heute und niemals ein Morgen. Mike spekulierte am Aktienmarkt und ich machte ab und an die Nägel von privaten Kundinnen. Wenn auch mehr oder weniger aus Zeitvertreib. Schließlich konnte ich nicht nur in der Sonne rumliegen, Spanisch-Vokabeln pauken, shoppen gehen und neue Kochrezepte ausprobieren.

Tatsächlich entwickelte ich in dieser Zeit auf Mallorca eine extreme Leidenschaft für das Kochen. Das ging soweit, dass ich mich zum Spaß bei »Das perfekte Dinner« bewarb. Tatsächlich wurde ich im Jahr darauf für ein Mallorca-Special ausgewählt. Ich machte sogar den zweiten Platz und sammelte meine ersten Erfahrungen vor der Kamera. Ich spürte schon damals, dass mir das großen Spaß machte.

Natürlich waren wir auch ab und an in Deutschland, um Freunde oder Familie zu besuchen. Oder wir bekamen selbst Besuch. Paul und Carola waren immer gern gesehene Gäste bei uns. Auf der Insel selbst hatten wir einige Bekannte, aber keinen wirklich festen Freundeskreis. Renate sahen wir nie wieder. Nur einmal hörten wir, dass sie die Insel verlassen hätte und mit ihrem Fitnesstrainer auf Ibiza leben würde. Alles schien sich also zum Guten gewandt zu haben. Auch wenn ich hin und wieder, in stillen Momenten, in denen ich allein auf der Terrasse saß und dem Meeresrauschen lauschte, ein seltsames Gefühl hatte. Ein ungutes. Das

Und mein Gefühl sollte mich auch diesmal nicht getäuscht haben.

Gefühl, dass das jetzt nur die Ruhe vor dem Sturm wäre. Und dass es vermutlich nicht auf ewig so weitergehen könnte. Denn das Leben schien mir fast schon zu unbeschwert und zu leicht zu sein. Ich genoss den Frieden, traute ihm aber nicht. Und mein Gefühl sollte mich auch diesmal nicht getäuscht haben.

GELD KOMMT. GELD GEHT.

Nach einem guten Jahr auf Mallorca veränderte sich unsere Lebenssituation recht schlagartig. Auch wenn wir irgendwie ahnten, dass das früher oder später passieren musste, traf es uns dennoch ziemlich überraschend, als es soweit war: Mike verspekulierte sich am Aktienmarkt.

Erst verlor er nur ein paar tausend Euro. Keine Seltenheit in diesem risikoreichen Geschäft. Doch anstatt wie sonst die Verluste mit der Zeit wieder auszugleichen, verlor er mehr und mehr. Und eh wir uns versahen, saßen wir ziemlich blank auf einer Trauminsel in einer Traumwohnung, die wir uns eigentlich gar nicht mehr leisten konnten. Natürlich waren wir selbst schuld. Wir hatten nie vorgesorgt. Nicht an Zeiten wie diese gedacht. Wir hatten natürlich mal darüber gesprochen, einen Teil des Geldes, das Mike machte, vernünftig anzulegen. Aber wir sagten uns immer: Geld kommt, Geld geht. Also versuchten wir, nicht großartig zu lamentieren und einfach mit der Situation klarzukommen. Es bestand auch immer noch Hoffnung, dass sich die Börse wieder erholen konnte. Dass der Pech- wieder eine Glückssträhne folgen würde. Allerdings wollte ich mich darauf nicht verlassen. Also fing ich an, viel mehr Aufträge anzunehmen als zuvor und fast rund um die Uhr die Nägel von feinen Damen schön zu machen. Allerdings wurde

Geld kommt, Geld geht. }
das zusehends schwieriger, sobald keine Urlaubssaison mehr war. Ich versuchte daher, auch wieder als Barkeeperin und Restaurantfachfrau zu arbeiten. Aber die

Clubs und Restaurants hatten nur Bedarf während der Hochsaison und meist schon ihr festes Personal für diese Zeiten.

Mike und ich saßen nun die meiste Zeit in unseren vier Wänden fest, da wir auch kein Geld mehr hatten, um großartige Unternehmungen zu machen oder gar auszugehen. Und wenn man auf Mallorca nicht mehr ausgehen konnte, nahm man wie fast überall auch am gesellschaftlichen Leben nicht mehr teil. Für Spieleabende mit Freunden fehlten uns nicht nur die Spiele, sondern vor allem die Lust. Und ehrlich gesagt auch die Freunde. Meistens saßen wir zu Hause und sahen uns DVDs an, die wir schon kannten. Außerdem verwendeten wir sehr viel Zeit darauf, ausgefallene Strategien zu entwickeln, wie wir uns mit wenig Geld weiterhin über Wasser halten konnten. Ich durchforschte die Supermarkt-Kataloge auf Sonderangebote und kreierte hervorragende Menüs aus Dosenessen. Denn wir mussten zum Teil mit fünf Euro in der Woche für unseren Lebensmitteleinkauf auskommen. Das war natürlich eine Herausforderung, die ich eine ganze Weile lang auch kämpferisch und voller Elan annahm. Irgendwie fand ich die Vorstellung, dass wir nun von Luft und Liebe leben müssten, auch sehr romantisch. So feierten wir Silvester 2012 zu zweit auf unserer Terrasse mit Sternwerfern statt Krachern und Asti-Sekt statt Champagner. Selten hat Asti so gut geschmeckt wie in jener Nacht.

Doch die Romantik konnte mit der Zeit der harten Alltagsrealität nicht mehr standhalten. Uns knurrte der Magen und oft saßen wir abends im Dunkeln, weil wir unsere Stromrechnung mal wieder nicht bezahlt hatten. Das Kerzenlicht war zwar wirklich sehr romantisch, aber das Hämmern an der

Wohnungstür dafür umso weniger. Natürlich machten wir nicht auf, denn wir wussten ganz genau, wer es war: unser Vermieter, der uns regelmäßig mit dem Rauswurf drohte. Solange, bis wir wieder mit Mühe und Not eine weitere Monatsmiete zusammengekratzt hätten. Sobald etwas Geld einging, steckten wir das immer zuerst in die Miete. Unsere Bleibe wollten wir auf keinen Fall verlieren. Auch für Katzenfutter war immer gesorgt. Schließlich konnte Pascha nichts dafür, dass Frauchen und Herrchen so verantwortungslos gelebt hatten.

Mit zunehmender Armut und Frustration erwischte ich mich immer häufiger dabei, dass ich mich nach Leipzig und unserer kleinen Dachgeschosswohnung schnte. Ich stellte fest, dass ich tatsächlich immer öfter Heimweh hatte und mir nun ab und an, wenn ich einen dieser Pauschalflieger am Himmel über unserem Doppelbett entdeckte, sogar wünschte, darin zu sitzen, um nach Hause zu fliegen. Zusammen mit den Pauschaltouristen. Denn plötzlich waren irgendwie nicht mehr die, sondern ich selbst der Trottel. Sollte das jetzt schon alles gewesen sein? Gefangen im Paradies mit Dosenravioli? War das schon das Ende meines Abenteuers? Oder erst der Beginn? Ich wusste es nicht. Aber plötzlich kam mir alles so schrecklich endgültig vor. Ich wollte nicht auf dieser Insel voller Sand, Palmen und Strandbars für immer in Armut gefangen sein. Noch dazu fehlten mir auf einmal ganz viele Dinge, die ich zuvor immer als selbstverständlich betrachtet hatte. Mir fehlten meine Freunde. Mir fehlte es, zu arbeiten. Mir fehlte Anschluss. Mir fehlte die Freiheit, im Supermarkt den Joghurt zu nehmen, der mir schmeckte, und nicht immer nur den, der am billigsten war. Noch dazu hatte ich das Gefühl, dass sich zwischen Mike und mir etwas veränderte. Zum Negativen. Unser ganzes Leben schien sich nur noch um scheiß Geld zu drehen. Wir führten keine richtigen Gespräche mehr, sondern waren nur noch am Kalkulieren, Rechnen und Zählen. Natürlich führte das auch immer öfter zu Streitigkeiten. Streitigkeiten, die der Kaktusbaum auch nicht mehr für uns lösen konnte. Mike machte sich Vorwürfe, in finanzieller Hinsicht so leichtsinnig gewesen zu sein. Vor allem, weil er mich in den Schlamassel mit reingezogen hatte. Und ich machte mir Vorwürfe, diesen verantwortungslosen Lebensstil ungefragt mitgetragen und genossen zu haben. Schließlich kam ich doch aus einer bodenständigen Familie. Mir hatte es zwar nie an etwas gefehlt, aber ich wusste immer, wo das Geld her kam: nämlich von Arbeit. Dass am Aktienmarkt spekulieren kein Beruf war, der auf Dauer funktionieren konnte, hätte ich eigentlich wissen müssen. Es wäre wichtig gewesen, weiterhin selbst Geld zu verdienen. Denn jetzt drohte unser Traum vom großen Glück und der großen Liebe im Paradies an so einer Lappalie wie Geld zu scheitern.

Natürlich sprachen wir oft darüber, ob wir uns nicht einfach etwas leihen sollten. Die Banken würden uns vermutlich nichts geben, aber wir hatten genug Freunde und Familie in Deutschland, die uns bestimmt aushelfen würden. Aber wir konnten uns einfach nicht dazu überwinden, um Hilfe zu bitten. Ich wusste ganz genau, dass meine Eltern auf so etwas nur gewartet hatten. Dann konnten sie wieder sagen, dass sie es schon immer gewusst und gesagt hätten. Dann lieber Nägel lackieren. Doch kurz vor meinem 24. Geburtstag konnten wir uns den Luxus und Stolz, nicht nach Hilfe zu fragen, einfach nicht mehr leisten. Wir waren blank, hatten Hunger, saßen im Dunkeln und der Vermieter polterte noch lauter an die Tür als sonst. Also zogen wir los, um uns Geld zu leihen. Allerdings wollten wir niemanden in Deutschland, sondern einen Bekannten auf der Insel um ein Darlehen bitten. Mike und ich entschieden uns nach langen Diskussionen für Colt, einen sehr reichen Mann, den wir beim Feiern kennengelernt hatten. Wir kannten ihn nicht wirklich gut. Wir wussten ehrlich gesagt nicht mal, ob Colt sein richtiger Name war. Wir wussten nur, dass ihn alle so nannten und dass er mehr als wohlhabend war. Woher Colt seine Kohle hatte, wusste wiederum niemand so genau und wollte auch niemand wissen. Denn bestimmt kam es nicht von bodenständiger Arbeit. Im besten Fall von einem Lottogewinn oder einer Erbschaft, viel wahrscheinlicher aber von Drogen- oder Zuhältergeschäften. Ich vermutete, dass es irgendetwas mit seinem Namen, Colt, zu tun haben musste, hatte mich aber auch nie getraut, dieses Thema anzuschneiden. Besser, ich wusste nicht, wie sich Colt seine vielen Autos und Penthäuser leisten konnte. Und abgesehen von seinem mysteriösen Reichtum war Colt eigentlich ein wirklich feiner Kerl. Und er mochte uns. Irgendwie. Seine ostdeutschen Freunde, Mike und Melli, wie er uns gern vorstellte. Mike hatte ihm einst bei ein paar Whiskeys einen hervorragenden Börsentipp gegeben, der ihm etwas Kleingeld verschafft hatte. Ein paar tausend Euro, die Colt vermutlich in einer Nacht wieder ausgab, aber eben »nettes Taschengeld« waren, wie er selbst sagte. Colt war daher irgendwie der ideale Mann für uns, den man eben mal nach etwas Taschengeld fragen konnte. Nur bis sich die Lage an der Börse wieder beruhigt hätte. Also suchten wir ihn eines Abends auf und hofften, er könnte uns vorübergehend aushelfen. Aber es kam anders. Ganz anders.

Es war ein Freitagabend im Juni 2012. Wir standen vor Colts Penthouse in der Nähe von El Arenal und hörten schon durch die Sprechanlage, dass bei Colt gerade eine Party stieg. Das war offensichtlich der falsche Zeitpunkt, um nach Geld zu fragen. Aber vielleicht auch der richtige, um ihn um ein baldiges Gespräch mit seinen ostdeutschen Freunden zu bitten. Oben angekommen mussten wir uns erst eine Weile umsehen, bis wir Colt überhaupt fanden. In seiner Wohnung stieg nicht nur eine Party, sondern ein Koks-Gelage vom Feinsten. In allen Ecken wurde geschnieft, was das Zeug hielt. Colt begrüßte uns mit großem Hallo, wobei er immer versuchte, zu sächseln. Allerdings konnte er das überhaupt nicht. So dauerte es auch eine Weile, bis wir begriffen, dass er uns »Schnee« anbot. Wir lehnten dankend ab. Mike versuchte stattdessen, ihm zu erklären, dass wir gern mal in Ruhe mit ihm sprechen wollten. Aber dass es heute wohl der falsche Zeitpunkt wäre. Doch Colt drängte darauf, dass wir bleiben sollten. Zumindest auf einen Drink. Schließlich gäbe es nichts, das nicht bei einem guten Whiskey mit seinen ostdeutschen Freunden Mike und Melli besprochen werden könnte. Bei »gutem Whiskey« lief mir bereits das Wasser im Mund zusammen. An Koks waren wir beide nie interessiert, aber gegen einen guten Drink nach dieser langen Durststrecke hätte zumindest ich wirklich nichts einzuwenden gehabt. Doch Mike drängte darauf, zu gehen.

»Diese Leute sind mir nicht geheuer, Melli«, raunte er mir zu, während er mich Richtung Ausgang schob.

»Nur einen einzigen Drink!«, bettelte ich. »Komm schon. Wir haben schon so lange keinen Spaß mehr gehabt.«

Nachträglich wünschte ich mir so oft, ich hätte Mike und seinem Gefühl vertraut. Denn ich hätte niemals mit dem gerechnet, was fünf Minuten später, als ich gerade meinen Drink an die Lippen führte, passierte. Plötzlich wurde die Wohnungstür aufgetreten und eine komplette Armee an Polizisten stürmte die Bude. Sie waren uniformiert, behelmt und schwer bewaffnet. Die gesamte Mannschaft sah aus wie eines dieser Sondereinsatzkommandos aus amerikanischen Actionfilmen. Plötzlich wurde nur noch auf Spanisch gebrüllt. Die Polizisten gaben Kommandos, die ich nicht verstand. Und Colts Gäste rannten panisch in der Gegend rum. Es gab auch einige, die über die Terrasse zu fliehen versuchten, allerdings vergebens. Denn das komplette Penthouse war umstellt. Ehe ich mich versah, wurde ich zu Boden gedrückt und meine Hände auf meinen Rücken gepresst. Ich schrie nach Mike, aber er war nicht mehr neben mir. Aus dem Augenwinkel sah ich, dass er gerade von zwei Polizisten mit Handschellen abgeführt wurde. Ich verstand das alles nicht. Es war ein schreckliches Missverständnis! Wir waren einfach nur zur falschen Zeit am falschen Ort. Aber all das konnte ich noch nicht auf Spanisch sagen. Noch dazu hätte mir eh keiner zugehört. Ich wurde von einem sehr unfreundlichen Mann in Handschellen abgeführt und in einen Polizeibus gedrückt. Doch auch hier war Mike nicht zu finden.

»Dónde está mi novio? Dónde está Mike?«, fragte ich immer wieder, ohne Antwort zu erhalten.

»Cállate, chica!«, schrie mich der Fahrer an und forderte mich damit auf, die Schnauze zu halten.

Ich dachte überhaupt nicht daran und versuchte die ganze Fahrt über zu erklären, dass ich diese Leute nicht mal kannte.

Dass ich unschuldig bin und Mike auch. Aber mein Satz: »Yo soy inocente. Y Mike también!«, brachte die Polizisten nur zum Lachen. Irgendwann gab ich es auf, auf diese Männer einzureden. Bestimmt würde ich gleich irgendwo verhört werden. Dann könnte ich diese Sache richtigstellen und die spanische Polizei würde sich anschließend bei uns entschuldigen. Aber es kam anders. Ich wurde ohne Verhör in eine Art Großraumzelle gesteckt, die ich mit farbigen Prostituierten teilte, wie ich nach einem kurzen Smalltalk herausfand.

Sie fragten mich, was ich getan hätte. Ich sagte immerzu »nada«, aber das fanden sie irgendwie amüsant. Also versuchte ich, in gebrochenem Spanisch zu erzählen, was passiert war, und bei dem Wort »drogas« verfinsterte sich ihr Gesichtsausdruck. Das war kein gutes Zeichen.

»Muy mal ... muy mal«, stammelten sie dann vor sich hin und sahen mich an, als hätte mein letztes Stündlein geschlagen. Irgendwann hörte ich Mike nach mir rufen.

»Ich bin hier«, brüllte ich zurück. »Wo bist du?«

»In der Zelle hier drüben. Um die Ecke.«

Ich war so wahnsinnig erleichtert, Mikes Stimme zu hören, dass ich anfing zu weinen. Ich wollte von Mike wissen, was hier passierte. Er rief mir zu, dass wir Abenteuerurlaub im Gefängnis machten. Miete sparen! Ich wusste, dass er nur versuchte, mir die Angst zu nehmen. Aber mir war nicht nach Scherzen zumute.

»Halte durch, Melli!«, rief Mike. »Wir sind hier schneller wieder raus, als du es dir gemütlich machen kannst.«

Vielmehr konnten wir nicht mehr sprechen, denn die Wärter gingen dazwischen und schrien uns an, still zu sein. Ich versuchte also, einfach die Nerven zu behalten. Es ging mir schon viel besser damit, Mike wenigstens in meiner Nähe zu wissen. Ich atmete tief durch, setzte mich auf das Podest aus Stein, dass offensichtlich ein Bett darstellen sollte, und versuchte, nicht auszurasten. Mir war furchtbar kalt. Kein Wunder. Ich trug nur kurze Hosen und ein bauchfreies Top. Also griff ich mir eine Decke, die in der Ecke lag. Doch anstatt mich darin einzuwickeln, warf ich sie angewidert zurück auf den Boden. Denn diese Decke stank nach Urin. Und erst jetzt fiel mir auf, dass es in dieser Zelle gar keine Toilette gab. Ich wertete das anfangs als gutes Zeichen. Denn ich dachte, wenn es keine Toilette gäbe, könnten die einen hier nicht lange festhalten. Außerdem wurden meine Zellgenossinnen fast im Stundentakt ausgetauscht. Die eine durfte gehen, eine andere wurde eingesperrt. Es war der reinste Taubenschlag. Nur leider kam niemand, um mich abzuholen.

Erst in den frühen Morgenstunden kam eine Wärterin, die mich allerdings nur auf die Toilette führte. Und das war auch dringend notwendig. Ich hätte eigentlich dringend meinen Tampon wechseln müssen, aber natürlich keinen dabei. Also stopfte ich mir provisorisch etwas Klopapier in die Unterhose.

Da ich bisher weder zu essen noch zu trinken bekommen hatte, drehte ich sofort den Wasserhahn am Waschbecken auf, um daraus zu trinken. Doch als jemand die Spülung in der Toilette nebenan betätigte, hörte mein Wasser auf zu laufen. In diesem Moment verstand ich, dass es sich bei beiden Quellen um den gleichen Wasserkreislauf handelte, und hatte plötzlich keinen Durst mehr.

Soweit ich die Wärterin verstand, durfte ich zweimal am Tag auf die Toilette gehen. Einmal morgens. Einmal abends.

Das war vermutlich auch deshalb machbar, weil ich die ersten zwei Tage eh nichts zu essen und nichts zu trinken bekam. Allerdings nahm ich mir eine Ladung Toilettenpapier mit, um wenigstens regelmäßig meine Behelfsbinde auszutauschen. Irgendwann hatte ich so einen Durst, dass ich nicht mehr anders konnte, als aus dem Wasserhahn auf der Toilette zu trinken. In diesen ersten 48 Stunden rastete ich in regelmäßigen Abständen aus. Ich schrie Mike an, ich schrie die Wärter an. Ich trat gegen die Gitterstäbe und gegen die Wände. Ich schrie, bis ich keine Stimme mehr hatte, und heulte, bis keine Tränen mehr kamen. Dann saß ich wieder nur apathisch in der Zelle und fror vor mich hin.

Ich weiß nicht, was das Schlimmste war. Natürlich setzten mir Hunger, Durst, Kälte und Schlafmangel sehr zu. Aber am schlimmsten war die Angst vor dem, was passieren würde. Bisher hatte uns niemand angehört. Niemand hatte uns angeboten, einen Anruf zu tätigen, wie man es eigentlich aus Filmen kannte. Wir wurden wie das letzte Vieh gehalten und behandelt. Nur schlechter gefüttert.

Erst am dritten Tag durfte ich mir aus einer Kiste, die auf der Toilette stand, ein Baguette greifen. Na ja. Vielmehr handelte es sich um ein Stück unverpacktes Weißbrot, in das sich eine Scheibe Mortadella verirrt hatte. Inzwischen war ich auch völlig allein in meiner Zelle. Sonntags schien das Geschäft der Prostituierten entweder nicht zu laufen oder die Polizei frei zu haben. Ich lag resigniert auf dem Steinpodest und dachte darüber nach, ob unsere Katze in der Lage war, drei Tage ohne feste Nahrung zu überleben. Plötzlich hasste ich diese ganze scheiß Insel. Von wegen Paradies. Das war die reinste Hölle hier. Ich vermisste den Rechtsstaat Deutschland.

Seit gestern Nacht hatte ich auch nichts mehr von Mike gehört. Ich rief ab und an seinen Namen durch die Gitterstäbe, aber es kam keine Antwort mehr zurück. Ich fühlte mich hundeelend, einsam und wünschte mir, dass wenigstens mal wieder eine Prostituierte vorbeikäme. Es war meine dritte Nacht in der Zelle, als ich zu fürchten begann, langsam aber sicher verrückt zu werden. Ich flüchtete mich in den Schlaf und träumte von einem eisgekühlten Maßkrug Cola-Bier.

Montagmorgen wurde ich wie immer geweckt, um auf die Toilette zu gehen. Das dachte ich zumindest. Bis wir plötzlich einen anderen Weg einschlugen. Es ging Richtung Ausgang. Doch noch bevor ich Hoffnung schöpfen konnte, wurde ich wieder ohne Erklärung in ein Polizeiauto verfrachtet und zu einem anderen Gefängnis gefahren. Da die Zellen hier ausschließlich mit Frauen besetzt waren, nahm ich an, nun im Frauengefängnis zu sein. Ob das eine Verbesserung war oder nicht, konnte ich noch nicht einschätzen. Aber es machte mir große Angst, offensichtlich weniger provisorisch untergebracht worden zu sein. Ich kam in eine Einzelzelle, aus der ich nach ungefähr zwei Stunden wieder herausgeholt wurde. Vielleicht waren es auch vier oder acht Stunden. Blickt man für Ewigkeiten nur auf Gitterstäbe, wird es fast unmöglich, Zeit richtig einzuschätzen.

Ich kam in einen Raum, in dem ich nun endlich verhört werden sollte. Darin saß eine Frau, die vom Spanischen ins Deutsche übersetzte, und ein Mann, der sich über die Dolmetscherin als Anwalt vorstellen ließ. Ich glaube, es handelte sich um eine Art Pflichtverteidiger. Er befragte mich zu den Ereignissen am Freitagabend und ich machte eine wahrheitsgetreue Aussage. Dass wir zufällig bei Colt in der Wohnung gewesen waren und nichts mit Drogen zu tun hatten. Er bedankte sich und meinte anschließend, dass ich nun gehen könnte. Ich verstand das alles nicht und fragte ihn, wie es sein konnte, dass ich für eine solche Aussage nun vier Tage im Gefängnis sitzen musste. Offensichtlich stand ich nie wirklich unter Verdacht. Er erklärte mir, dass die spanischen Behörden personell leider völlig unterbesetzt waren. Und da die Dolmetscherin vor heute nicht greifbar gewesen war, hatte ich das Wochenende über eben inhaftiert bleiben müssen.

»Wo ist Mike?«, fragte ich sofort.

Mir wurde erklärt, dass der Mann, der mit mir inhaftiert wurde, schon einige Stunden vor mir entlassen wurde. Die Polizei wusste ziemlich sicher, dass er und ich mit den Koks-Dealern nichts zu tun hatten. Insgesamt konnte die Polizei bei dem Übergriff zwölf Personen festnehmen. Sie wussten genau, nach wem sie suchten. Dass Mike und ich zufällig zur Zeit des Zugriffes in der Wohnung gewesen waren, war wohl reines Pech.

»Pech?«, wiederholte ich.

»Ja, mala suerte«, sagte die Frau. »Das heißt Pech.«

Ich wusste, was mala suerte hieß. Aber ich konnte einfach nicht fassen, was mir hier erzählt wurde. Da ich fürchtete, in jenem Moment völlig auszurasten und erneut inhaftiert zu werden, weil ich versuchen könnte, diesen Anwalt samt seiner Übersetzerin, die anscheinend ein sehr ausgefülltes Wochenende hatte, zu ermorden, stand ich auf und ließ mich zum Ausgang bringen. Ich bekam meine persönlichen Sachen zurück. Allerdings war mein Portemonnaie leer. Nicht, dass vorher viel drin gewesen wäre. Aber die paar Scheine, die ich noch gehabt hatte, waren nun weg. Ich war also nicht nur unnötigerweise eingesperrt, festgehalten und gedemütigt, sondern auch noch beklaut worden. Mala suerte – in der Tat.

Als ich vor die Tore des Gefängnisses trat, blendete mich die Sonne. Das Licht war so grell, dass ich sofort Kopfschmerzen bekam. Ich stand da und versuchte, halb blind meine Sinne allmählich wieder an das Tageslicht zu gewöhnen. Ich stank wie ein Schwein. Meine Klamotten rochen nach Urin und meine Unterhose samt Hotpants war blutverschmiert. Langsam blinzelte ich mit den Augen und bildete mir ein, Mike auf mich zukommen zu sehen. Mit einer Flasche eisgekühltem Bier in der Hand. Und erst als er mich in die Arme nahm, begriff ich, dass es sich um keine Fata Morgana handelte.

Mike konnte die Sache mit dem Gefängnis schon kurze Zeit später als verdammt beschissenen Zufall und extrem unangenehme Erfahrung – aber immerhin als Erfahrung – abhaken und wieder nach vorne sehen. Ich dagegen knabberte noch ordentlich an diesen vier Tagen Knast. Ich hatte Alpträume und bekam sofort Herzklopfen, wenn irgendwo Polizisten auftauchten. Eigentlich war für mich nach dem Gefängnisaufenthalt nichts mehr so wie vorher. Ich sah die ganze Insel mit anderen Augen. Ich hatte nicht mehr das Gefühl, hier willkommen zu sein, und fürchtete rund um die Uhr, erneut der Selbstjustiz spanischer Behörden ausgeliefert zu sein. Doch jedes Mal, wenn ich versuchte, mit Mike über meine Ängste zu sprechen, blockte er ab.

»Vorbei ist vorbei«, sagte er dann. Dass es nie wieder passieren würde und dass es jetzt wichtig wäre, wieder im Hier und Jetzt zu leben. Gemeinsam nach vorne zu sehen.

Denn wir konnten, was passiert war, eh nicht mehr rückgängig machen und müssten daher versuchen, alles zu vergessen. Aber ich konnte und wollte nicht vergessen, wie man mich behandelt hatte. Ich hatte das dringende Bedürfnis nach Rache. Und da das unmöglich war, wollte ich wenigstens über das Erlebte reden. Und genau deshalb erzählte ich auch meiner Mutter davon. Wir telefonierten nicht besonders regelmäßig, aber seitdem ich wieder auf »freiem Fuß« war, rief ich sie viel öfter an als zuvor. Denn ich hatte schreckliches Heimweh. Und so erzählte ich ihr eines Tages am Telefon unter Tränen, was passiert war. Sie schwieg erst einmal eine Weile und fragte dann, wer davon schon wusste.

»Eigentlich niemand«, sagte ich wahrheitsgemäß. »Mike, ich und ein paar spanische Prostituierte ... Warum?«

»Das sollte auch so bleiben, Melanie. Unter uns. Sag mal, was sollen denn da die Leute denken?«

Ich weiß nicht, ob ich wütender auf meine Mutter war, weil sie mal wieder so einen Unsinn redete, oder auf mich selbst, weil ich tatsächlich gehofft hatte, sie könnte irgendetwas dazu beitragen, dass ich mich besser fühlen würde. Das wäre dann nämlich das erste Mal gewesen. Aber auch diesmal war auf ihre fehlenden Mutterinstinkte voll und ganz Verlass.

Wie man es drehte und wendete, ich war auf Mallorca nach dieser Sache nicht mehr glücklich. Unsere Armut war unangenehm, aber auch eine Herausforderung gewesen, in schwierigen Zeiten zusammenzuhalten. Doch gegen die Angst und die Wut, die ich nun dieser ganzen scheiß Insel gegenüber empfand, gegen die kam ich nicht mehr an. Mike spürte das natürlich und versuchte alles, was in seinen Möglichkeiten lag, um mich wieder aufzuheitern. So organisierte er an meinem 24. Geburtstag, gute zwei Wochen nach unserem Gefängnisaufenthalt, ein romantisches Strandpicknick für mich. Zur Feier des Tages gab es mal wieder eine ganze Flasche Asti und sogar Chorizo, meine spanische Lieblingswurst. Ich genoss diesen romantischen Tag am Strand und versuchte, wenigstens für 24 Stunden unsere Sorgen und meine Ängste zu vergessen. Wir blieben bis in den Abend, saßen am Lagerfeuer und beobachteten wie so oft den Sternenhimmel.

»Falls jetzt eine Sternschnuppe kommen würde, was würdest du dir dann wünschen?«, fragte Mike, der etwas bedrückt war, weil er mir dieses Jahr kein wirkliches Geburtstagsgeschenk überreichen konnte.

»Ganz ehrlich?«, fragte ich zurück und atmete tief durch. Denn ich fürchtete, dass meine Antwort Mike sehr enttäuschen könnte. »Ich würde mir wünschen, dass wir wieder nach Hause gehen. Dass wir wieder in Leipzig wohnen, einem normalen Beruf nachgehen und irgendwann viele Kinder und noch mehr Haustiere haben.«

Mike reagierte anders als erwartet. Denn er fing an zu lachen und fragte, an wie viele Haustiere und Kinder ich denn so gedacht hätte.

»So drei bis vier!«, sagte ich.

»Haustiere?«

»Nein. Kinder. Haustiere mindestens acht. Ein paar Katzen, mindestens zwei Hunde. Besser drei. Gern ein Hausschwein. Und ein Affe wäre toll.«

Wir malten uns unsere Zukunft auf Mellis kleiner Farm aus, wobei wir beide bodenständigen Berufen nachgehen würden. Ich wäre Verkäuferin in einem Mutter-Kind-Laden und den ganzen Tag nur von glücklichen Frauen mit rosigen Wangen umgeben. Außerdem selbst permanent schwanger. Mike wäre Versicherungsvertreter und würde von Haustür zu Haustür gehen und dank seines Charmes und Lächelns ordentlich Prämien einkassieren. Abends würde ich für uns beide kochen. Rouladen mit selbstgemachtem Kartoffelbrei. Und am Wochenende würde ich, während Mike mit den Kindern die Berghänge runterrollte, zusammen mit Oma Marmelade einkochen, Pasteten und Wurst herstellen, bis die Schwarten krachten, und anschließend mit Opa Kinderwiegen zimmern. Herrlich.

Tatsächlich klang ein solcher Lebensentwurf an diesem Abend sehr verlockend für mich. Ich war inzwischen mehr als bereit, jegliches Abenteuer für ein geregeltes, normales und spießiges Familiendasein an den Nagel zu hängen. Doch mir schien, dafür war es nun zu spät. Und als hätte Mike meine Gedanken gelesen, sagte er: »Ich würde dir jeden Wunsch erfüllen, Melanie. Jeden. Also bis auf den mit dem Versicherungsvertreter. Aber momentan können wir uns nicht einmal den Umzug leisten.«

Mike hatte recht. Zelte abbrechen war teuer. Flüge waren teuer. Ein Umzug war teuer. Momentan, so sah es aus, musste meine Sehnsucht nach einem

Ich war inzwischen mehr als bereit, jegliches Abenteuer für ein geregeltes, normales und spießiges Familiendasein an den Nagel zu hängen.

konventionellen Leben ungestillt bleiben. Ich nahm mir also vor, durchzuhalten und geduldig auf bessere Zeiten zu warten. Und ich hielt durch. Aber nicht mehr lange. Denn als ich Anfang Juli einen Anruf von meiner Mutter bekam, brach ich endgültig zusammen. Mein Großvater hatte einen Schlaganfall gehabt. Er lag im Krankenhaus und sein Zustand war labil. Die Ärzte wussten nicht, ob er durchkommen würde. Und für den Fall, dass nicht, so wusste auch Mike, hätte ich es mir nie verziehen, wenn ich mich nicht von meinem Opa verabschiedet hätte. Ich weiß bis heute nicht genau, wie er es gemacht hat, aber ein paar Stunden nach dem Anruf meiner Mutter stand Mike mit einem Ticket nach Deutschland vor mir. One way, auf meinen Namen.

So packte ich nach zweieinhalb Jahren auf der Insel alles zusammen, was ich tragen konnte. Denn wir wussten beide, dass es für mich besser war, nicht zurückzukommen und in Deutschland auf Mike zu warten. In unserer kleinen Wohnung, die wir dank einer ordentlichen Untermiete immer noch halten konnten. Mike würde, sobald er alles geregelt hatte, nachkommen. Ich wusste nicht, wie er das alles hinbekommen wollte. Aber er bat mich, das seine Sorge sein zu lassen. Schließlich hatte er uns die Suppe eingebrockt, also könnte er sie auch auslöffeln. Ich hätte mich eigentlich unter keinen Umständen darauf eingelassen, Mike allein mit dem Scherbenhaufen unserer Insel-Existenz zurückzulassen. Aber mein Großvater ging vor. Und ich war sehr dankbar, dass Mike das verstand.

Als ich zusammen mit den anderen Trotteln im Pauschalflieger zurück nach Deutschland saß, fing ich auch diesmal zu heulen an. So wie damals, als ich Mike und Renate verlassen hatte. Mit dem Unterschied, dass ich diesmal vor Freude weinte, endlich wieder nach Hause zu kommen.

VON NACKTER HAUT UND LEEREN VERSPRECHUNGEN

Von wegen labil! Mein Großvater war schon immer – und ist auch heute noch – ein zäher Hund. Ja, sein gesundheitlicher Zustand war durchaus ernst. Aber Opa dachte gar nicht daran, schon abzutreten. Er erholte sich langsam, aber stetig von seinem Schlaganfall und trieb schon sehr bald meine Großmutter wieder in den Wahnsinn, worüber wir alle sehr glücklich waren. Als ich im Krankenhaus am Bett meines Großvaters stand und seine Hand hielt, sah er mich überrascht an und meinte, dass ich doch nicht extra wegen ihm so weit hätte fliegen müssen. Dabei wusste er gar nicht, wie froh ich war, genau das getan zu haben.

»Das war gar nicht so weit!«, versicherte ich meinem Opa, für den Mallorca immer noch irgendeine exotische Insel am anderen Ende der Welt war. Ich erinnerte ihn an unsere Fahrt ins Allgäu, die wir vor vielen Jahren zusammen mit Oma angetreten hatten. Bei dieser Erinnerung mussten wir beide sehr lachen.

»Diese Fahrt damals«, erklärte ich meinem Opa, »hat ungefähr fünf Mal so lange gedauert wie der Flug von Mallorca nach Leipzig.«

Opa staunte nicht schlecht, als er das hörte, und versprach mir: »Wenn das so ist, komme ich dich dort demnächst auch mal besuchen.« Ich drückte seine Hand und sagte, dass das wirklich sehr schön wäre. Es war einfach der falsche Zeitpunkt, meinem Opa oder irgendwem aus meiner Familie zu erklären, dass Mike und ich finanziell ruiniert waren und unseren Aussteigertraum nicht mehr länger leben konnten. Und das letzte, was ich wollte, war, meinen Opa in Aufregung zu versetzen. Ich liebte diesen alten Mann so sehr. Fast hatte ich das Gefühl, sein Zusammenbruch war ein Wink des Schicksals. Denn plötzlich, am Krankenbett meines Opas, war für mich wieder sonnenklar, was ich wollte und brauchte. Ja, ich wollte Abenteuer erleben. Und ich wollte auch mit Mike zusammen sein. Denn ich liebte Mike. Aber ich liebte eben auch meine Heimat. Ich war wahnsinnig gern hier. Sogar in Grimma und vor allem Ganzig. In der Nähe meiner Großeltern. Aber eben auch in Leipzig, in der Stadt, in der meine besten Freunde, Carola und Paul, lebten. Hier, im wunderschönen Osten, war ich nun einmal zu Hause und wollte ich auch zu Hause sein. Ich liebte und brauchte beides: Mike und meine Heimat.

So schön das Wetter auf Mallorca auch war, so weiß die Strände, so blau das Meer und so eisgekühlt der Sangria, ich hatte die Schnauze vom 17. Bundesland Deutschlands gehörig voll und war mehr als froh, wieder zurück zu sein. Natürlich vermisste ich Mike. Aber anders, als ich ihn früher vermisst hatte. Denn seit zweieinhalb Jahren gab es nur noch uns beide. Keine weitere Frau, keinen Grund zur Eifersucht. Und ohne Eifersucht war es irgendwie sogar sehr schön, einander zu vermissen, sich nacheinander zu sehnen. Wir telefonierten jeden Tag mehrmals und Mike versprach, schon bald nach Deutschland nachzukommen. Doch derzeit war er damit beschäftigt, einen Nachmieter für unsere Wohnung zu finden und einen möglichst hohen Abschlag für unsere Möbel zu erhalten. Davon wollte er wenigstens seinen Flug nach Deutschland bezahlen und genug zusammensparen, um die erste Zeit in Leipzig zu überbrücken. So lange, bis er eine Stelle »als Versicherungsmakler« gefunden hätte, wie Mike seit meiner Geburtstagsnacht am Lagerfeuer zu scherzen pflegte. Mir brach es fast das Herz, wenn ich nur daran dachte, dass Mike unser Bett einschließlich Kräuterbeet und Streitkaktus nun an andere, fremde Leute übergeben musste. Ich war heilfroh, nicht dabei sein zu müssen, unser Leben in Kisten zu packen. Aber genauso hatte ich meine Zweifel, dass Mike, der so lange im Ausland gelebt hatte, beruflich in Deutschland so schnell Fuß fassen konnte wie er sich das vorstellte. Denn Versicherungsmakler würde er ganz sicher nicht werden. Weder wollen, noch können. Doch wenn ich Mike mit meinen Zweifeln und Bedenken konfrontierte, entgegnete er mir, dass ich mir mein hübsches Köpfchen nicht zerbrechen solle. Er würde das alles schaffen. Irgendwie.

Das konnte mich allerdings nicht wirklich überzeugen. Ich machte mir trotzdem Sorgen. Und zwar große. Bis Mikes Wohnung in Leipzig frei war, wohnte ich mal wieder bei Paul im Gästezimmer. Netterweise natürlich mietfrei. Dafür half ich im Haushalt und kochte sehr oft für Paul und seine Freundin, die ihn tatsächlich auch nach fünf Wochen auf dem Fahrrad durch Asien nicht verlassen hatte. Ich fühlte mich sehr wohl bei den beiden. Dennoch wartete ich sehnsüchtig darauf, mit Mike ab August die Wohnung in Leipzig zu beziehen. Aber egal, ob allein oder zu zweit, feststand: Die Miete müsste bezahlt werden. Diese war zwar in Leipzig weitaus geringer als die Miete auf Mallorca, aber eben nicht umsonst.

Ich dachte natürlich daran, wieder in der Gastronomie zu arbeiten und zusätzlich noch diverse Nebenjobs anzunehmen.

Aber dafür fehlte mir schlichtweg die Zeit. Ich musste vor allem schnell an Geld kommen. Denn schon ab nächsten Monat begann auch für mich wieder der Ernst des Lebens. Mit Miete, Telefonrechnung, Versicherung, Lebensmittel-

Doch viel wichtiger war mir, es allein zu schaffen.

einkauf und allem, was dazu gehörte. Also suchte ich nach einem Weg, möglichst schnell an möglichst viel Geld zu kommen. Und zwar ohne Hilfe meiner Nächsten und Liebsten. Ich konnte mich einfach nicht überwinden, meine Freunde oder gar meine Familie anzupumpen. Das letzte Mal, als wir jemanden um Geld hatten bitten wollen, waren wir im Gefängnis gelandet. Das war kein gutes Zeichen. Doch viel wichtiger war mir, es allein zu schaffen. Wenigstens dieses eine Mal. Vermutlich auch deshalb, weil ich die letzten drei Jahre ganz entgegen meiner früheren Maßstäbe einfach auf Mikes Kosten gelebt hatte. Ich wollte mich revanchieren für alles, was er für mich getan hatte. Diesmal wollte ich ihm aus der Patsche helfen. Uns aus der Patsche helfen. Ich wollte ihm beweisen, dass ich auch in schwierigen Zeiten nicht nur zu ihm stand, sondern ihn auch tatkräftig unterstütze. Dass ich einen Beitrag für uns leisten konnte. Dass ich ihm eine Partnerin war. In guten wie in schlechten Zeiten.

Mit diesem Vorsatz klickte mich durch das Internet. Dazu gab ich auf Google Stichpunkte ein wie »schnell Geld verdienen« oder »viel Geld in wenig Zeit«. Tatsächlich tauchten sofort diverse Stellenangebote und Anzeigen zu Verdienstmöglichkeiten auf. Mehr oder weniger hatte ich die Wahl zwischen Glücksspiel, Kapitalanlagen und der Erotikbranche.

Glücksspiel war mir zu riskant. Für Kapitalanlagen fehlte mir das Kapital. Und die Erotikbranche war keine Option. Eigentlich. Doch dann erinnerte ich mich wieder daran, wie ich früher schon mal mit dem Gedanken gespielt hatte, für eine Sexhotline zu arbeiten. Also fing ich an, in diesem Bereich zu recherchieren. Anfangs nur so aus Spaß. Doch aus Spaß wurde schnell Ernst und ehe ich mich versah, verbrachte ich Stunden damit, durch entsprechende Erotikseiten im Netz zu surfen. Es gab Stellenangebote in allen möglichen Bereichen, die sehr verlockend beworben wurden. Der »Telefon-Sex-Job« wurde als erotische Heimarbeit angepriesen, der gemütlich in den eigenen vier Wänden während des Bügelns nachgegangen werden konnte. Escort-Agenturen warben mit hohen Verdiensten auf hohem Niveau. Webcamgirls dagegen könnten sehr bequem und diskret Geld verdienen, Honorar entsprechend des Erfolges. Doch ich verstand nicht, wie der Erfolg eines Webcamgirls bemessen werden sollte. Wie könnte so etwas aussehen? »Glückwunsch! Sie haben heute schon zehn Männer zum Abwichsen gebracht. Bitte schicken Sie uns Ihre Kontoverbindung!« Ich fand, das klang alles sehr suspekt.

Mir war schon klar, dass Stellenausschreibungen dieser Art generell nicht gerade zu den seriösesten gehörten. Dennoch war es bei fast allen geradezu unmöglich, konkrete Zahlen zu den Verdienstmöglichkeiten herauszufinden. Egal, ob als Telefonsex-Tante, Escort-Girl oder Webcam-Schlampe. Alle Angebote warben vor allem damit, ihre Mitarbeiterinnen in kürzester Zeit »reich« zu machen. Doch was das in konkreten Zahlen bedeuten sollte, damit hielten sich fast alle sehr bedeckt. Mit Ausnahme der Anzeigen zu Erotikshootings.

Zumindest wurden einem hier bis zu 250 Euro am Tag zugesichert. Das war immerhin mal eine Hausnummer, an der man sich orientieren konnte – und für mich zu jenem Zeitpunkt eine Menge Zaster. Ich hatte inzwischen nicht nur ein sehr passables Selbstbewusstsein, sondern auch ein ganz gutes Körpergefühl, was ich nicht nur – aber allem voran – auf meine gemachten, straffen Brüste Größe 75C/D, Qualität hervorragend, Prädikat wertvoll, zurückführte. Auf jeden Fall konnte ich mir durchaus vorstellen, mich nackt fotografieren zu lassen. Zumindest halbnackt. Denn ich las schon in diesen Anzeigen von der Möglichkeit, nur Teilakt oder eben verdeckten Akt zu machen. Was so viel bedeutete wie: keine Nippel und keine Lulu zu zeigen. Das fand ich in Ordnung. Irgendwie.

So fuhr ich Mitte Juli zu meinem ersten Erotikshooting. Und zwar mit dem Linienbus, was sich in Anbetracht meines Fahrtziels irgendwie skurril anfühlte. Aber ich wollte Paul eben nicht um sein Auto bitten. Vor allem, um möglichen Fragen aus dem Weg zu gehen. »Wohin fährst du?«, zum Beispiel. So nahm ich die öffentlichen Verkehrsmittel in das Industriegebiet von Leipzig. Dafür waren sie schließlich da, die »Öffis«, um Menschen zu ihrer Arbeit zu bringen.

Das Fotostudio lag in einem Hinterhof und entsprach mehr einer umgebauten Garage als einem professionellen Atelier. Der Fotograf, Nick, war ein relativ junger Mann, Mitte dreißig. Seine Assistentin und Freundin, die sich mir als Moni vorstellte, war höchstens drei Jahre älter als ich. Die beiden machten den Eindruck eines recht sympathischen Paars. Ich war zumindest erleichtert, keine schmierigen, alten Männer vorzufinden, wie ich vorab befürchtet hatte. Bevor wir zur Tat schritten, erklärten mir Moni und Nick bei einem Glas Sekt ihr Bezahlungssystem, das wiederum ganz davon abhing, für wen die Fotos gemacht wurden. Denn je nach Klientel fiel die Bezahlung auch unterschiedlich aus. Es gab Shootings für gewerbliche Zwecke wie Webseiten oder Kalender. Aber auch für private Zwecke und Abnehmer, diese würden dann besser bezahlt werden. Allerdings wüsste man dann nie so genau, was die Abnehmer, die oft anonym bleiben wollten, damit machten.

Das war alles sehr viel Information. Und ich war so aufgeregt, dass ich weniger als die Hälfte davon behielt. Stattdessen kippte ich drei Gläser Sekt und versuchte, wenigstens so auszusehen, als könnte ich Moni und Nick noch folgen. Was ich sofort begriff, war, dass man umso mehr verdienen konnte, je mehr man auszog. Das lag ja auch irgendwie auf der Hand. Als Nick mich schließlich fragte, ob ich Lust hätte, heute schon ein paar Probebilder zu knipsen, die mir selbstverständlich auch bezahlt werden würden, stimmte ich zu. Schließlich war ich nicht mit dem Bus hierher gefahren, um nur ein bisschen zu quatschen. Allerdings bat ich sofort um die Einschränkung, dass ich meine Brüste heute nicht komplett zeigen und auch mein Höschen nur ungern fallen lassen würde. Nick musste lachen und meinte, dass wäre kein Problem. Weder heute, noch bei weiteren Terminen. Und schon ging es los. Das Licht wurde entsprechend eingestellt und Moni machte mir an einer alten Heuleiter, der einzigen Requisite im Raum, ein paar sexy Posen vor. Danach war ich dran. Ich trug die Hotpants, in denen ich gekommen war, und zog ansonsten nur Schuhe und T-Shirt aus. Vorausschauend hatte ich mir die Fußnägel rot lackiert und meinen heißesten Büstenhalter angezogen. Ich war zwar nicht ganz nackt, aber gab dafür alles, was Mimik und Körperhaltung anging. Ich versuchte, erotisch in die Kamera zu blicken und mich möglichst sexy in Pose zu werfen. So, wie Moni es mir gezeigt hatte. Mit der Zeit wurde ich immer lockerer. Vor allem als ich merkte, dass die beiden Spaß an ihrer Arbeit hatten und ihnen das, was ich da machte, sogar zu gefallen schien. Aus welchem Grund auch immer. Denn ich kam mir ziemlich albern vor, wie ich mich um diese Heuleiter wickelte. Doch nach den ersten Bildern wurde ich immer mutiger und räkelte mich schon bald lasziv auf dem Boden. Nach einer guten Stunde hatten wir genug an Probebildern im Kasten. Moni und Nick bedankten sich und drückten mir fünfzig Euro in die Hand. Mehr war leider nicht drin, bei den vielen Klamotten, die ich noch trug, scherzte Nick.

»Aber es wäre schön, wenn du wiederkommst«, fügte Moni an. »Wir nehmen dich auf jeden Fall in unsere Modelkartei auf. Und vielleicht willst du uns beim nächsten Mal auch schon ein bisschen mehr von deinem herrlichen Körper zeigen. Denn du hast überhaupt keinen Grund, irgendetwas zu verstecken«, sagte sie. Dabei sah sie derart unschuldig aus, als hätte sie mir gerade ein Kompliment zu einem selbst gebackenen Kuchen gemacht. Die beiden verstanden ihr Geschäft wirklich gut. Denn ich hatte nicht nur in einer Stunde fünfzig Euro verdient, was damals sehr viel Geld für mich war, sondern tatsächlich auch Spaß dabei gehabt.

Kaum zurück bei Paul war ich so aufgedreht, dass ich beim besten Willen nicht für mich behalten konnte, wo ich gerade her kam.

»Erotikshooting? Mit dem Bus?«, fragte Paul und sah mich mit nach oben gezogener Augenbraue skeptisch an. »Warum?«

»Weil ich nicht schon wieder nach deinem Auto fragen wollte.«

»Nicht der Bus, du Dumpfbacke«, sagte Paul und verdrehte die Augen. »Ich will wissen, warum du dich für Fotos nackt ausziehst?«

»Nicht nackt!«, korrigierte ich und versicherte mit Unschuldsmiene: »Nur in Hotpants und BH.«

»Ach so«, sagte Paul. »Das ist ja langweilig.«

»Findest du?«, fragte ich irritiert nach.

»Nein, natürlich nicht, Melli. Ich verstehe nicht, warum du dich für Geld ausziehst. Ich kann dir jederzeit was leihen. Das weißt du doch!«

Ich erklärte Paul, warum es mir so wichtig war, selbst wieder auf die Beine zu kommen und Mike auszuhelfen. Doch Paul war sich ziemlich sicher, dass Mike gar nicht begeistert wäre, wenn er wüsste, wie ich vorhatte, ihm auszuhelfen. Nämlich nackt.

»Halbnackt!«, widersprach ich trotzig.

»Scheißegal!«, sagte Paul. »Mike ist nicht wie Jo, den es anturnt, wenn sich andere Männer auf dich einen runterholen!«, sagte er und sah sehr wütend aus.

»Ich hätte es dir nicht erzählen sollen«, gab ich zurück und sah dabei wohl sehr enttäuscht aus.

»Melli«, lenkte Paul ein. »Du kannst mir alles erzählen. Das sollst du sogar. Vor allem, wenn du solche Dummheiten machst. Aber mir wäre lieber, du würdest etwas Geld von mir

annehmen. Und wenn du zu stolz bist, dann tu mir wenigstens einen Gefallen und erzähl Mike nichts davon. Der würde
bestimmt ausrasten. Und zwar zu Recht.«

Tatsächlich hatte ich auch schon überlegt, ob ich mit Mike
darüber sprechen sollte. Ich war kein großer Freund von Ge-
heimnissen in Beziehungen. Aber Paul meinte, manchmal wäre
es besser, die Klappe zu halten. Man müsste ja nicht jedes
Geheimnis mit seinem Partner teilen. Ich wusste allerdings
schon an diesem Tag, dass ich mit den Shootings auf jeden
Fall weitermachen würde. Und ich war unsicher, ob ich das
hinter Mikes Rücken tun wollte und konnte.

Als ich noch am selben Abend mit Mike telefonierte, tastete
ich mich also langsam an das Thema ran. Ich erzählte ihm, dass
ich mich nach unterschiedlichen Jobs umgesehen hatte. Sofort ging ich ins Detail und quatschte frei heraus von meinen
Recherchen zum Thema Sexhotline, Webcamgirl-Jobs und
Escort-Agenturen. Ich hoffte, dass Mike dann aufatmen würde,
sobald ich ihm von der Möglichkeit erzählte, mit Erotikshootings Geld zu verdienen. Allerdings kam ich gar nicht so
weit. Mike unterbrach mich sofort, als ich mit dem Thema
Erotik überhaupt anfing. Er meinte, das käme nicht in Frage.
Lieber würde er verhungern, als seine Freundin zu so einer
Arbeit anzutreiben. Damit war das Thema für ihn beendet.
Widerrede zwecklos.

»Und wie sieht deine Lösung aus?«, fragte ich sarkastisch
nach.

»Das sag ich dir, wenn ich sie gefunden habe«, sagte Mike
und versicherte mir, spätestens nächsten Monat schon bei mir
in Leipzig zu sein. Wegen der ersten Miete sollte ich mir keine

> *Manchmal ist es besser, die Klappe zu halten und das zu tun, was man selbst für richtig hält.*

Sorgen machen. Die würde er schon irgendwie zusammenkratzen. Und falls nicht, wäre das auch kein Problem. Jeder ist schließlich schon mal einen Monat im Rückstand gewesen.

Für mich war das allerdings ein Problem. Denn ich hatte wahnsinnig Angst, dass wir unser Kleinod in Lindenthal verlieren könnten. Aber ich schwieg und dachte nur: Manchmal ist es besser, die Klappe zu halten und das zu tun, was man selbst für richtig hält. Schließlich musste man ja nicht jedes Geheimnis mit seinem Partner teilen, stimmt's?

In diesem Sommer verdiente ich also mein Geld mit Erotikshootings. Mit Wissen meines besten Freundes und hinter dem Rücken meines Partners. Ich traf Moni und Nick ein- bis dreimal die Woche. Je nach Auftragslage. Schon bei unserem zweiten Shooting ging ich weiter als beim ersten Mal. Ich zog meinen Büstenhalter komplett aus und bedeckte meine Brüste nur noch mit meinen Händen. Unten rum trug ich schon bald Slips oder Tangas anstelle von Hotpants. Nach ungefähr zwei Wochen, in denen wir sowohl im Atelier wie auch im Freien Aufnahmen gemacht hatten, stimmte ich zu, mich auch oben ohne fotografieren zu lassen. Das gab immerhin fünfzig Euro extra. Und Nippel waren irgendwie auch nur Haut, sagte ich mir. Meine Gage bekam ich nach jedem Shooting bar auf die Kralle. Oft knipsten wir einen ganzen Tag und ich ging trotzdem nur mit hundert Euro nach Hause. An anderen Tagen machte ich um die 150 Euro. Ganz selten bekam ich zweihundert oder sogar 250 Euro. Aber dafür musste ich dann schon die Hüllen komplett fallen lassen und auch meine Lulu zeigen. Obwohl ich das anfangs nie für möglich gehalten hätte, machte mir das nach einigen Shootings nichts mehr aus. Irgendwie brühte ich ab, nach den vielen Tagen, die ich hintereinander halbnackt vor der Kamera gestanden hatte. Moni und Nick waren mir inzwischen so vertraut, dass es mir nicht schwer fiel, auch noch die letzten Hüllen fallen zu lassen. Freikörperkultur war mir eh nicht fremd. Das machten wir im Osten von klein auf schon so. Und zwar ohne Bezahlung. Für mich spielte es irgendwann einfach keine Rolle mehr, ob ich noch ein Stück Stoff zwischen den Schenkeln hatte oder nicht. Und ohne war es einfach rentabler. Abgesehen davon, dass ich natürlich mit 250 Euro für einen kompletten Tag und komplett nackt immer noch schlecht bezahlt war. Dennoch stellte ich fest, dass ich Spaß dabei hatte, mich sexy vor der Kamera zu bewegen. Irgendwie hatte das etwas Verruchtes.

Mike hatte in jener Zeit etwas ganz anderes zu tun. In unseren zweieinhalb Jahren hatte sich mehr angesammelt als gedacht. Insgesamt packte Mike über achtzig Umzugskisten zusammen. Und das dauerte einfach seine Zeit. Ich vermisste ihn wahnsinnig, genoss aber auch mein Doppelleben vor der Kamera. Meine gesamten Ersparnisse steckte ich abzüglich der Miete in eine Spardose, mit der ich Mike bei seiner Rückkehr überraschen wollte. Immer wenn er mich fragte, ob ich Geld bräuchte, wich ich aus und behauptete, meine Großeltern hätten mir etwas zugesteckt oder ich hätte mir etwas von Paul geliehen.

Als schließlich die erste Miete fällig wurde, dann noch die Stromnachzahlung eintrudelte, meine Handyabrechnung kam sowie ein Schreiben von meiner Krankenversicherung, war meine Spardose schon wieder so gut wie leer. Ich hatte tatsächlich in den letzten drei Jahren völlig verlernt, mit Geld umzugehen. Beziehungsweise hatte ich einfach unterschätzt, was das Leben tatsächlich kostete. In den Supermarkt musste ich schließlich auch noch ab und an. Und dort wiederum fühlte es sich verdammt gut an, zur Abwechslung mal wieder ein paar Scheine in der Tasche zu haben. Ich konnte und wollte mir den Luxus nicht verkneifen, einfach mal wieder den Joghurt oder die Wurst zu kaufen, auf die ich Lust hatte. Und nicht immer nur die langweilige Gelbwurst, die ständig im Sonderangebot war.

Kurzum: Meine großen Sparpläne gingen nicht auf. Ich konnte mich und die Wohnung gerade so über Wasser halten, aber Mike noch lange nicht unterstützen. Und genau deshalb hatte ich mich doch nackt gemacht. Als ich eines Tages frustriert mit Moni und Nick bei einem Feierabend-Bier zusammensaß und nach der Möglichkeit fragte, wie ich noch mehr Geld verdienen könnte, wusste Nick sofort eine Antwort:

»Dann musst du schon drehen.«

»Was drehen?«, fragte ich etwas naiv.

»Mindestens Erotikfilme oder Softpornos«, sagte Nick völlig selbstverständlich. »Die Porno-Industrie läuft auf Hochtouren. Nach wie vor. Schon immer und bis in alle Ewigkeit.«

»Amen«, sagte ich. »Gefressen, gestorben und gefickt wird immer, richtig?«

Die beiden mussten über meinen Spruch lachen und wir dachten über die sich daraus ergebenden Alternativen nach. Zum Beispiel darüber, ein Bestattungsinstitut zu eröffnen.

Aber dafür fehlte uns allen das Startkapital. Und die Lust. Den Gedanken, mit dem Tod Geld zu verdienen, fand ich irgendwie sehr viel abwegiger, als Pornofilme zu drehen.

Kaum zu Hause begann ich eine neue Internetrecherche zu diesem Thema. Ich klickte mich fast die ganze Nacht durchs Netz, bis ich auf eine Ausschreibung aus der Schweiz stieß. Schweiz fand ich deshalb schon verlockend, weil es nicht Deutschland war. Und ich dachte, wenn ich Erotikfilme in der Schweiz machte, würde das in Deutschland vielleicht niemand so recht mitbekommen. Außerdem klang Schweiz für mich irgendwie immer seriös. Zumindest weitaus besser als Polen oder Rumänien. Ich wusste nicht viel über die Schweiz oder die Schweizer. Außer, dass sie vor allem gut in einer Sache waren: im Geldverdienen.

Schon allein der Internetauftritt dieser Schweizer Agentur sah viel seriöser aus als der vieler anderer. Anstatt hanebüchene Versprechungen zu machen, wurde ganz genau dargelegt, wie sich die Gewinnspanne errechnete und verteilt wurde. Die Darstellerinnen und Darsteller verdienten am Verkauf der Filme prozentual mit. Das klang in meinen Ohren sehr plausibel. Denn andere Ausschreibungen priesen Tagespauschalen von 200 bis 300 Euro an. Aber das bekam ich schließlich schon für einen Tag Nacktshooting. Ich spielte schließlich mit dem Gedanken, Erotikfilme zu drehen, um weitaus mehr Geld zu verdienen. Nicht um etwas Abwechslung in meinen Arbeitsalltag zu bekommen. Was mich neben dem Finanziellen an dieser Schweizer Ausschreibung am meisten überzeugte, war allerdings, dass die Dreharbeiten nur unter Vollschutz stattfanden. Das hieß, dass immer ein Kondom benutzt werden musste.

Es gab nur sehr wenige Ausschreibungen, die Vollschutz garantierten. Bei den meisten Produktionen reichte es offenbar aus, einen AIDS-Test vorzulegen, was in meinen Augen keine wirkliche Garantie darstellen konnte. Zumindest nicht für die letzten drei Monate. Und Vollschutz war daher eine meiner Grundbedingungen, falls ich mich auf so eine Sache einlassen sollte. Des Weiteren wollte ich auf keinen Fall gezwungen sein, anal oder Fetisch machen zu müssen. Und auch das schlossen die Schweizer als notwendige Voraussetzung aus.

Am nächsten Morgen fackelte ich nicht lange und rief einfach mal in der Schweiz an. Denn ich hatte sehr viele Fragen, die ich gern in einem Gespräch klären wollte. Der Herr am anderen Ende der Leitung freute sich über mein Interesse an seinem Unternehmen und nahm sich gern Zeit, auf alle meine Fragen sehr ausführlich, geduldig und freundlich Antworten zu geben. So erfuhr ich in Schweizer Geschwindigkeit, also sehr langsam, dass jeder Erotikfilm, auch gern Softporno genannt, in der finalen Fassung dreißig Minuten lang war. Ich könnte jederzeit kommen, müsste nur mindestens 24 Stunden vorab Bescheid geben. Bei einem Besuch war es üblich, um die drei Erotikfilme zu drehen, wofür ich zwei Tage und damit eine Übernachtung einplanen sollte. Übernachten könnte ich auch gern kostenfrei vor Ort. Dafür wären Zimmer vorhanden. Kaum hatte ich nach dem ersten Telefonat aufgelegt, fielen mir weitere Fragen ein. Insgesamt telefonierte ich an diesem Tag vier, fünf Mal mit dem Schweizer Herren, der so ein lustiges Deutsch sprach und den meine vielen Fragen einfach nicht aus der Ruhe brachten. Nach jedem Gespräch versicherte er mir, ich könnte auch noch mal anrufen, wenn mir doch noch etwas einfiele, was ich wissen wollte. Und falls ich Interesse hätte, würde er sich freuen, wenn ich ihm ein Foto und meine Maße zuschicken könnte. Denn falls wir ins Geschäft kämen, würde er damit einen optisch passenden Anspielpartner für mich aussuchen. Foto und Maße waren schnell per Mail gesendet. Außerdem schickte ich meine Kontoverbindung mit, um die er auch gebeten hatte. Das wiederum wertete ich als sehr gutes Zeichen. Der freundliche Schweizer garantierte mir nach einem Blick auf mein Foto bereits am Telefon Gewinne im vierstelligen Bereich. Sein Klientel wären mehr als zahlungsfähige und sehr zuverlässige Abnehmer. Und ich, nach seiner Aussage, ein hübsches Mädchen. Natürlich könnte ich auch erst einmal kommen und mir alles in Ruhe ansehen. Nichts war Pflicht.

»Alles geht, nichts muss«, sagte er auf Schweizerdeutsch, bevor er lachend auflegte. Dieser Mann war mir irgendwie sympathisch. Er klang nicht nach einem Abzocker-Pornoproduzenten. Vielmehr nach einem netten Märchenonkel. Ich stellte ihn mir ein bisschen wie den Großvater von Heidi vor.

Meine Entscheidung, tatsächlich zu fahren, fiel bereits einen Tag später. Und zwar nach einem Anruf von Mike. Seine Rückkehr würde sich erneut um einige Wochen verschieben. Natürlich ging es wieder um Geld, das nicht da war. Um Rechnungen, die noch nicht beglichen waren. Ich verstand das alles längst nicht mehr und hatte große Sorge, dass Mike gar nicht mehr käme. Im schlimmsten Fall würde ich zurückfliegen und ihn zur Rede stellen. Aber auch dafür bräuchte ich Geld. Und als Paul mir dann noch erzählte, dass er schon nächste Woche für ein paar Tage beruflich in die deutsche Schweiz fahren müsste, fragte ich ihn kurzerhand, ob er mich mitnehmen könnte.

Paul freute sich sogar, dass ich ihn begleiten würde, war aber trotzdem neugierig, was ich in der Schweiz verloren hätte.

›Meine Würde‹, dachte ich, aber sagte stattdessen mit hochrotem Kopf: »Hab da beruflich zu tun.«

»Mmh«, machte Paul. »Mit oder ohne Kleidung?«

»Eher ohne.«

»Und das kann ich dir vermutlich nicht ausreden?«

»Eher nicht«, sagte ich und sah ihn mit diesem Blick an, der ihm zu verstehen gab, besser keine weiteren Fragen zu stellen.

Paul willigte schließlich ein, mich zu fahren. Allerdings nur mit großen Bauchschmerzen und unter der Bedingung, mich zu meinem »Geschäftstermin« zu begleiten. Er bestand darauf, mich dort hinzufahren und auch wieder abzuholen. Und die Nacht, die ich bleiben müsste, sollte ich in einer Pension verbringen. Auf Pauls Kosten. Ich stimmte zu. Damit hatten wir einen Deal. Mike erzählte ich, dass ich Paul auf einen Geschäftstermin in die Schweiz begleiten wollte, um mal rauszukommen. Schließlich war das nicht einmal gelogen und – wie ich seit Neuestem wusste – war es oft besser, einfach die Schnauze zu halten.

UND ACTION!

Als Paul und ich unsere Reise Richtung Zürich antraten, hatte ich immer noch die naive Hoffnung, ihm meinen Geschäftstermin »nur« als ein weiteres Erotikshooting verkaufen zu können. Denn ich nahm an, dass Paul nicht wirklich ahnte, in welche dubiosen Hände ich mich diesmal begeben würde. Ich hatte ja selbst keine Ahnung, was auf mich zukommen würde.

Als wir in einem kleinen, beschaulichen Schweizer Örtchen ankamen, folgten wir gespannt der zarten Stimme unseres Navigationssystems, die uns zur großen Verwunderung in eine absolute Wohnsiedlung führte, besonders als sie vor einem unscheinbaren Wohnhaus mit den Worten endete: »Sie haben Ihr Ziel erreicht.«

Paul und ich sahen erst den Bildschirm, dann uns mit fragendem Blick an. Vor dem Wohnhaus waren ein dicker BMW und zwei andere fette Wagen geparkt. Die Eingangstür war mit einer Überwachungskamera versehen. Zugegeben, es roch förmlich nach Zuhälterei. Das Einzige, was nicht so recht ins Bild passte, war die ältere Frau, die im zweiten Stock am Fenster saß und apathisch nach draußen blickte.

Als mich Paul gerade fragte, was das nun wirklich für ein Shooting wäre, ging auch schon die Tür auf. Heraus kam ein circa 45-jähriger Mann, der eine ausgewachsene Fress- und Bierwanne vor sich her schob.

»Du musst die Melanie sein!«, sagte er in einem mir seither fast unerträglichem Schweizerdeutsch und streckte mir sein Patschehändchen entgegen. »Und du bestimmt ihr Freund!«, sagte er an Paul gewandt. »So schöne Frauen haben immer einen Freund!« Ich erkannte sofort an der Stimme, dass ich den Märchenonkel vor mir hatte, mit dem ich schon so oft telefoniert hatte. Allerdings hatte ich ihn mir doch ganz anders vorgestellt. Denn dieser Mann hatte nichts mit dem Großvater von Heidi gemeinsam.

»Ich bin Paul. Ein Freund von Melanie. Und Sie sind?«, fragte Paul ungeduldig, der sich nicht gerade von seiner charmantesten Seite zeigte. Der Märchenonkel stellte sich mit seinem Spitznamen vor und bat uns, doch erst einmal reinzukommen, damit wir alles besprechen konnten. Ich wandte mich sofort an Paul, bedankte mich für das Fahren und meinte, ich würde ihn später anrufen, sobald wir fertig wären. Aber Paul ließ sich so leicht nicht abwimmeln. Er raunte mir ein »Vergiss es!« zu und folgte dem Märchenonkel, der uns sofort eine Führung durch die Räumlichkeiten anbot.

Wir folgten ihm also von der Küche in den Aufenthaltsraum, durch das Büro und schließlich in das Untergeschoss. Spätestens jetzt war klar, dass ich meinen kleinen Filmdreh auch Paul nicht mehr als Erotikshooting verkaufen konnte.

»Wir drehen quasi an einem Originalschauplatz!«, erklärte der Märchenonkel stolz und führte uns durch weitere Zimmer. Ein Saunabereich mit Whirlpool, ein Sadomaso-Studio mit Streckbank, ein Filmstudio mit Kamera und Scheinwerfern und drei weitere Zimmer, die bereits mit Damen samt Kundschaft belegt waren, wie wir vor verschlossenen Türen hören konnten.

Was sich von außen so unschuldig als Wohnhaus tarnte, entpuppte sich von innen nicht nur als Porno-Set, sondern auch noch als Puff. Paul warf mir einen Blick zu, als wollte er mir auf der Stelle den Hals umdrehen, und sagte dann: »Melanie, kann ich dich mal kurz sprechen? Allein!«

Paul zog mich wieder nach oben und vor die Tür. Er versuchte, mir ins Gewissen zu reden, sofort wieder mit ihm umzukehren. Aber ich bat Paul, sich nicht einzumischen und erklärte ihm, dass hier nur unter Vollschutz gearbeitet würde und dass ich sehr viel Geld verdienen könnte, das ich nun mal dringend brauchte. Ich würde mir daher jetzt gern anhören, was der Märchenonkel vorschlug. Paul wusste, dass es hoffnungslos war, weiter auf mich einzureden und ließ mich schweren Herzens zurück. Vorher nahm er mir noch das Versprechen ab, auf keinen Fall etwas zu tun, was ich nicht tun wollte. Und ihn sofort anzurufen, sobald ich hier fertig wäre – was auch immer das bedeuten sollte. Ich versprach es und bat Paul, sich keine Sorgen zu machen. Schließlich hatte ich schon Sex mit ein paar Idioten in meinem Leben gehabt. Da kam es auf ein oder zwei weitere nun auch nicht mehr an. Aber Paul war wirklich kein Lächeln mehr zu entlocken.

Auch wenn ich mich gegenüber meines besten Freundes recht mutig und entschlossen zeigte, wurde mir doch sehr mulmig zumute, als ich seinen Rücklichtern hinterher sah und wieder kehrt ins Haus machte. Ich ging zurück ins Büro, wo schon der Märchenonkel mit dem Papierkram auf mich wartete. In einer hinteren Ecke dieses Büros saß ein Webcam-Girl, die mir freundlich zuwinkte, bevor sie wieder ihrer Arbeit nachging und sich vor der Kamera mit einem Dildo vergnügte. Parallel dazu erklärte mir das Onkelchen am Schreibtisch die Vertrags- und Zahlungsmodalitäten. Ich könnte heute und morgen insgesamt drei »Movies« à 15 Minuten drehen. Das nächste Mal, wenn ich käme, drei weitere. Sobald die Filme fertig geschnitten waren und in den Verkauf gingen, würde ich mit fünfzig Prozent am Gewinn beteiligt werden, natürlich nach Deckung der Vorkosten, die aber nicht hoch wären. Schließlich wurde mit sehr geringem technischen Aufwand gedreht und der Schnitt vom Märchenonkel selbst gefertigt. Er schätzte, dass ich Minimum um die achttausend Euro für drei Filme verdienen würde. Vermutlich mehr, aber er wollte mir keine leeren Versprechungen machen. Außerdem, so versicherte er mir, würden diese Filme ausschließlich in den USA vertrieben werden. Es würde also nicht einmal jemand in der Schweiz, geschweige denn in Deutschland, jemals diese Streifen sehen. Das wiederum war mir natürlich sehr recht, da sich zu diesem Zeitpunkt mein Gehirn in Anbetracht der »schnellen Kohle« schon in den Standby-Modus verabschiedet hatte. Na ja, »Gier frisst Hirn« – ich weiß.

Soweit hatte ich alles verstanden. Allerdings wollte ich jetzt schon etwas genauer wissen, was ich zu tun hätte. Während die Dame im Hintergrund einen Orgasmus nach dem nächsten vortäuschte, erklärte mir das Porno-Onkelchen einfühlsam, das ich nichts tun müsste, was ich nicht tun wollte. Wir würden erst einmal mit einem kleinen Video zur Vorstellung beginnen. Dem sogenannten Porno-Casting, in dem ich einfach ein bisschen was über mich erzählen und auch etwas von meinem Körper zeigen sollte. Das wäre auch wichtig für ihn, um mich und meine Qualitäten besser einschätzen zu können. Wenn das gut lief, könnten wir anschließend den Vertrag unterzeichnen. Ich war einverstanden und folgte ihm wieder in das Untergeschoss zum »Filmset«.

Dieses bestand aus einem einfachen Doppelbett nebst Nachttisch mit Kleenex-Tüchern, zwei Scheinwerfern in den Ecken und einem Stativ samt Kamera vor dem Bett. Obwohl »Kamera« vielleicht etwas übertrieben ist, denn genauer gesagt handelte es sich um einen einfachen Camcorder, der mir angesichts der Situation etwas zu unprofessionell erschien. Andererseits war das hier auch alles andere als Hollywood. Fast hätte ich angefangen zu lachen, als sich das Onkelchen auch noch hinter die Kamera stellte. Er war also nicht nur Produzent und Cutter, sondern auch Kameramann und Regisseur. Das war mir insofern recht, da ich nun automatisch annahm, er könnte dann wenigstens nicht mein Anspielpartner sein.

Ich nahm also auf dem Bett Platz und versuchte so zu sitzen, dass ich einigermaßen sexy aussah. Der Onkel stellte sich hinter die Kamera und redete mir gut zu, ganz entspannt zu sein. Dann begann das rote Lämpchen zu leuchten und das Onkelchen Fragen zu stellen. Erst jetzt spürte ich, wie aufgeregt ich tatsächlich war. Ich bekam kaum einen Ton raus und piepste wie ein kleines Mäuschen. Und schon nach meiner ersten Antwort, nämlich auf die Frage nach meinem Namen, ging die Kamera wieder aus. Mein Regisseur war mit meiner Antwort »Melanie Müller« alles andere als zufrieden und erklärte mir, dass ich auf keinen Fall meinen echten Namen sagen dürfte. Ich bräuchte eine Art Künstlernamen. Gerade so ein junges Ding wie ich, meinte er, sollte sich schließlich nicht die Zukunft verbauen, nur weil sie in ihrer Jugend Spaß gehabt hatte. Oder?

Da hatte er natürlich recht. Aber ich war unsicher, ob mir auf die Schnelle ein Künstlername einfallen würde. Ich musste daran denken, wie ich mich damals im Swingerclub als Scarlet vorgestellt hatte. In Anlehnung an »Vom Winde verweht«. Also sagte ich: »Scarlet Müller.« Doch das Onkelchen war nicht überzeugt. Müller, so meinte er, klingt einfach nicht besonders sexy. Auch das sah ich ein.

»Wie wäre Scarlet Young?«, schlug ich vor, ich junges Ding. Seine Augen begannen zu leuchten.

»Wunderbar!«, sagte er und das rote Lämpchen ging wieder an. Im weiteren Verlauf sollte ich sagen, woher ich kam, was ich beruflich machte und ob das mein erster Pornodreh wäre. Dann, ob mir Sex Spaß machte und mit wie vielen Männern ich schon geschlafen hätte. Ich fand diese Fragen nicht gerade angenehm, aber der Situation auch irgendwie angemessen. Schließlich war das ein Porno-Casting. Über was hätten wir sonst reden sollen? Außerdem wollte er wissen, ob ich schon mit Frauen im Bett war und ob ich irgendwelche anderen, außergewöhnlichen sexuellen Erfahrungen hätte. Ich versuchte, mehr oder weniger wahrheitsgetreu zu antworten, aber schummelte ein bisschen an der einen oder anderen Stelle. Zum Beispiel bei meinem Alter. Schließlich war ich Scarlett *Young*. Dagegen stimmte es, dass ich mir sehr wohl vorstellen konnte, mit Frauen auch vor laufender Kamera zu schlafen. Ehrlich gesagt sogar noch eher als mit Männern. Im Anschluss an dieses Frage- und Antwort-Spiel bat er mich aufzustehen, um mich besser ansehen zu können. Er bewunderte meine Größe von 1,70 Meter (mit High-Heels natürlich um einiges größer) und meinen trainierten Körper. Ich musste mich ein bisschen drehen und wenden, während er »sehr geil« vor sich hinmurmelte. Im Anschluss sollte ich mich ausziehen. Ich entledigte mich zuerst meines Oberteils, dann meiner Schuhe, Hose und Unterwäsche, bis ich splitterfasernackt vor dem Onkelchen stand. Das Ganze fühlte sich für mich schon etwas komisch an. Aber ich versuchte mir einfach vorzustellen, dass mein Regisseur so etwas bestimmt jeden Tag machen würde. So wie ein Frauenarzt eben Tag für Tag Muschis vor seinem Gesicht hatte, machte das Onkelchen Nackt-Castings wie dieses. Also: nichts Besonderes und weg mit den Klamotten!

Wir sprachen auch kurz über mein Tattoo, was mir sofort einen Stich ins Herz versetzte, weil ich an Mike denken musste. Dem würde die gesamte Situation hier bestimmt nicht sonderlich gefallen. Vermutlich würde er das Onkelchen mit dem Penis voraus ungespitzt in den Boden rammen.

»Geil, sehr geil!«, murmelte dieser wieder und riss mich aus meinen Gedanken. Im Anschluss sollte ich mich bequem auf das Bett setzen und mich selbst verwöhnen. Ich legte mich also auf den Rücken und fing an, mich zwischen den Beinen und an den Brüsten zu streicheln. Der Onkel ging nun ganz in seiner Funktion als Kameramann auf und schlich unterdessen mit seinem Camcorder mich herum. Er filmte mich aus allen möglichen Perspektiven, wobei er lauter stöhnte als ich selbst. Irgendwann reichte er mir einen blauen Vibrator, mit dem ich es mir weiterhin selbst machen sollte. Ausgeschaltet, wie mit einem Dildo. Ich schloss einfach die Augen und träumte mich weg von diesem Ort. Nach einer gefühlten Ewigkeit bat er mich, auf alle Viere zu gehen und mir in dieser Position den Vibrator einzuführen. Ich tat wie mir geheißen und versuchte mich in akrobatischer Masturbation.

Liebe Männer, keine Frau befriedigt sich auf allen Vieren, während sie sich zugleich einen Vibrator einführt, das ist unbequem und der Winkel fühlt sich falsch an. Diese Position wurde einzig für eure Fantasie kreiert! Tut mir leid, dass ich diesen Mythos zerstören muss.

Dann sollte ich mich wieder auf den Rücken legen und mit dem Vibrator weitermachen, diesmal aber eingeschaltet damit an mir rumspielen. Auch dieser Aufforderung kam ich mit meist geschlossenen Augen nach. Ich hielt die Augen unter anderem auch deshalb geschlossen, da ich fürchtete, lachen zu müssen, wenn ich das Onkelchen lechzend hinter seiner Miniatur-Kamera erblickte. Irgendwann lobte er mich, dass ich das sehr gut gemacht hätte. Ich überlegte kurz, nach einem Fleißbildchen zu fragen, ließ es dann aber wieder sein.

Schon im nächsten Moment war mir gar nicht mehr nach Scherzen zumute. Denn er stellte die Kamera auf das Stativ und bat mich, an den Rand des Bettes zu kommen. Ich verstand, dass gerade meine schlimmste Befürchtung wahr wurde. Denn das Onkelchen zog nun sich selbst die Hosen runter und trat nur noch in Slip und Unterhemd mit seiner Bierwampe auf mich zu.

Zuerst begann er, an meinen Brüsten rumzuspielen, dann fasste er mir zwischen die Beine und zog sich schließlich seinen Slip soweit runter, bis mir ein ziemlich unansehnlicher, halb erigierter Penis entgegen sprang. Während ich noch darüber nachdachte, ob ich vielleicht doch noch eine Chance hätte, das Ganze hier wieder abzubrechen, schob er mir schon seinen Ulk-Penis in den Mund. Ich begann also, stoisch zu lutschen und überlegte zugleich, ob es vernünftig war, das jetzt schon zu tun, bevor ich überhaupt den Vertrag unterschrieben hatte. Andererseits gab es bereits genug Videomaterial, das bewies, dass ich hier darstellerisch tätig war. Außerdem: Was war schon vernünftig? Meine Vernunft war mir eh abhanden gekommen. Die war vermutlich noch im Allgäu und vergnügte sich gerade mit einem Teller Käsespätzle. In diesem Moment war ich sehr neidisch auf meine Vernunft.

Das Onkelchen stöhnte weiter vor sich hin und rückte mit der rechten Hand immer mal wieder die Kamera zurecht oder nahm sie vom Stativ und machte wilde Fahrten um uns herum. Was für eine Bildgestaltung! Auch auf diesem Gebiet war er – in seiner Funktion als Produzent, Darsteller, Cutter, Regisseur und nun auch Kameramann – also ein echter Profi.

Irgendwann legte er mich mit dem Rücken aufs Bett, schleuderte sich ein Kondom über und ich ließ auch den Rest über mich ergehen. Wir machten es in verschiedenen Positionen, wobei das Onkelchen nun immer die Go-Pro in der Hand hielt, um auch ja keine Perspektive zu verpassen. Muschi und Schwanz von oben, von unten und vor allem: immer von ganz nah. Irgendwann zog er seinen Schniedel raus, platzierte die Kamera wieder auf dem Stativ und forderte mich mit einem gekonnten Griff an meinen Hinterkopf erneut auf, zu blasen. Sein Schwanz schmeckte inzwischen nach Gummi. Ich tat, wie mir geheißen, bis er schließlich und endlich kam. ›Halleluja‹, dachte ich und spuckte einmal ordentlich aus.

Nach diesem »kurzen Casting zum Aufwärmen« unterschrieb ich – wieder angezogen und zurück im Büro, nachdem ich mir ordentlich die Hände gewaschen und den Mund gespült hatte – den Vertrag. Nicht mit Blut, aber mit zitternder

Hand. Ich war vom Leben dreimal chemisch gereinigt worden und konnte mir nicht vorstellen, dass es nach diesem Erlebnis mit dem Märchenonkel noch irgendetwas auf dieser Welt gab, was mich noch schocken könnte.

Das schlechte Gewissen setzte ungefähr zehn Sekunden später mit voller Wucht ein, als ich eine SMS von Mike auf meinem Handy entdeckte: »Ich liebe und vermisse dich, meine Kleine.« Diese Nachricht hatte er schon einige Stunden zuvor geschickt. Später fragte ich mich wieder und wieder, ob mein Leben vielleicht einen ganz anderen Verlauf genommen hätte, wenn ich diese SMS schon zwei Stunden früher entdeckt hätte?

Insgesamt war ich zwei Mal in der Schweiz und drehte dort fünf Filme. Paul hat mich beide Male dorthin gefahren, um wenigstens sicherzustellen, dass ich nicht als Geisel genommen und zur Prostitution gezwungen wurde. Die ersten drei Filme waren ganz normale Pornofilmchen. Meistens mit dem Onkelchen. Später, bei meinem zweiten Besuch, bekam ich einen anderen Spielpartner. Eigentlich ein netter junger Kerl, Ende zwanzig, der ein wenig unbeholfen und tollpatschig an die Sache ranging. Aber ich fand es sympathisch, dass er mich immerzu fragte, ob er mir weh tat. Lieber so als andersherum.

Nur der Vollständigkeit halber, mein Guter, mit dem Teil kannst du niemandem wehtun, also zukünftig keine Angst, sie ist unbegründet.

Sobald ich einen anderen Drehpartner hatte, betätigte sich das Onkelchen mit noch mehr Eifer als Regisseur und setzte uns in Szene, wie es ihm gefiel. Dafür gab es ganz originelle Themen wie zum Beispiel »der Dildoverkäufer kommt«.

Bestimmt war der Onkel auch Drehbuchautor dieser dramaturgischen Meisterleistung. Die Geschichte ging nämlich so, dass ich sehr dringend auf der Suche nach dem perfekten Dildo war. Als der Dildoverkäufer also zu mir nach Hause kam, durfte ich mir einen aussuchen. Aber ich konnte mich natürlich nicht entscheiden und musste deshalb alle sehr ausgiebig und lüstern testen. Letzten Endes entschied ich mich doch für »den echten« des Verkäufers. Was für ein überraschender Ausgang!

Ein anderes Mal spielte ich ein unschuldiges Schulmädchen, deren Eltern gerade nicht zu Hause waren. Hui. Auch das hatte man noch nie gesehen. Allerdings war mir so ein Pornostandard lieber als das, was ich in meinem letzten Film tun sollte. Denn in diesem fünften Film kam ich um die Sado-Maso-Nummer, diesmal sogar mit zwei Männern, nicht mehr herum. Und natürlich war einer davon das Onkelchen. Doch er versicherte mir, dass er mir nicht wirklich weh tun würde. Und tatsächlich sah es am Ende nur so aus, als würde ich gepeitscht werden. Immerhin. Zu guter Letzt durfte ich auch mal peitschen. Und zwar den anderen Typen, der mich ausdrücklich bat, richtig und fest durchzuziehen. Nichts leichter als das! Mit Sicherheit wurde das, zumindest in meinen Augen, meine beste Szene.

In den Drehpausen zwischen den einzelnen Filmen saß ich meist oben in der Küche und trank zusammen mit den anderen Mädels Kaffee. Die meisten waren Mädchen, die in den Zimmern nebenan im hauseigenen Puff arbeiteten oder sich eben als Webcam-Girls ihren Lebensunterhalt verdienten. Seltsamerweise ist die Stimmung unter Frauen fast immer und überall gleich. Egal, ob sie sich beim Italienischkurs an der Volkshochschule, im Fitnesscenter oder eben am Pornoset kennenlernen.

Es wird geschnattert, gemampft und getratscht. Ich glaube im Nachhinein, dass es diese Kaffeepausen waren, die den ganzen Pornodreh für mich überhaupt erträglich machten. Denn irgendwie war sofort wieder klar, dass sich nichts auf der Welt ändern würde, bloß weil ich gerade ein paar fremde Schwänze geblasen hatte. Nichts. Außer hoffentlich der desolate Zustand auf meinem Konto. Denn ich rechnete schon bald mit mindestens sechzehntausend Euro.

Nach meinem ersten Aufenthalt kam relativ schnell eine Abrechnung. Allerdings nur über 72 Schweizer Franken. Also umgerechnet 58 Euro. Die Differenz von 15.942 Euro zu meinem errechneten Betrag machte mir große Sorgen. Doch das Onkelchen erklärte mir lachend am Telefon, dass die erste Abrechnung immer die geringste war, weil davon noch die Produktionskosten abgezogen wurden. Aber als ich nach meinem zweiten Aufenthalt wieder zurück war und in den nächsten zwei Wochen keine einzige Abrechnung einging, ahnte ich schon, dass etwas nicht stimmte. Ich war wütend und ungeduldig. Denn eigentlich hatte mir das Onkelchen versprochen, spätestens zwei Wochen nach dem ersten Dreh schon einen vierstelligen Betrag auf meinem Konto zu haben. Doch das war wohl sein größtes Märchen. Denn davon war weit und breit nichts zu sehen.

Die einzig gute Nachricht dieser Tage war die Rückkehr von Mike. Endlich. Er hatte erfolgreich Nachmieter gefunden, achtzig Kisten gepackt, unsere Möbel verkauft und sich ein Ticket nach Leipzig gebucht. One Way.

Am Leipziger Flughafen fielen Mike und ich uns in die Arme. Ich war so glücklich, dass ich anfing zu heulen. Ich hatte ihn vermisst. Diesen Mann, mit den immerzu lachenden Augen. Vermutlich heulte ich auch ein bisschen, weil ich wusste, was ich getan hatte, und mich für meinen Vertrauensbruch in Grund und Boden schämte. Doch ich versuchte, mir immer wieder zu sagen, dass ich es für uns getan hatte.

Als Mike und ich nach dieser Zeit der Trennung zum ersten Mal wieder miteinander schliefen, hatte ich Sorge, mein Verhalten im Bett könnte sich verändert haben. Dass ich womöglich abgestumpft war und ganz mechanisch ficken würde, so wie vor laufender Kamera. Aber meine Sorge war unberechtigt. Ich genoss es, mit Mike zu schlafen. Denn nichts war schöner, als mit dem Mann zu schlafen, den ich liebte. Wir küssten uns, flüsterten uns gegenseitig zu, wie sehr wir uns vermisst hatten, und liebten.

Eigentlich hätte von nun an alles gut werden können. Eigentlich. Trotzdem kam es anders. Denn irgendwie war nichts mehr so wie vorher. Wir wohnten gerade erst wieder ein paar Tage zusammen in der Wohnung in Lindenthal. Mike saß die meiste Zeit vor dem Rechner und sah sich nach Jobangeboten um. Parallel arbeitete er mit einem Freund an einem Internetprojekt, von dem sich Mike in naher Zukunft sehr viel Geld versprach. Ich glaubte inzwischen nicht mehr so recht an das große Geld in kurzer Zeit. Und meine schlimmste Befürchtung bestätigte sich, als ich Anfang Oktober einen Anruf von meinem Spielpartner aus der Schweiz bekam. Er hatte herausgefunden, dass die ganze Pornonummer ein einziger Betrug gewesen war. Wir würden, so wie es aussah, niemals einen einzigen Cent von dem Geld sehen. Er hatte sich bereits mit einem Anwalt zusammengesetzt, aber der Vertrag enthielt zu viele Lücken. Wir hatten nichts in der Hand. Wir waren schlichtweg auf einen Betrüger reingefallen.

Die Erkenntnis, dass ich ganz umsonst diverse Schwänze

Passiert war passiert. geblasen und mich von fremden Männern habe ficken lassen, noch dazu hinter dem Rücken meines Freundes, stürzte mich in eine tiefe Krise. Ich ging sofort zu Paul und weinte mich ordentlich aus. Zum Glück verkniff er sich ein: »Weil du nicht auf mich hören wolltest!« Paul riet mir, die Sache einfach abzuhaken und als Erfahrung zu verbuchen. Passiert war passiert. Jetzt sollte ich nach vorne sehen und mir zusammen mit Mike eine Zukunft aufbauen. Mit einem bodenständigen Einkommen. Aber ich hatte genug davon, ständig schlechte Erfahrungen zu machen und diese mit mir allein rumzutragen. Ich spürte, dass ich nach allem, das passiert war, so nicht weitermachen konnte. Mein schlechtes Gewissen und die Wut auf meine eigene Dummheit fraßen mich fast auf. Ich kam aus den Selbstvorwürfen nicht mehr raus. Wie konnte ich nur so naiv gewesen sein?

Mike merkte schnell, dass mich etwas belastete. Er meinte, ich hätte mich verändert, seit er zurück war, und drang immer wieder auf mich ein, mit ihm zu reden.

»Du kannst mir alles sagen, Melli!«, fing er immer wieder an. »Hast du mich betrogen?«, wollte er eines Abends wissen. Bei dieser Frage musste ich wirklich lachen. Das war eigentlich gar nicht witzig. Aber Mikes Sorge, ich könnte etwas mit einem anderen gehabt haben, war in Anbetracht dessen, was ich wirklich getan hatte, irgendwie komisch.

»Ich wünschte, ich hätte dich nur betrogen«, begann ich und wusste, dass es nun kein Zurück mehr gab. »Aber ich habe etwas viel Schlimmeres getan. Ich hab dich hintergangen und belogen.« Ich erzählte Mike an diesem Abend alles, was passiert war. Von meinem ursprünglichen Vorhaben, uns beide aus der Patsche zu holen. Mich für all das, was Mike in den letzten Jahren für mich getan hatte, zu revanchieren. Ich erzählte ihm von den Erotikfotos, dann den ersten Nacktshootings, bis hin zu dem Pornodreh in der Schweiz, der mir anstatt 16.000 nur 58 Euro eingebracht hatte. Von dem Betrüger, mit dem ich es auf die unterschiedlichsten Arten getrieben hatte. Ich heulte die ganze Zeit, während ich redete. Mike starrte nur ausdruckslos vor sich hin. Er konnte nicht fassen, was ich ihm da erzählte. Für ihn fühlte sich das alles wohl an wie ein schrecklicher Albtraum, aus dem er einfach nicht erwachte. Als ich endlich alles gesagt hatte, fühlte ich mich zum einen furchtbar erleichtert, dieses ganze Lügengebilde endlich eingerissen zu haben. Zum anderen spürte ich, dass unsere Beziehung diesem Vertrauensbruch nicht standhalten konnte. Nichts war wie vorher. Wir waren beide keine Kinder von Traurigkeit. Noch nie gewesen. Nicht im Leben, auch nicht im Bett. Aber wir hatten bisher immer über alles gesprochen. Wir waren ehrlich miteinander gewesen. Jetzt, so spürte ich, war etwas zerbrochen. Etwas, das nicht wieder repariert werden konnte. Denn Mike und ich konnten uns nicht mehr in die Augen sehen. Wir schämten uns. Ich schämte mich. Und zum ersten Mal spürte ich, was Reue bedeutet. Ich wünschte mir nichts sehnlicher, als dass ich alles rückgängig machen könnte. Von der Fahrt im Linienbus zu meinem ersten Shooting bei Moni und Nick, bis hin zum letzten Take in der Schweiz. Aber das ging nicht. Ich konnte die Zeit nicht zurückdrehen. Ich konnte weder ungeschehen machen, was ich getan hatte, noch was ich in den letzten Stunden Mike erzählt hatte. Jetzt musste ich die Konsequenzen tragen und versuchen, damit zu leben. Diese Last schien mir unerträglich.

Ohne es tatsächlich aussprechen zu müssen, trennten Mike und ich uns noch in jener Nacht. Ich packte am nächsten Tag meine sieben Sachen zusammen und zog erst einmal zu Paul. Unsere Katze Pascha blieb bei Mike. Zusammen mit meinem Herz.

NOTAUSGANG TV. ODER:
DER BACHELOR-ABSCH(L)USS

Seltsamerweise stirbt der Mensch nicht an Kummer allein. Auch wenn ich nach der Trennung von Mike oft dachte, ich würde den Schmerz nicht mehr aushalten, atmete ich weiter. Tag für Tag. Paul war auch in dieser Zeit eine große Stütze für mich. Einfach, weil er da war. Weil er mich morgens zwang, aufzustehen, und abends zwang, etwas zu essen. Tagsüber war Paul zwar arbeiten, doch wann immer es ihm möglich war, schleppte er mich auf alle möglichen Außentermine mit, einfach nur, um mich abzulenken.

Seltsamerweise stirbt der Mensch nicht an Kummer allein.

»Du brauchst jetzt unbedingt Arbeit«, sagte Paul, gerade mal vier Tage nachdem ich mal wieder bei ihm eingezogen war.

»Geh ich dir jetzt schon so auf die Nerven?«, fragte ich und konnte nur mit Mühe die Tränen noch zurückhalten.

»Blödsinn!«, sagte Paul. »Aber du musst arbeiten, um nicht verrückt zu werden. Du bist doch in dieser Modelkartei angemeldet. Ich bin sicher, du findest auch einen Job, bei dem du dich nicht ausziehen musst. Du bist nämlich ein verdammt hübsches Mädchen, Melanie Müller. Auch mit Klamotten.«

Ich wusste ja, dass Paul recht hatte. Also zumindest, was das Arbeiten anging. Ich musste etwas tun, weil ich schließlich nicht den ganzen Tag nur auf mein Handy starren konnte, das keinen scheiß Ton von sich gab. Mike meldete sich nicht. Ich rechnete auch nicht wirklich damit, wieder von ihm zu hören – nach allem, was passiert war. Zumindest nicht in den nächsten Wochen. Oder sogar Monaten. Trotzdem hoffte ich jeden Tag auf ein kleines Wunder.

Um überhaupt irgendetwas zu tun, tat ich Paul also den Gefallen und sah mich auf der Seite der Modelagentur um. Dabei stieß ich auf eine Ausschreibung, in der für die zweite Staffel von »Der Bachelor« nach Kandidatinnen gesucht wurde. Ich hatte zwar noch nie eine Folge des Bachelors gesehen, wusste aber so ganz grob, um was es in dieser Fernsehshow ging: Viele Weiber zanken sich um einen Typen. Am Ende gewinnt eine. Der Gewinn ist der Typ.

Soweit war ich informiert. Der Gedanke, einer Horde von Frauen ausgesetzt zu sein, die alle um ein- und denselben Mann buhlten, turnte mich allerdings nicht gerade an. Doch nun las ich, dass jede Kandidatin außerdem dreitausend Euro Honorar erhielt, auch wenn sie schon nach der ersten Runde rausfliegen würde. Hier war »dabei sein« nicht alles. Hier waren »dabei sein« dreitausend Euro. Ich rechnete mir zwar weder Chancen aus, überhaupt zu einem Casting eingeladen zu werden, noch wirklich am Ende unter die zwanzig ausgewählten Kandidatinnen zu kommen und damit dreitausend Euro einzukassieren. Aber dieser Betrag war auf jeden Fall einen Versuch wert. Noch dazu waren die Anforderungen, um sich zu bewerben, nicht gerade anspruchsvoll. Man müsste einfach nur ein einminütiges Handyvideo schicken und sich darin vorstellen. Ich machte mich also sofort ans Werk.

Ich kramte mein Telefon aus der Tasche, ging auf Video und drückte Aufnahme. Denn was der Märchenonkel konnte, konnte ich schon lange. Ich war Regisseurin, Kamerafrau und Darstellerin in einem. Sehr spontan und in Anlehnung an das Dogma-Kino hielt ich mir mein Handy vor die eigene Nase und wagte die eine oder andere Kamerafahrt. Weder Perspektive noch Bildausschnitt stimmten, doch getreu der Ausschreibung versuchte ich, alle dort aufgelisteten Punkte umzusetzen. Ich stellte mich ordentlich vor, nannte meinen vollen Namen, mein Alter und was ich gerne in meiner Freizeit machte. Nämlich kochen, Fahrrad fahren und Freunde treffen. Etwas einfallsreicher wurde ich, als es um meinen Beruf ging. Da ich schlecht sagen konnte: »Ich lasse mich beruflich von Porno-Produzenten ficken und abzocken«, entschied ich mich für eine kleine Notlüge und behauptete, beruflich Sexspielzeuge zu testen. Ich fand, das klang spannend. Und ich war mir sicher, die einzige Bewerberin mit so einem außergewöhnlichen Beruf zu sein. Schließlich musste ich – über meine grottenschlechte Bildgestaltung hinaus –inhaltlich irgendwie auffallen.

Als ich das Video abends Paul präsentierte, schlug er die Hände über dem Kopf zusammen und fragte nach, ob ich diese Katastrophe schon abgeschickt hätte. Ich schüttelte den Kopf. Schließlich wollte ich erst Pauls Meinung dazu hören. Er schlug vor, das Ganze am nächsten Tag noch einmal zusammen aufzunehmen. Ich stimmte zu. Allerdings behielt ich inhaltlich alles so bei. Auch die Sache mit dem Sexspielzeug. Paul fand das nicht wirklich gut, fügte sich aber meinem Willen. Als ich das Video abgeschickt hatte, meinte Paul, ich sollte mir besser keine allzu großen Hoffnungen machen. Und das war wirklich das letzte, was ich tat.

Umso überraschter waren wir beide, als ich tatsächlich zum Casting nach Köln eingeladen wurde. Da ich Paul mitverantwortlich machte, musst er mich natürlich nach Köln begleiten. Aber welcher Mann lässt sich schon zweimal bitten, zu einem Casting für den Bachelor mitzukommen? Ich weiß nicht, was Paul erwartet hatte, aber ich bin mir sicher, dass seine Erwartungen bei Weitem übertroffen wurden. Ich für meinen Teil war zumindest ziemlich geschockt, als ich meinen Mitstreiterinnen zum ersten Mal gegenüberstand. Denn plötzlich fand ich mich in einem Wartebereich unter Hunderten von Schönheitsköniginnen wieder. Mit dem unguten Gefühl, das hässliche Entlein zu sein.

»Paul!«, flüsterte ich. »Ich glaube, wir haben uns in der Tür vertan. Das hier muss das Casting für *Germanys Next Topmodel* sein!« Aber Paul war kaum noch ansprechbar. Er genoss sehr offensichtlich die Ansammlung von großen, blonden und schlanken Frauen, die verdammt enge und verboten kurze Röcke trugen, ständig ihre Busen zurechtrückten und aufgeregt auf High Heels durch den Raum stolzierten. Mir dagegen war nur noch nach Umkehren zumute. Ich fühlte mich wieder wie damals auf der Haus-Garten-Freizeit-Messe. Ich trug zwar weder Latzhosen, noch hatte ich einen Spaten dabei, aber mein Styling kam mir plötzlich mehr als unangemessen vor. Ich hatte mich schon gestylt. Aber anders. Auf meine eigene Art. Ich trug enge dreiviertel Hosen, ein schwarzes Tanktop und meine kurzen wasserstoffblonden Haare nach oben gegelt. Allerdings war ich, soweit ich das sehen konnte, die einzige Frau weit und breit, die sich mit einer Kurzhaarfrisur überhaupt hierher getraut hatte. Aber ich fand kurze

Haare nicht nur schön, sondern auch praktisch. Morgens aufstehen, einmal durchwuscheln, fertig! Praktisch mochte ich. Deshalb trug ich auch meistens bequeme Schuhe. Doch heute hatte ich sogar, zumindest für meine Verhältnisse, auch hohe Schuhe an. Aber eben solche, für die man noch keinen Waffenschein braucht. Noch dazu konnte ich mit meinen lächerlichen Fünf-Zentimeter-Absätzen kaum laufen, weil ich mir zwei Tage zuvor den kleinen Zeh gebrochen hatte. Vor lauter Blödheit, als ich aus der Dusche stolperte.

»Lass uns wieder abhauen!«, raunte ich Paul zu und riss ihn damit aus seinen feuchten Tagträumen. »Ich pass' nicht hierher.«

»Jetzt rede keinen Unsinn, Melanie. Du passt hier sehr wohl her. Schau dich doch mal um: Ja, die sind alle schön. Sehr schön sogar. Und verdammt sexy. Aber sie sehen auch alle ein bisschen gleich aus. Du, Frau Müller, bist was ganz Besonderes.«

»Ich will jetzt aber nichts Besonderes sein. Ich will nur nicht mehr hier sein!«, sagte ich. Doch genau in diesem Moment wurde ich aufgerufen, mich der Casting-Jury zu stellen.

»Los, zeig's denen. Aufgegeben wird nicht!«, feuerte mich Paul an, was mir ein bisschen peinlich war, weil es alle anderen auch hörten. Und natürlich kehrte ich jetzt nicht mehr um. Schließlich musste ich bei meinem letzten Casting einem alten Sack gute dreißig Minuten lang einen blasen. Unter anderem. Viel schlimmer konnte es diesmal also nicht werden.

Das Casting an sich lief eigentlich gar nicht schlecht. Kaum im Raum, zog ich erst einmal meine Schuhe aus, was für große Verwunderung sorgte. Aber als ich erklärte, dass ich mir beim

Duschen meinen Zeh gebrochen hatte, fingen alle an zu lachen.

»Wer den Schaden hat, braucht für den Spott ... oder wie?«, sagte ich und wieder lachten alle. Ich weiß nicht genau, wie es kam, aber ich schätze meine große Klappe hatte irgendetwas damit zu tun, dass ich weiter kam. Nach diesem Casting in Köln folgten weitere Telefoninterviews, bis ich am Ende als eine von zwanzig Kandidatinnen unter deutschlandweit sechshundert Bewerberinnen ausgewählt wurde.

So kam es, dass ich im Oktober 2012 ohne Handy und ohne jeglichen Kontakt zur Außenwelt in die Bachelor-Villa in Südafrika einzog. Das war insofern schon genial, da ich mir vom ersten Tag an satten dreitausend Euro sicher sein konnte. Und wenn ich mich nicht ganz dumm anstellen würde, könnte ich noch ein paar Wochen Kost und Logis rausschlagen und auch noch etwas von Südafrika erleben. Ich dachte anfangs nicht wirklich daran, die Sache zu gewinnen. Dafür fand ich die anderen Frauen einfach viel attraktiver als mich selbst. Erst als diese attraktiven Frauen um mich herum immer weniger wurden, packte mich tatsächlich der Ehrgeiz. Der Bachelor hatte offensichtlich einen wirklich guten Frauen-Geschmack.

Die Zeit in der Bachelor-Villa war dennoch alles andere als einfach. Die größte Herausforderung für mich war es, so lange Zeit auf engstem Raum mit so vielen unterschiedlichen Frauen zusammenzuleben. Ich tat mich schon immer schwer mit Frauenfreundschaften. Carola stellte da wohl die einzige Ausnahme in meinem Leben dar. Ich nehme an, dass die Beziehung zu meiner Mutter diesbezüglich auch eine Rolle spielt. Denn mit Frauen konnte ich schon immer schlechter als mit Männern. Vor allem mit Frauen in meinem Alter. Mit älteren

Frauen ging es meist besser. Vor allem im Bett. Aber in diesem Haus herrschte der reinste Tussen-Terror unter Zwanzigjährigen. Je weniger Kandidatinnen es wurden, umso angespannter wurde die Stimmung im Haus. Schließlich waren wir kein Team. Wir zogen nicht alle an einem Strang, sondern waren uns gegenseitig die größte Konkurrenz. Jede wollte gewinnen. Ich eckte außerdem oft an, weil ich gern und meist sehr direkt meine Meinung kundtat. Und das kam vor allem bei den Frauen, die lieber hinter vorgehaltener Hand tuschelten, nicht besonders gut an.

Genauso wenig meine Verführungskünste, als ich heiß und innig mit einer anderen Kandidatin knutschte. Natürlich wollte ich Aufsehen erregen. Ich war nun mal kein ausgewachsenes Topmodel, sondern eben nur die Melanie aus Grimma. Noch dazu gefiel mir diese Frau. Sie war bildhübsch und sehr sexy. Und zugegebenermaßen auch ein bisschen Mittel zum Zweck. Unsere Knutschaktionen wirkten sich auch positiv in ihrem Sinne aus. Denn wir blieben beide ein wenig länger im Rennen.

Was mir in dieser Villa jedoch am meisten fehlte, war Privatsphäre. Man konnte keine fünf Minuten am Tag für sich allein sein. Das Einzige, wovon es noch weniger gab als Privatsphäre, war etwas Anständiges zu trinken. Als wir einmal eine Pulle Rum bekamen, verarbeitete ich diese sofort zu einem Riesen-Punsch mit ordentlich Früchten und Zucker. Das wiederum hatte zur Folge, dass wir alle morgens um neun Uhr schon rattenstraff in der Villa umhertaumelten. Ich muss sagen, ich hatte wirklich auch sehr viel Spaß. Doch tatsächlich war es für mich in diesen sieben Wochen am schönsten, die Natur Südafrikas zu erleben. Dieses Land riss mich völlig vom Hocker. Und am meisten bekam ich davon bei Dates mit dem Bachelor zu sehen.

Wir beide verstanden uns wirklich von Anfang an sehr gut. Er war ein verdammt netter Kerl und wir hatten Spaß zusammen. Deshalb kam ich vermutlich auch Runde um Runde weiter, was mich selbst meist mehr überraschte als alle anderen. Auch wenn man mir das vielleicht nicht anmerkte. Aber ich verstand nie so ganz genau, welchen Narren er an mir gefressen hatte. Denn eigentlich passten wir beide überhaupt nicht zusammen. Zumindest hatte ich immer das Gefühl, das irgendetwas nicht stimmte. Oder fehlte. Aber erst später bemerkte ich, dass es Mike war, der mir fehlte. Denn so aufregend das alles und so herrlich Südafrika auch war: Für mich passierte das alles mit dem falschen Mann. Doch dieses Gefühl versuchte ich eine ganze Zeit lang auszublenden. Vielleicht, so dachte ich, war diese ganze Show hier auch ein Wink des Schicksals? Vielleicht konnte ich mit einem Mann wie dem Bachelor glücklich werden? Vielleicht musste er nur ein bisschen aus der Reserve gelockt werden? Und genau das versuchte ich bei jeder Gelegenheit. Bei unserem Dream-Date schüttete ich ihm mehr Wodka als Orangensaft in sein Glas. Einfach, um ihn mal ein bisschen aufzulockern. Zu anderer Gelegenheit wälzten wir uns im Schnee und ich stieg splitterfasernackt zu ihm in den Whirlpool. Aber auch das schien ihn mehr zu schocken als ihm zu gefallen. Und bei meinen Konkurrentinnen kam das natürlich wieder überhaupt nicht gut an. Melanie, die immer blank zieht! Wie dem auch sei, ich mochte den Bachelor. Ich fand ihn attraktiv und war mir lange Zeit nicht sicher, ob ich nun in ihn verliebt war oder nicht. Wir knutschen auch einmal. Und das war schön. Aber auch nicht mehr. Schließlich musste ich mir eingestehen, dass mir einfach die Ecken und Kanten bei diesem Mann fehlten. Obwohl er sich bei dem Home-Date in Grimma tapfer geschlagen und sogar mit meinem Vater Wurst hergestellt hatte, spürte ich, dass ich einfach nicht verliebt war. So sehr ich es mir auch wünschte.

Daher stieg ich auch aus, als es neben mir nur noch zwei weitere Kandidatinnen gab. Die beiden anderen Frauen waren bis über beide Ohren in ihn verknallt. Ich nicht. Also bedankte ich mich für die schöne Zeit und sagte ihm, dass ich es fairer fand, mich jetzt zurückzuziehen und den anderen den Vortritt zu lassen. Und wer weiß? Vielleicht hätte er sich in dieser Runde sowieso gegen mich entschieden. Ich war nicht scharf darauf, einen Korb zu kassieren. Und genauso wenig wollte ich länger um einen Mann kämpfen, der nicht der Richtige für mich war.

Ich verließ die Bachelor-Villa, glücklich und dankbar, solch eine Erfahrung gemacht und das wunderbare Südafrika kennengelernt zu haben. Mein Liebeskummer war vergangen. Aber die Sehnsucht nach Mike, als mein Partner und bester Freund, war eher noch größer geworden als zuvor. Insgeheim hoffte ich, wenigstens von ihm zu hören, nachdem die Show ausgestrahlt worden war. Ich wusste nur nicht, ob Mike sich so etwas überhaupt ansah.

Doch als es dann soweit war, im Januar und Februar 2013, gab es nur wenige Menschen in Deutschland, die nicht mitbekamen, dass Melanie Müller beim Bachelor war. Egal, ob sie die Sendung sahen oder nicht. Mein Name war allerdings nicht unbedingt nur deshalb in aller Munde, weil ich unter die letzten drei Kandidatinnen gekommen war. Sondern auch weil der Schweizer Märchenonkel seine Scarlet Young im deutschen Fernsehen sofort erkannte. Er witterte seine Chance, sich mit mir und unseren schmutzigen Filmchen jetzt eine goldene Nase zu verdienen, und fackelte nicht lange, sich mit der Presse in Verbindung zu setzen. Von vertraglichen Absprachen, mir meine Hälfte vom Gewinn auszubezahlen, hielt er immer noch nicht viel.

Ehe ich mich versah, war ich von einem Tag auf den nächsten die größte Pornoschlampe Deutschlands. Sofort war mein Name überall in der Presse: »Porno-Melli bekommt den Hals nicht voll!« oder: »Wie Melanie Müller ihr Geld wirklich verdient!« Das fand ich besonders amüsant. Dass man mir ausgerechnet diese kleine Notlüge in Bezug auf meinen Beruf vorhielt. Schließlich hatte ich nicht behauptet, Kindergärtnerin zu sein. Aber der Skandal war groß, als klar wurde, dass ich nicht dem bodenständigen Beruf nachging, Sexspielzeuge zu testen. Jetzt war ich von Beruf eben Pornodarstellerin. Dass ich damit keinen einzigen Cent verdient hatte, interessierte natürlich niemanden.

Mich dagegen interessierte sehr, zu sehen, wie meine eigenen Eltern auf den Skandal reagierten. Denn die beiden erfuhren auch über die Presse von meinem beruflichen Werdegang. Das Ergebnis war wie immer verblüffend. Denn sie reagierten gar nicht. Die ganze Sache wurde bei uns zu Hause nach alter Müller'scher Manier totgeschwiegen. Das Kind hatte Pornos gedreht. Das hieß noch lange nicht, dass wir darüber reden mussten. Denn das wäre vermutlich ein unangenehmes Gespräch geworden und diesen gingen meine Eltern grundsätzlich lieber aus dem Weg. Wirklich unangenehm war mir die Sache tatsächlich nur vor zwei Menschen auf dieser Welt. Nämlich meinen Großeltern. Die beiden waren zwar schon älter, aber nun wirklich nicht von gestern. Sie bekamen ganz genau mit, was los war. Und bei meinem nächsten Besuch fiel es mir anfangs schwer, den beiden in die Augen zu sehen. Meine Oma meinte irgendwann nur, dass ich schon meine Gründe gehabt haben würde.

»Du bist und bleibst unsere Melanie!«, sagte mein Opa. »Ganz egal, was die Leute über dich schreiben.« Ich war erleichtert, dass sie so entspannt mit der Sache umgingen. Trotzdem litt ich darunter, dass ich mal wieder niemanden hatte, mit dem ich reden konnte. Ich hatte zwar Paul, aber Paul hatte auch sein eigenes Leben – das nun durch mich ziemlich durcheinander geriet. Ich weiß bis heute nicht, wie sie es machten, aber die Presse fand schnell heraus, dass ich bei Paul wohnte, und schon bald läutete sein Telefon Sturm. Es kamen Anrufe von Managern, Booking-Agenturen, Boulevardreportern und ohne Ende Interviewanfragen. Manche waren seriöser als andere, aber so genau wussten wir das beide nicht. Paul kannte sich mit so etwas nicht aus. Ich noch weniger. Umso glücklicher war ich, als endlich mal wieder mein eigenes Handy klingelte und tatsächlich ein Name auf dem Display erschien, den ich so lange vermisst hatte: »Hey Melli! Ich dachte, du könntest vielleicht jemandem zum Reden brauchen?«

Mein Herz machte einen gewaltigen Sprung, als ich Mikes Stimme hörte. Er hatte überhaupt keine Ahnung, wie recht er hatte und wie gut es mir tat, jetzt von ihm zu hören. Ich brauchte nicht nur jemanden zum Reden, sondern einen Freund, der mein Leben wieder in Ordnung brachte.

Als wir uns nach Monaten zum ersten Mal wiedertrafen, hatten wir uns viel zu erzählen. Mike wollte die ganze Geschichte von Anfang an hören. Wie ich auf die Idee gekommen war, mich bei dieser Show zu bewerben. Wie mir Südafrika und natürlich auch der Bachelor gefallen hätte? Ob der hübsche Junggeselle wirklich nicht mein Typ wäre? Oder ob das von vornherein abgesprochen gewesen war? Ich musste lachen.

»Du kennst doch meinen Männergeschmack«, sagte ich zu Mike. »Ich stehe auf alte Typen mit lichtem Haaransatz und kleinem Bäuchlein!« Dabei kniff ich ihn leicht in die Seite. Mike grinste und erzählte mir auch von seinen letzten Monaten. Dass es mit dem Internetprojekt, das er zusammen mit seinem Freund gegründet hatte, recht gut lief. Er hatte sogar schon wieder schwarze Zahlen auf dem Konto, kaufte aber immer noch die langweilige Gelbwurst im Supermarkt, weil sie ihn an unsere letzte gemeinsame Zeit erinnerte. Bei dieser Erinnerung mussten wir beide schmunzeln. Zu viele Erinnerungen wären aber auch nicht gut, meinte Mike und sah dabei ziemlich traurig aus. Dann umarmten wir uns lange und ich spürte, dass Mike noch genauso an mir hing wie ich an ihm.

Dennoch wollte ich, und ich denke auch Mike, alles Weitere langsam angehen lassen. Mike fragte mich, ob ich mit meiner aktuellen Situation zurechtkäme. Ich antwortete ihm sehr ehrlich. Nämlich dass ich maßlos überfordert war. Dass ich nicht wusste, welche Anfragen ich beantworten und auf welche Termine ich mich einlassen sollte. Genauso wenig, ob ich gegen den Schweizer Pornoproduzenten klagen oder die Sache einfach auf sich beruhen lassen sollte? Ich hatte verdammt noch mal keine Ahnung und fragte Mike ganz direkt, ob er mir helfen könnte. Zumindest für den Anfang. Denn Mike war der Mensch in meinem Leben, dem ich nach wie vor am meisten vertraute. Ihm und auch seiner ausgezeichneten Menschenkenntnis. Mike stimmte zu. Er meinte, er könnte mir nichts versprechen, aber er würde sich gern als persönlicher Manager von Melanie Müller versuchen.

Und so kam es, dass Mike täglich zwischen dreißig und vierzig Anrufe entgegennahm. Wir richteten ihm anfangs einen provisorischen Arbeitsplatz bei Paul ein, bis es sich irgendwann rumgesprochen hatte, dass Mike der Ansprechpartner für alle Melanie Müller-Belange war. Sehr zur Erleichterung von Paul. Und Mike machte seinen Job verdammt gut. Er trennte die Spreu vom Weizen und sortierte Birnenpflücker-Agenturen von solchen aus, die ernsthaft an einer Zusammenarbeit mit mir interessiert waren und solide Angebote machten. Darüber hinaus verhandelte er mit Medienanwälten, um dem Schweizer vielleicht doch noch das Handwerk zu legen, und vereinbarte Pressetermine für mich, die ihm Erfolg versprechend erschienen. Ehe wir uns versahen, waren wir ein perfekt eingespieltes Team. Beruflich wie auch privat. Allerdings als Freunde und nicht als Paar. Mike bekam ein branchenübliches Managergehalt, das sich prozentual aus meinen Einnahmen berechnete. So viel hatte ich in der Pornoindustrie gelernt. Mit dem Unterschied, dass ich meine Zusagen auch hielt.

Natürlich ging es anfangs bei fast allen Anfragen vor allem immer und immer wieder um meine Pornokarriere, die eher ein Flop als eine Karriere war. Ich spürte, dass Mike dieses Thema immer noch schmerzte. Aber Mike wäre nicht Mike, wenn er nicht versucht hätte, sogar dieser Sache, die unsere

Beziehung zerstört hatte, irgendetwas Positives abzugewinnen. Und es stimmte. Vermutlich wäre ich ohne diesen Pornoskandal wenige Wochen nach dem Bachelor längst wieder in der Versenkung verschwunden. Denn wer erinnerte sich schon an die drittletzte Bachelor-Kandidatin? Kein Mensch.

Hätte ich dennoch die Möglichkeit gehabt, die Zeit zurückzudrehen, hätte ich es nach wie vor getan. Da das aber nun einmal nicht ging, versuchte ich, es Mikes positiver Art gleichzutun und auch die Vorteile zu sehen. Und tatsächlich – Schrottpromi hin oder her – bekam ich plötzlich Jobangebote, die nicht nur Spaß machten, sondern auch fair bezahlt wurden. Ich bekam eine kurze Episodenrolle in einer Fernsehserie und wurde zu zahlreichen Autogrammstunden in Clubs geladen, für die Mike und ich in Windeseile Autogrammkarten drucken ließen. Und keine Sorge: Auf den Autogrammkarten zeigte ich weder Arsch noch Titten. Nur ein strahlendes Lächeln. Denn endlich war ich wieder das, was man wohl glücklich nannte. Ohne Wenn und Aber.

IM DSCHUNGELFIEBER

Langsam aber sicher kam mit Mikes Hilfe meine Karriere ins Rollen. Diese Karriere war nicht unbedingt genau so geplant gewesen. Aber jetzt, wo sich die Chance dazu ergab, weiter ins Showbiz einzusteigen, wollte ich sie auch nutzen. Denn es machte mir wahnsinnigen Spaß. Auch angezogen.

Schon kurz nach dem Bachelor ermöglichten es mir meine Einnahmen, endlich wieder eine eigene Wohnung anzumieten. Wenn ich auch eher selten zu Hause war. Denn von nun an war ich sehr viel unterwegs und ansonsten sehr viel bei Mike. Schon aus beruflichen Gründen, aber auch, weil ich einfach verdammt gern mit ihm zusammen war. Neben einer eigenen Wohnung legte ich mir auch ziemlich schnell weitere Tiere zu, Katzen und Hunde, die mehr oder weniger auch bald bei Mike und meiner guten alten Pascha ihr zweites Zuhause fanden. Sobald ich zu Veranstaltungen unterwegs war, für die ich gebucht oder als Gast geladen wurde, begleitete mich Mike immer. Er fuhr, während ich im Auto schlief oder mich mit Hilfe des Rückspiegels für Veranstaltungen zurechtmachte. Eigentlich waren wir rund um die Uhr zusammen. Nur nachts, da schlief jeder in seinem Bett. Und irgendwie fühlte sich das schon bald sehr falsch an.

Im April 2013 trennten sich unsere Weg für ganze zehn Tage, in denen ich in der Karibik für Pro Sieben am Promi-Heilfasten teilnahm. Die größte Herausforderung für mich war nicht unbedingt die körperliche Tortour, zehn Tage lang bei größter Hitze im Paradies Hunger zu leiden, sondern vielmehr der reinigende Aspekt des Heilfastens, der sich eben nicht nur auf Körper, sondern auch auf den Geist bezieht. Ob ich wollte oder nicht, wurde ich zu einer Auseinandersetzung mit mir selbst gezwungen. Denn wenn man körperlich derartig Verzicht üben muss, bleibt einem nicht mehr viel anderes übrig, als sich mit den eigenen Gedanken zu beschäftigen. Ich ließ die Beziehung zwischen Mike und mir Revue passieren und grübelte darüber nach, ob wir als Paar einen zweiten Anlauf wagen sollten. Gefühlsmäßig war bei mir vermutlich sogar noch mehr da als je zuvor. Ich liebte diesen Mann. Da war ich mir ganz sicher. Ich war nur nicht sicher, ob ich diese Liebe riskieren wollte. Und zu jener Zeit passierte so viel in meinem Leben, dass ich nicht wusste, ob ich dieser Beziehung die Aufmerksamkeit zukommen lassen könnte, die sie verdiente. Nach zehn Tagen des Hungerns und einigen Kilo weniger auf der Waage, kam ich zur der gereinigten Erkenntnis, dass alles erst einmal so bleiben sollte wie es war. Warum? Weil es sich gut anfühlte. Fast so gut, wie die erste kleine Mahlzeit, mit der wir das Fasten nach zehn Tagen wieder brachen. Auch wenn ich auf die gesalzenen Nüsse samt Rum-Cola definitiv hätte verzichten sollen.

Zurück in Leipzig jagten Mike und ich von einem Termin zum anderen. Ich nahm erneut an »Das perfekte Dinner« teil und machte wieder nur den zweiten Platz. Der Unterschied war allerdings, dass die Runde diesmal aus Prominenten bestand. Angeblich war ich damit die erste und bisher einzige Kandidatin, die sowohl bei »Das perfekte Dinner« als auch bei »Das perfekte Promi-Dinner« teilgenommen hatte. Es folgten die »RTL Pool-Champions«, die mir als eine Mischung aus

»Let' s Dance« unter Wasser und der großen RTL-Sommer-show beschrieben wurden. Das klang allerdings entspannter als es für mich war. Denn die Teilnahme an diesem Format zwang mich drei Monate lang zu regelmäßig hartem Training im Synchronschwimmen und Turmspringen – was mich kör-perlich an den Rand meiner Leistungsfähigkeit brachte. Auch in dieser Zeit war mir Mike eine große Unterstützung, da er mich drei- bis viermal pro Woche nicht nur zu all diesen Trainingseinheiten fuhr, die abwechselnd in Halle an der Saale und Berlin stattfanden, sondern mich auch immer wieder emotional unterstützte und motivierte. Denn ich war nie wirklich das, was man eine Wasserratte hätte nennen können. Von klein auf hasste ich es, unter der Wasseroberfläche zu sein. Ich bin doch kein Fisch! Wer mich im Schwimmbad tauchte, wurde anschließend verprügelt. Daher waren weder Synchron-schwimmen noch Turmspringen Disziplinen, in denen ich voll und ganz aufging. Kein Wunder also, dass ich letzten Endes im Becken keine große Leistung hinlegte. Ich war trotzdem glücklich. Denn immerhin hatte ich es überstanden.

Ab Mai 2013 flog ich regelmäßig nach Mallorca zu Auftritten in Clubs und Festzelten. Das waren meine einzigen Veranstal-tungen, zu denen Mike mich nicht begleitete. Schon aus fi-nanziellen Gründen. Außerdem waren meine Tage auf Malle immer sehr vollgepackt und kurz bemessen. Trotzdem zogen sie sich für mich gefühlt oft arg in die Länge. Denn ich ver-misste Mike. Jedes Mal ein bisschen mehr. Überhaupt war es ein komisches Gefühl, nach nur so kurzer Zeit unter so ganz anderen Umständen wieder auf der Insel zu sein, auf der ich die unterschiedlichsten Erfahrungen gemacht hatte. Von der

Dreierbeziehung mit Renate und Mike, über die Gefängniszelle bis nun hin zur Partybühne. Das war irgendwie verrückt. Aber vielleicht auch mein Weg, nicht nur mit Mallorca, sondern auch mit mir, meiner Vergangenheit und meinen Fehlern Frieden zu schließen.

Während ich auf Malle Partyschlager sang und für Stimmung unter den Ballermann-Urlaubern sorgte, kümmerte sich Mike in Leipzig um den Papierkram und um meine kleine Tier-Farm, die im Laufe der Zeit immer größer geworden war. Zu diversen Katzen und Hunden gesellte sich bald ein intelligentes Hausschwein, dem ich den sehr aussagekräftigen Namen Schnitzel gab. Schnitzel folgte besser als jeder Hund und war mir bis zu seinem plötzlichen Herzstillstand, der wiederum mir fast das Herz brach, ein treuer Gefährte.

Als wir genug Startkapital zusammen hatten, bauten Mike und ich einen Shop für Sexspielzeug im Internet auf. Denn meine ursprüngliche Idee, ein Internetportal für Webcamgirls mit fairen und angenehmen Arbeitsbedingungen ins Leben zu rufen, ließ sich leider nicht finanzieren. Doch ich wollte sehr gern etwas im Bereich Erotik aufziehen. Das war immerhin ein Thema, mit dem ich mich aus allen möglichen Perspektiven betrachtet inzwischen gut auskannte. Und ein Online-Sexshop schien mir ideal zu sein. Ich hatte zwar beruflich nie wirklich Sexspielzeuge getestet, aber dennoch in den letzten Monaten vermehrt damit zu tun gehabt. Sowohl im eigenen Umgang als auch durch diverse Fachgespräche, die ich im Kreise von Schweizer Prostituierten belauscht und geführt habe. So vertrieben wir ab Sommer 2013, nachdem sich der größte Rummel bezüglich meiner Karriere im Erotikbereich endlich gelegt hatte, auf lustshoppen24.de Sexspielzeuge. Mit dieser Branchenwahl und dem Slogan *Melanie macht die schönste Sache der Welt noch ein bisschen schöner* spielten wir sehr bewusst auf alles an, was bisher über meine Person gesagt wurde. Denn wenn ich schon ein Porno-Image hatte, dann konnte ich es auch genauso gut für meine Zwecke nutzen. Noch dazu mochte ich privat Sexspielzeuge wirklich sehr gern und daher kümmerte ich mich von Anfang an auch selbst um die Auswahl. Neben den üblichen Topsellern wie Kondomen, Dildos und Vibratoren gab es ja noch so viel mehr zu entdecken! Auch gibt es mittlerweile eine eigene Linie einer Enthaarungscreme ohne Konservierungsstoffe, die in der Hälfte der Zeit, nämlich in vier bis fünf Minuten zum Erfolg führt. Oder Öle, die bei Fissuren in der Intimzone wahre Wunder bewirkten. Damit hatte ich selbst zum Glück keine Erfahrungen gemacht, aber dennoch weiß ich, dass viele Menschen, vor allem Frauen, daran leiden und sich nicht zum Arzt trauen. Solche Fissuren können sehr schmerzhaft und sogar chronisch werden. Tatsächlich sind diese Öle heiß begehrt.

In der Aufbauphase unseres Shops kamen Mike und ich uns immer näher. Oft arbeiteten wir bis spät in die Nacht, sodass es für mich kaum Sinn machte, nach Hause zu fahren, nur um am nächsten Morgen sehr früh wiederzukommen. Während wir uns anfangs noch solcher Ausreden bedienten, brauchten wir sie mit der Zeit nicht mehr, um Arm in Arm einzuschlafen. Und nach einigen platonischen Nächten dieser Art, ließen wir schließlich unsere letzten Bedenken fallen. Einem ersten Kuss folgten viele weitere. Und schon bald befand sich mehr als nur meine Zahnbürste in Mikes Wohnung. Wir lebten wieder wie damals.

Wie ein Paar. Wir aßen, schliefen und arbeiteten zusammen. Das Einzige, was wir so gut wie nie taten, war, darüber zu sprechen, was das mit uns war. Mir schien, wir trauten uns nicht, das Kind beim Namen zu nennen. Dem Ganzen ein Label zu geben – womöglich in der Angst, alles kaputtzumachen, sobald wir es zu definieren versuchten. Ab und an kamen Presseanfragen, die sich unter anderem nach meinem Beziehungsstatus erkundigten.

»Melanie ist Single«, antwortete Mike dann souverän, was mich zumindest beim ersten Mal irritierte. Mike bemerkte meine Verunsicherung und sagte nur: »Lassen wir es langsam angehen.« Und ich wusste, dass er recht hatte. Wir mussten selbst erst überprüfen, wie stabil das »wir« war, bevor sich die Presse darauf stürzen würde. In dieser Zeit, in der alles ein bisschen wie früher und dennoch völlig neu war, kam endlich die Anfrage rein, auf die ich die ganze Zeit gehofft hatte. Nämlich, ob ich am Dschungelcamp teilnehmen wollte. Und das wollte ich nicht nur, sondern hatte es mir schon lange gewünscht. Denn das Dschungelcamp war eine der wenigen Shows, die ich mir seit Jahren selbst genüsslich ansah. Natürlich sagte ich zu und konnte es kaum erwarten, in den Dschungel nach Australien zu kommen. Allerdings war mir von Anfang an klar, dass diese zwei Wochen in der Wildnis kein Spaziergang werden würden. Und nicht nur deshalb, weil ich Mike wahnsinnig vermissen würde. Sondern auch in körperlicher Hinsicht.

Daher fing ich schon fünf Monate vor dem Einzug in das Camp an, mich darauf vorzubereiten. Ich verzehrte zwar kein Ungeziefer am heimischen Esstisch, aber reduzierte schon sehr früh meinen Alkoholkonsum und organisierte mir einen Personal-Trainer, der meine Fitness wieder auf Vordermann bringen sollte. Ich trainierte also mehrmals die Woche und stellte meine Ernährung entsprechend meines Trainingsplans um. Nämlich auf gesund, was leider auch bedeutete, weniger Wurst und Fleisch zu verdrücken. Doch bevor es endlich in den Dschungel ging, gab es noch eine weitere Herausforderung zu meistern: Ich entwarf meine eigene Burlesque-Show. Zu dieser Leidenschaft kam ich wie die Jungfrau zum Kind.

Alles fing damit an, dass mich ein Berliner Club für einen Show-Abend buchte. Ich sagte zu, ohne die Rahmenbedingungen wirklich durchgelesen zu haben. Erst als Mike mich verwundert ansah, dass ich mir zutraute, als Burlesque-Tänzerin aufzutreten, wurde ich ein bisschen blass. Als was sollte ich auftreten? Ich wusste ehrlich gesagt nicht einmal, was Burlesque genau bedeutete. Allerdings hatte ich schon zugesagt und ich hielt meine Zusagen auch gern ein. Was auch immer Burlesque sein mochte, schwerer als Synchronschwimmen oder Turmspringen konnte es nicht sein!

Ich fing also sofort damit an, mir alle möglichen Videos zu dem Thema im Internet anzusehen und wurde schnell ein großer Fan von Dita von Teese, bei der ich die eine oder andere Bewegung klaute. Trotz meiner aufrichtigen Bemühungen, im Handumdrehen eine Burlesque-Tänzerin aus mir werden zu lassen, war es verdammt schwierig, mich auf meinen ersten Auftritt vorzubereiten. Ja, ich hatte die Basics wie passende Musik und ein entsprechendes Outfit zusammengestellt. Und ich übte auch fleißig im heimischen Wohnzimmer, mich möglichst erotisch, langsam und lasziv meines Federschmucks, meiner

Handschuhe und den insgesamt drei von vier Schlüppern zu entledigen. Aber dennoch fehlte mir am Ende die alles entscheidende Requisite. Nein, nicht die Nippelpads, die bis zum Ende dran blieben. Sondern das Champagnerglas, in dem ich zum krönenden Abschluss ein Champagnerbad nehmen sollte. Denn preislich lag ein solches Glas, das eine ganze Person fassen konnte, zwischen neun- und elftausend Euro. Und das gab nicht nur meine Gage nicht her, sondern schien mir wirklich übertrieben, um mich auf einen einzigen Auftritt in einem Berliner Club vorzubereiten.

So kam es, dass ich bei meinem ersten Auftritt in einem bis zum Platzen gefüllten Club, live und vor den Augen der gesamten Boulevardpresse, zum ersten Mal meine einzige nichteinstudierte Show in einem Champagnerglas zu Ende brachte. Bevor es losging, starb ich vor Aufregung tausend Tode, bewerkstelligte die Show aber dank einigen Wodkas. Da ich den ganzen Tag nichts gegessen hatte, um schön schlank auszusehen, wirkte dieser sehr effizient und ich schwebte durch die Show und über die Bühne, ohne mich oder sonst jemanden dabei zu verletzen. Alles in allem war meine Nummer zwar weit entfernt von perfekt, aber immerhin schon mal als Burlesque zu erkennen. Nicht nur die Veranstalter, sondern sogar die Presse gab mir ein sehr positives Feedback – was besonders letztere selten tat. Das überraschte mich zwar, aber nicht so sehr wie die Begeisterung, die ich im Publikum auslöste. Die Leute jubelten mir zu. Und dieses Gefühl, samt dem Lampenfieber und dem Adrenalinkick, den nur eine Live-Show wirklich mit sich bringen kann, trugen dazu bei, dass ich Blut leckte. Noch am selben Abend schlug ich Mike vor, dass ich meine eigene Burlesque-Show – nur noch professioneller – aufziehen und regelmäßig auftreten wollte.

Mike gefiel diese Idee grundsätzlich gut. Doch nach wie vor stand die Frage im Raum, woher wir ein solches mannshohes Champagner-Glas nehmen sollten. Auch wenn ich es irgendwie hätte bezahlen können, erschien es mir verantwortungslos, so viel Geld für eine Show-Requisite auszugeben. Überhaupt stellte ich fest: Je mehr ich verdiente, desto sparsamer wurde ich.

Schließlich wollte ich nicht denselben Fehler machen, den ich damals zusammen mit Mike begangen hatte. Nach wie vor hatte ich dieselbe Einstellung zu Geld: Es kommt und es geht. Doch nur weil ich es plötzlich könnte, wollte ich dennoch keine überflüssigen Ausgaben tätigen. Also erklärte ich Mike, dass ich dieses Glas am liebsten selbst herstellen wollte. Mike musste lachen und meinte, dass das wohl eine der wenigen Sachen wäre, die ich nicht zusammen mit Opa im Bastelkeller bauen könnte. Da hatte er wohl recht. Und tatsächlich gab es weit und breit keine Lieferanten, die so etwas beschaffen konnten – bis auf einen. Er stellte uns ein super-schickes Glas zu einem günstigen Preis her, trotz Einzelstück und Maßanfertigung auf meine Größe. Für die Requisite war nun schon mal gesorgt. Anschließend ging es an mein Kostüm. Und natürlich waren mir auch hier die handelsüblichen Kostüme für Burlesque-Shows mit anderthalbtausend bis zweitausend Euro viel zu teuer.

Nach wie vor hatte ich dieselbe Einstellung zu Geld: Es kommt und es geht.

Daher schnappte ich mir ein altes Ballkleid und bat einen Jungdesigner, mir diesen Fetzen in ein Burlesque-Kostüm umzunähen. Dieser Designer war nicht nur begnadet auf seinem Gebiet, sondern trat auch selbst mit eigener Travestie-Show auf. Wir verstanden uns von Anfang an so gut, dass ich ihn kurzerhand bat, mit mir ein paar Choreographien zu passender Musik einzustudieren. Dirk und ich wurden somit sehr gute Freunde und kreierten meine eigene Show, die am Ende bis ins kleinste Detail tatsächlich von Hand gemacht war. Im September 2013 trat ich damit zum ersten Mal auf. Und bis heute bin ich vor jedem einzelnen Auftritt mindestens so aufgeregt wie vor dem allerersten Mal.

Kurz bevor es dann endlich in den Dschungel ging, nahm ich noch bei »Promi Shoppingqueen« teil, wozu mich meine Freundin Jean Rogers begleitete. Jean und ich lernten uns bei einer Veranstaltung in jenem Berliner Club kennen, in dem ich erstmals im Champagnerglas badete. Jean konnte mich vom ersten Moment an eigentlich nicht leiden. Auch in ihren Augen war ich einfach nur diese Porno-Bachelor-Tante, die dauernd ihre Titten zeigte. Ich dagegen fand sie von Anfang an amüsant und sehr sympathisch. Mir gefiel ihre außergewöhnliche Art. Bisher kannte ich sie nur aus den Medien, aber in natura mochte ich sie sofort – und blieb von diesem ersten Treffen an hartnäckig an ihr dran. Dranbleiben und notfalls auch nerven. Aber lieber nerven und auffallen, als schüchtern lächelnd unterzugehen. Als Jean und ich uns immer und immer wieder bei diversen Veranstaltungen über den Weg liefen, schwatzte ich ihr schon bald ihre Handynummer ab. Kurze Zeit später rief ich sie an und fragte sie, ob sie mit mir essen gehen wollte.

Jean fragte nur: »Warum?«

Und ich antwortete: »Warum nicht?«

Seit diesem Abend waren Jean und ich ein Herz und eine Seele. Daher war es auch sie, die von nun an sowohl beim Shopping meine Begleitung wurde als auch zu allen anderen Formaten mit musste.

Auch als ich mich Guido Maria Kretschmers kritischem Auge zu dem schrecklichen Thema »Boots und Stiefeletten« stellen musste. Obwohl mir Jean erfolgreich davon abriet, am Ende in nichts als Boots oder Stiefeletten nackt über den Laufsteg zu marschieren, gewann ich trotzdem nicht. Genauer gesagt wurde ich Letzte. Kein Wunder. Ich hasste shoppen schon immer. Noch dazu verärgerte ich nicht nur den prominenten Wohnungsbesitzer, als ich in seiner Wanne ein genüssliches Schaumbad nahm, sondern auch Guido fand das unmöglich. Genauso wie mein Outfit.

Ich steckte meine Niederlage wie ein echter Kerl weg und bereitete mich die nächste Zeit sehr intensiv auf den Dschungel vor. Auch wenn ich mir keine allzu großen Chancen ausrechnete, diese Show zu gewinnen, hatte ich von Anfang an den Ehrgeiz dazu. Einen Monat bevor es los ging intensivierte ich mein Sporttraining und stellte meinen Alkoholkonsum komplett ein. Außerdem ließ ich mir ein Tattoo stechen, nämlich »Schöne Grüße aus dem Osten«, zusammen mit dem Sandmännchen, auf meiner Pobacke. Als Zeichen dafür, wo ich herkam und wo meine Wurzeln lagen. Denn diese lagen

Ich war mehr heimatverbunden, als ich es jemals für möglich gehalten hätte

mir seit meiner Rückkehr aus Mallorca noch mehr am Herzen als zuvor. Ich war mehr heimatverbunden, als ich es jemals für möglich gehalten hätte. Und das wollte ich auch gern zeigen.

Bevor ich nach Australien flog, verabschiedete ich mich von Paul und Carola, die versprachen, für mich zu voten und mich auch dann noch zu lieben, falls ich doch kein Ungeziefer verschlingen wollte. Außerdem von meinen Großeltern, die mir noch eine selbstgemachte Blutwurst mit auf den Weg gaben. Dass ich diese weder mit nach Australien, geschweige denn ins Camp nehmen durfte, behielt ich an dieser Stelle für mich. Natürlich verabschiedete ich mich auch von meinen Eltern, die meine Karriere seit dem Bachelor mit kritischem Abstand verfolgt hatten. Auch meinen Einzug in den Dschungel kommentierten sie nicht weiter. Zum Abschied fragte mich mein Vater nur, ob ich nicht mal was Anständiges machen könnte. So was wie die Katzenberger. Das war wieder einer der Momente, in denen ich zwischen Heulen und Lachen schwankte. Ich entschied mich für letzteres, umarmte meine Eltern und sagte: »Papa, ich wünsche euch auch alles Gute. Und Mama, keine Sorge. Ihr müsst nicht für mich voten. Der Anruf ist viel zu teuer.«

Von Mike und Jean verabschiedete ich mich nicht. Denn jede Person, die in den Dschungel ging, hatte eine Begleitperson frei, die in der Businessklasse mitfliegen durfte. Mike tauschte sein Businessticket gegen zweimal Holzklasse um, für Jean und sich. Im Dschungel, so sagte Mike, könnte er mir nicht helfen. Aber bis dahin wollte er mich auf keinen Fall allein lassen. Bevor wir uns schließlich trennen mussten, fragte ich Mike, was ich auf die Frage nach meinem Beziehungsstand nun antworten sollte. Er überlegte einen Moment, bevor er sagte: »Vergeben – wenn du mich als deinen Freund fragst. Single – wenn du mich als deinen Manager fragst. Jetzt musst du den Rest entscheiden.« Dann gab mir Mike einen langen Kuss. Ein Kuss, der mich die nächsten zwei Wochen auch Tag für Tag in meinen Gedanken begleitete, während ich zusammen mit meinen Schrott-Promi-Kollegen im australischen Busch zu leben und zu überleben versuchte. Vor allem nachts, wenn ich wach lag und all den Geräuschen lauschte, die ich lieber nicht hätte hören wollen. Dann dachte ich an Mike und diesen Kuss. Mir war längst klar, dass ich ohne diesen Mann nicht mehr sein wollte. Mike war mein Mann fürs Leben. Das wusste ich zu hundert Prozent. Trotzdem konnte ich mich nicht überwinden, in der Öffentlichkeit von ihm und uns zu erzählen. Ich fürchtete, dass zu viel Furore den Zauber unserer Zweisamkeit zerstören könnte. Auch auf die Gefahr hin, Mike damit zu verletzen, sagte ich weiterhin, Single zu sein. Denn ich war der festen Überzeugung, dass mein Privatleben vorerst niemanden außer mich etwas anging. Ich hatte einst gespürt, wie es sich anfühlt, wenn man in der Öffentlichkeit privat auseinander genommen wird. Ein zweites Mal wollte ich das weder für mich noch für Mike riskieren.

Doch jetzt galt es erst einmal, diese Zeit im Dschungel zu meistern. Obwohl ich versucht hatte, mich so gut wie möglich auf die Situation vorzubereiten, fühlte es sich in der Praxis noch mal ganz anders an als in der Theorie. Anders als beim Heilfasten in der Karibik fanden hier meine geistigen Reflexionen zwischen Dschungelprüfungen und Streitigkeiten im Camp statt. Zwischen Hungerattacken und Diskussionen darüber, wer Toilettendienst hätte. Am Ende machten meistens Mola und ich die Toiletten sauber, damit diese Diskussionen endlich ein Ende hatten. Doch was mir neben Dschungel- prüfungen und zwischenmenschlichen Anspannungen unter uns Bewohnern am meisten zusetzte, waren meine ständigen Migräneanfälle, die mir fast den Verstand raubten. Dschungel- arzt Dr. Bob wollte mich in den ersten fünf Tagen wiederholt nach Hause schicken. Aber ich war nicht bereit, nur wegen schrecklicher Kopfschmerzen aufzugeben. Ich war überhaupt nicht bereit, aufzugeben, und verstand bis zum Ende nicht, warum einige meiner Kolleginnen und Kollegen unbedingt raus gewählt werden wollten. Je mehr Tage vergingen, umso mehr packte mich der Ehrgeiz, diese Sache zu gewinnen. Ich wollte nur ein einziges Mal in meinem Leben einen ersten Platz machen. Dafür nahm ich auch den schrecklichen Hunger in Kauf, während sich andere im Fünf–Sterne-Hotel den Magen schon vollschlugen.

Mike fehlte mir fürchterlich. Und zu wissen, dass er ganz in der Nähe im Hotel zusammen mit Jean, die sich unterdessen um meine Facebook-Seite kümmerte, auf mich wartete, machte die Sache nicht leichter. Andererseits wusste ich, dass er mich jeden Tag sehen konnte. Dass er alles irgendwie mit mir zu- sammen erlebte. Und diese Erkenntnis gab mir auch Kraft, durchzuhalten und weiterzumachen. Zu schlucken, was man mir vorsetzte, und anzufassen, was sich mir in den Weg stellte. Ich ertrug die einsamen Momente, die Streitereien und das plötzliche Heimweh, das mich völlig kalt erwischte. Ich weinte, als ich über meine schwierige Beziehung zu meiner Mutter sprach, und hoffte, dass sie mir wenigstens dieses eine Mal wirklich zuhörte. Denn im Nachhinein wurde mir klar, dass ich eigentlich nur zu meiner Mutter gesprochen hatte. Wenn auch über das Fernsehen. Und ganz Deutschland hörte zu. Deutschland, so kam es mir vor, hatte mich verstanden. Meine Mutter leider nicht. Alles, was ich sagen wollte, war, dass ich sie liebte. Und dass ich mir wünschte, eine engere Beziehung zu ihr zu haben. Wir hatten schon zu viele Jahre verschwendet, in denen wir als Mutter und Tochter versagt hatten. Ich wollte nichts lieber, als das zu beenden. Und endlich in meiner Mutter eine Freundin und Vertraute zu finden. Leider blieb dieser Wunsch bis heute unerfüllt.

Auch wenn ich insgesamt nur zwei Wochen im Dschungel war, kamen mir diese 14 Tage wie eine Ewigkeit vor. Das lag vermutlich auch daran, dass wir jegliches Gefühl für Zeit verloren hatten. Wir Camp-Mitglieder hatten natürlich keine Uhren. Aber auch die Uhren des gesamten Filmteams der Produktionsfirma wurden abgeklebt. Da half auch kein Betteln, um nur die ungefähre Tageszeit zu erfahren. Das Team hielt dicht. In allen Belangen. Das gehörte nun mal zu ihrem Job. Meine Hoffnungen, dass es hinter den Kulissen im Dschungel doch noch kleine Ausnahmen wie extra Essen oder Kleidung, vielleicht auch mal eine warme Dusche, geben könnte, zerschlugen sich. Keine Extraportionen, keine warme Dusche. Und wer vergaß, seine nasse Kleidung aufzuhängen, der hatte eben Pech gehabt. Schließlich waren wir alt genug, um uns selbst darum zu kümmern. Der einzige Ort, an dem man tatsächlich einen Moment für sich allein sein konnte, war die Toilette. Hier gab es keine Kameras, keine Mikros. Allerdings wollte man an diesem Ort meist nicht lange bleiben. Ich sag es mal so: Meine Oberschenkelmuskulatur nach dem Dschungel war um einiges trainierter als zuvor.

Sollten wir auf die Idee kommen, im Camp unsere Mikros zuzuhalten, gab es sofort Verwarnungen. Und auch das wussten wir, denn wir hatten es so im Vertrag unterschrieben. Genauso wie wir wussten, dass das Team dafür sorgen würde, dass wir nicht sterben würden. Ein herrlicher Satz von Larissa, der uns allen Mut machte.

Trotz der vielen Regeln und Vorschriften gab mir das gesamte Team der Produktion sehr viel Kraft. Alle waren super freundlich und in dem Maß, wie es erlaubt war, sehr hilfsbereit. Einige von ihnen kannte ich noch vom Bachelor. Und wie schon damals, fühlte ich mich auch jetzt in diesem Team sicher und in guten Händen.

Nach zwei Wochen ging ich als Siegerin aus dieser Show hervor. Darüber war niemand überraschter als ich selbst. Nie im Leben hätte ich vermutet, gegen die allgegenwärtige Larissa, die diese Sendung dominierte, gewinnen zu können. Doch es passierte wirklich: Mein größter Wunsch wurde Realität. Und mein größter Wunsch war es nicht, Dschungelkönigin zu werden. Oder überhaupt den ersten Platz zu belegen. Das war auch großartig. Unfassbar großartig. Jedoch war es mein größter Wunsch, mich so zu zeigen wie ich nun einmal bin und dafür Anerkennung zu erhalten. Dafür gemocht zu werden, wer ich war. Nämlich Melanie Müller aus Grimma. Nicht mehr. Aber auch nicht weniger. Eine Person, die sich vor allzu langer Zeit selbst noch gar nicht richtig kannte. Als ich das Camp verließ, konnte ich zum ersten Mal in meinem Leben sagen, dass ich verdammt stolz auf mich war. Und das war und ist ein unbeschreiblich gutes Gefühl.

EPILOG:
ENDSTATION BAHNHOF

Mein ursprünglicher Plan, die Beziehung zwischen Mike und mir sofort nach dem Dschungel publik zu machen, ging irgendwie nicht auf. Ich wollte zuerst mit Mike darüber sprechen. Doch ab dem Zeitpunkt meiner »Freilassung« waren Mike und ich so gut wie niemals allein. Meist waren wir von einer Schar aus Presse und Fernsehleuten umgeben. Und ehrlich gesagt, hatten wir wohl beide nicht wirklich damit gerechnet, dass ich diese Nummer im Urwald auch noch gewinnen würde. Wir brauchten eine Weile, um uns in diesem Trubel zurechtzufinden. Mike verbrachte also die meiste Zeit am Telefon. Ich vor Mikrofonen und Kameras. Als wir zum ersten Mal ein wenig Zeit zu zweit fanden, musste Mike alle eingegangenen Anfragen, Angebote und Termine mit mir absprechen. Und mitten in diesem Orga-Chaos fragte ich Mike so zwischen Tür und Angel, was ich denn jetzt auf die Frage nach meinem Beziehungsstatus antworten sollte. Bei Mike klingelte in diesem Moment schon wieder das Handy. Bevor er abhob, sagte er schnell: »Na, wie immer: Single.«

Diese Antwort verletzte und kränkte mich. Ich war wütend, dass Mike so gar nicht verstand, auf was ich hinaus wollte. Auch wenn ich zugleich wusste, weder den richtigen Zeitpunkt noch die richtigen Worte gewählt zu haben. Diese Vermutung bestätigte mir Jean, die Einzige, der ich mich anvertraute, noch am selben Abend. Und sie gab mir – getreu ihrer Art –

sehr direkt und laut zu verstehen, dass ich eine dumme Kuh war: »Das, meine Liebe, hast du gar nicht anders verdient. Mike hat dir längst zu verstehen gegeben, dass es deine Entscheidung ist, ob du dich in der Öffentlichkeit zu ihm bekennen willst oder nicht.«

»Ich weiß«, sagte ich und schmollte weiter. »Aber langsam habe ich das Gefühl, es ist ihm egal.«

Jean verdrehte genervt die Augen: »Manchmal bist du so ein Mädchen, Melli! Was soll der arme Mann denn sagen? Er ist schließlich auch dein Manager! Und er liebt dich. Egal, ob die Paparazzi davon wissen oder nicht. Für Mike macht es keinen Unterschied. Wenn es für dich einen macht, dann nimm die Sache selbst in die Hand!«

Ich wusste ja, dass Jean recht hatte und liebte sie sehr für ihre direkte Art und Weise. Aber dennoch fand ich lange Zeit weder den Mut noch die richtige Gelegenheit, Mike als meinen festen Freund vorzustellen. Denn mein Leben nach dem Dschungel verlief absolut atemlos. Von dem Moment an, als ich wieder am Flughafen in Leipzig landete, stand ich mehr in der Öffentlichkeit als je zuvor. Ich wurde nicht nur von meiner Familie begrüßt, sondern auch von einer Schar Fotografen und Fans, die mich um Fotos und Autogramme baten. Das erlebte ich natürlich nicht zum ersten Mal. Aber es fühlte sich anders an als die Male zuvor. Ich spürte, dass sich mein Image verändert hatte. Dass die Leute mehr das Mädchen in mir sahen, das ich tatsächlich war. Und nicht mehr das Pornoluder, als das ich den Menschen ursprünglich verkauft worden war.

Auch meine Eltern zeigten sich mir gegenüber herzlicher und liebevoller als je zuvor. Zumindest – und vor allem – vor laufender Kamera. Auf spätere Fragen der Presse an meine Mutter, ob zwischen uns beiden wieder alles in Ordnung wäre, sagte sie mit freundlichem Lächeln, dass es das ist und auch immer gewesen war. Mich selbst sprach meine Mutter nie auf meinen Gefühlsausbruch im Dschungel an. Sie wollte einfach nicht mit mir über unsere offensichtlich angekratzte Beziehung sprechen. Und den einzigen Versuch, den ich startete, offen mit ihr über alles zu reden, erstickte sie im Keim. Meine Mutter sah nicht die Notwendigkeit einer Aussprache. Warum auch? Sie hatte die Sache mit der Presse geklärt. Und für meine Mutter war, ist und wird immer entscheidend sein, was die Leute denken.

Mike und ich düsten durch die Republik, hetzten von Termin zu Termin, als das Paar, das wir nun einmal waren: Melanie Müller und ihr Manager Mike, die sich unsterblich liebten, was nur keiner wusste. Wir hatten immer viel Spaß zusammen und waren nach wie vor nicht nur Liebende, sondern auch die besten Freunde. Der einzige Wehmutstropfen in dieser Zeit war für mich, dass mein Leben nach dem Dschungel von der Öffentlichkeit noch viel genauer verfolgt wurde als zuvor. Alles, was ich tat oder nicht tat, wurde kommentiert und bewertet. Natürlich wurde auch der Pornoskandal von damals erneut ausgegraben und der Schweizer Märchenonkel schreckte auch diesmal nicht davor zurück, Profit aus seiner Scarlett Young zu schlagen. Schließlich hatte sie sich nun von der Bachelor-Tante zur Dschungelkönigin gemausert. Da könnte man doch die Preise glatt noch mal anziehen. Die Auseinandersetzung mit einer Schar an Medienanwälten lief natürlich längst, aber drehte sich eigentlich immer nur im

Passiert war passiert. Kreis. Ich allerdings hatte in Bezug auf diese Geschichte schon so gut wie resigniert. Sollte sich das Onkelchen doch eine goldene Nase verdienen. Ich hatte weder Lust noch Kraft, mich mit dieser Verfehlung aus der Vergangenheit allzu intensiv zu beschäftigen. Das war die reinste Energieverschwendung. Passiert war passiert. Damals wusste ich es nicht besser. Heute schon.

Genauso wusste ich, dass es nun viel wichtiger war, nach vorne zu sehen. Genauso wusste ich, dass es nun viel wichtiger war, nach vorne zu sehen. Und gerade aufgrund meiner Vergangenheit legte ich großen Wert darauf, mein Image trotz Online-Sexshop und meiner freizügigen Art, die mich nun einmal auch ausmachte, von der reinen Pornoschiene fernzuhalten. Angebote, die zu eindeutig in diese Richtung gingen, sagte ich lieber ab. Da konnte die Bezahlung noch so gut sein. Andere Sachen, zum Beispiel Nacktrodeln, machte ich nur zu gern mit. Nacktrodeln hatte Tradition – und machte unheimlich viel Spaß!

Dennoch blieb mir seit dem Dschungel kaum noch Zeit, um durchzuatmen. Die Angebote, Termine und Veranstaltungen überschlugen sich geradezu. Wiederholte Male wusste ich nicht, welchen Wochentag, geschweige denn Monat, wir hatten. Ich musste mein Telefon ausschalten, um es wenigstens mal in Ruhe auf die Toilette zu schaffen. Ich vernachlässigte aus Zeitmangel nicht nur meinen Haushalt und meine Haustiere, sondern leider auch Freunde und Familie. So fand ich erst lange nach dem Dschungel Zeit, mich endlich bei meinen Großeltern auf dem Hof blicken zu lassen. Aber eines Sonntags schaffte ich es schließlich doch, mir einige Stunden zu blocken, um endlich Oma und Opa zu besuchen. Beide waren sehr stolz auf mich und erzählten mir, wie sie mich jeden Abend im Fernsehen gesehen hätten. Obwohl die Show so spät übertragen wurde, blieben sie wach, um nichts davon zu verpassen. Ihre Anteilnahme rührte mich. Denn bestimmt war ein Format wie das Dschungelcamp für eine Generation, die den Zweiten Weltkrieg miterlebte hatte, alles andere als nachvollziehbar. Vermutlich sogar eine Beleidigung. Aber meine Großeltern taten eben das, was sie immer taten und weshalb ich sie auch so sehr liebte: weder verurteilten noch beurteilten sie mich. Sie liebten mich einfach bedingungslos. Aus dem einfachen Grund, weil ich ihre Melanie war. Davon könnten sich meine Eltern ruhig einmal eine Scheibe abschneiden.

Als mir meine Oma ihre selbstgemachten Rouladen vorsetzte, war ich im siebten Himmel. Überhaupt wusste ich gutes Essen, eigentlich Essen überhaupt, nach dem Dschungel noch viel mehr zu schätzen als zuvor. Und diese Rouladen machten mich so glücklich wie schon damals als Kind, als ich Oma die Füllung vom Küchentisch gestohlen hatte. Dann fragte Oma mich aus, was denn in der Liebe bei mir so los wäre? Oder ob sie dazu nun die Klatschpresse lesen müsste? Ich musste erst lachen, dann heulen. Wie immer musste meine Oma nicht viele Fragen stellen, um zu erkennen, was wirklich los war. Nämlich, dass ich verliebt war und es am liebsten in die Welt hinausschreien wollte. Dass ich aber nicht sicher war, ob das nicht wieder alles kaputtmachen könnte. Dass ich Angst hatte.

Angst, verletzt zu werden. Gerade jetzt, wo eigentlich alles rundum gut war.

Als ich mit meiner Geschichte von Mike und mir – lange nachdem ich die letzte Roulade bereits verdrückt und schon zwei Stück Apfelkuchen hinterher geschoben hatte – endlich fertig war, konfrontierte ich Mike mit meiner Entscheidung. Dass ich genug davon hatte »Melanie, der Single« zu sein. Dass ich von nun an allen zeigen wollte, wen ich liebte. Dass ich keine Lust mehr hatte, meine Gefühle für ihn geheim zu halten. Schließlich gehörte er genauso zu meinem Leben wie alles andere auch. Weil ich ihn liebte und immer geliebt hatte. Und da ich gerade so in Fahrt war, sagte ich ihm auch noch, dass ich mir eines Tages – in nicht allzu ferner Zukunft – Kinder mit ihm wünschte. Und bis es soweit war: viele weitere Tiere haben wollte.

»Ist das eine Drohung?«, fragte Mike grinsend, als ich endlich die Klappe hielt.

»Wenn du so willst, dann ja. Wenn es nach mir ginge, könnten wir mit dem Kindermachen auch gleich anfangen.« Am nächsten Tag kündigte ich offiziell meine Wohnung und zog mit Sack und Pack endgültig bei Mike ein. Samt all der Tiere. Nebst der Katze Pascha bestand Melanies und Mikes kleine Farm damit aus dem Dackel Bärbel, dem Karthäuser Kater Kobold, der französischen Bulldoge Galina und dem Prager Rattler Lilly. Lilly, die ich mir unmittelbar nach dem Dschungelcamp zugelegt hatte. Denn Taschenhunde betrachtete ich im Gegensatz zu Taschenmuschis schon immer als ein »must have«.

Die Beziehung zwischen Mike und mir blieb nicht nur stabil, sondern wurde jeden Tag stärker und schöner. Wir funktionierten sowohl als Paar als auch Geschäftspartner, Freunde und Liebende. Wir schafften es, zusammen zu arbeiten und zu leben, wobei jeder auch noch seinen eigenen Bereich und sein eigenes Leben hatte. Ich reiste nach wie vor regelmäßig nach Mallorca, wo ich bei Auftritten im Bierkönig und im Oberbayern mit eigenen oder auch Coversongs für Stimmung sorgte. Termine in Deutschland absolvierten wir meist gemeinsam und düsten mit dem »Melli-Taxi« durch die Städte und Provinzen. Mike fuhr und ich schlief, wie in alten Zeiten. Zwischendurch machten wir Quatsch und stritten uns, wer das Auto saubermachen müsste. Darüber werden wir uns bis heute nicht einig.

Sobald es die Zeit zuließ, fuhren wir für ein paar Tage nach Österreich und konzentrierten uns – in einem Wellnesshotel in Zell am See oder in einem einfachen Berghof in Thumersbach auf dem Mitterberg – nur auf uns beide. Mit ausgeschalteten Handys. So wie früher, wenn wir von Renate nicht gestört werden wollten. Dann schmiedeten wir Zukunftspläne, von denen ich schon sehr genaue Vorstellungen hatte: Ich wünschte mir unbedingt ein eigenes Haus. So eine Art Villa Kunterbunt, wie sie Pippi Langstrumpf hatte. Überhaupt bewunderte ich Pippi Langstrumpf, die mir in Lebensstil und Person schon immer ein großes Vorbild war. Ich hätte auch nichts gegen einen eigenen Affen und ein Pferd einzuwenden. Allerdings müsste es ein Affe sein, der mir im Haushalt zur Hand ging. Ich weigerte mich nämlich nach wie vor, mir eine Reinigungskraft zuzulegen, weil ich mich so für mein Chaos schämte. Mein Ankleidezimmer nannten Mike und ich nur noch »Kambodscha«, weil man es kaum betreten konnte vor lauter Klamotten und Pfandflaschen. Und meine gläserne

Dildo-Sammlung neben dem Bett, zwischen den Hello-Kitty-Kissen und der Popcorn-Maschine, wollte ich auch lieber selbst abstauben. Das eigene Pferd wiederum würde ich vermutlich früher oder später, zumindest in Notzeiten, zu Salami verarbeiten. Denn obwohl ich Tiere über alles liebe, esse ich sie nun einmal auch gern. So war ich einfach aufgewachsen und erzogen worden. Schließlich hatte ich früher meine eigenen Hasen geschlachtet. Und gegessen. Ohne Tränen.

Außerdem eiferte ich Pippi Langstrumpf auch in ihrem Umgang mit Geld nach. Ich hatte zwar nie einen Koffer mit Goldmünzen von meinem Vater bekommen, aber verdiente inzwischen ganz anders als noch vor einem Jahr. Ähnlich Pippi wollte ich damit nicht verschwenderisch, aber immer großzügig mit anderen umgehen. Ich putzte zwar meine Bude selbst, aber Spendenaktionen waren mir wichtig. Neben regelmäßigen Kleiderspenden richteten sich meine gesamten Geld-Spendenaktionen immer an das Kinderhospiz »Bärenherz«. Diese Einrichtung begleitet sterbende Kinder auf ihrem letzten Weg, betreut die trauernden Eltern und finanziert sich ausschließlich über Spendengelder. Ich liebe Kinder und kann mir nichts Schrecklicheres auf der Welt vorstellen, als diese zu verlieren. Daher schien es mir ein geringer, aber notwendiger Beitrag zu sein, eine solche Organisation mit am Leben zu erhalten. Für mich selbst gebe ich auch Geld aus. Aber vermutlich am wenigsten. Ich mache viele Dinge einfach am liebsten selbst: eben auch meine Bude putzen oder meine Nägel lackieren. Mike fand schon immer, dass ich ein alter Geizkragen war. Und das zum Beispiel, weil ich meine Ohrringe in diesen durchsichtigen Plastiktablettendosen aufbewahre, die ich bei meinen Großeltern entdeckt habe. Die fand ich weitaus praktischer als silberne Schmuckschatullen, die noch dazu völlig untauglich, weil viel zu schwer, für Reisen sind. In Bezug auf Geld stritt ich mich mit Mike außerdem immer wieder darüber, ob ich nun meine Brustoperation, so wie ausgemacht, zurückbezahlen durfte oder nicht. Ich will. Er nicht. Überhaupt schimpft er jedes Mal, wenn ich ihm etwas schenke. Und zugegeben, wenn es um Mike geht, schaue ich nicht aufs Geld. Dafür muss er sein Managergehalt wiederum jedes Jahr aufs Neue mit mir aushandeln. Dann werden wir zu zwei knallharten Geschäftsleuten, die bis aufs Blut verhandeln. Und anschließend Liebe machen.

Wofür wir allerdings beide sehr gern Geld ausgeben, ist gutes Essen. Am liebsten in der Gourmetabteilung im KaDeWe in Berlin. Da würde ich mich jedes Mal am liebsten in der Wursttheke wälzen oder mich zu den Austern in die Schalen setzen.

Natürlich fand ich Pippi Langstrumpf auch deshalb so toll, weil sie so unglaublich stark war. Auch ich machte nach wie vor viel Krafttraining. Weniger, um mich vor Übergriffen zu schützen, als vielmehr, um meinen hart erarbeiteten Sixpack nicht sofort wieder in Wurst umzuwandeln. Und vor allem, um mich einfach weiterhin zu disziplinieren. Denn ich hatte gelernt, dass Disziplin die halbe Miete zum Erfolg ist. Erfolg ohne Disziplin

> *Denn ich hatte gelernt, dass Disziplin die halbe Miete zum Erfolg ist. Erfolg ohne Disziplin macht dagegen überhaupt keinen Spaß.*

Man muss sich eben alles im Leben erarbeiten.

macht dagegen überhaupt keinen Spaß. Das hatte ich an zu vielen Menschen gesehen. Leute, die zu Erfolg kamen, ohne sich angestrengt haben zu müssen, sind meistens sehr traurige oder frustrierte Menschen. Man muss sich eben alles im Leben erarbeiten. Auch Neid. Also hoch mit den Gewichten. Außerdem musste ich mich auf das Promiboxen vorbereiten, zu dem ich mich als nächste Herausforderung angemeldet hatte. Dazu trainierte ich mit einem Privattrainer: Maik, derzeit amtierender Europameister, der mir im Leipziger Boxstudio Sin City mehr als nur eine gute Deckung beibrachte. Mike und ich schlossen nicht nur mit Maik, sondern auch mit vielen neuen Bekannten im Boxstudio schnell Freundschaft. Und Mike war mehr als erleichtert, dass ihm ein zweiter Maik half, meine Aggressionen abzubauen.

Doch das, worum ich Pippi am meisten beneidete, war nun mal ihre eigene Villa. Mike war wohl der einzige Mensch, der längst wusste, dass ich mir nichts sehnlichster wünschte als ein eigenes Haus. Denn das war eigentlich ein sehr spießiger Wunsch, der mich seit meiner Kindheit begleitete. Allerdings wollte ich nicht irgendein Standard-0-8-15-Haus. Ich wollte so etwas Ähnliches wie die Villa Kunterbunt. Etwas altes, mit Wänden und Räumen, die eine Geschichte erzählen konnten. Ein Haus, das nicht perfekt, aber außergewöhnlich war. Ein Haus mit Charakter.

Und daher traf Mike komplett ins Schwarze, als er mich eines Tages überraschend zu einem Besichtigungstermin in Leipzig entführte. Die Gegend kam mir bekannt vor, es war ganz in der Nähe von unserem Liebesnest in Lindenthal, nämlich im Stadtbezirk Wahren. Die Gegend, in der wir uns früher unsere Liebeshöhle geteilt hatten. Als Mike und ich vor besagter Immobilie standen, verstand ich erst lange nicht, warum wir hier waren. Denn wir standen vor einem stillgelegten Bahnhof. Mike führte mich ganz euphorisch durch das alte Gemäuer dieser Bahnhofshallen. Einschließlich einer immer noch bestehenden Unterführung, die ursprünglich zu den Gleisen geführt hatte. Da diese längst stillgelegt waren, kam man durch den Bahnhofstunnel in das angeschlossene, verwucherte Grundstück, das mich an einen verwunschenen Märchengarten erinnerte. Von den insgesamt fünfhundert Quadratmetern Gebäudefläche würden sich nach Mikes Berechnungen ungefähr die Hälfte als Wohnfläche eignen. Diese, so erklärte er mir, wäre nämlich der komplette zweite Stock, den man über eine kleine Wendeltreppe erreichte, die sich wiederum im angeschlossenen Märchenturm mit »Rapunzelblick« befand. Rapunzel wäre vor Neid erblasst. Denn oben angekommen präsentierten sich die 250 Quadratmeter Wohnfläche, die zwischen hohen Wänden trotz Dachschrägen genug Platz für eine ganze Familie samt Kindern und Klavier bieten würden. Ich brauchte ungefähr dreißig weitere Sekunden, bis ich Mikes Euphorie voll und ganz teilte. Diese heruntergekommene Ruine war genau das, was ich mir gewünscht hatte.

Nun, da sich der größte Rummel nach dem Dschungel gelegt hatte, war der Zeitpunkt gekommen, dieses Projekt gemeinsam anzugehen. Wir wollten aus einer heruntergekommenen Bahnhofsruine, der Albtraum eines jeden Heimund Handwerkes, unser Traumhaus entstehen lassen. Meine

Abenteuerlust und mein Ehrgeiz waren geweckt. Ich war mehr als bereit, die Herausforderung anzunehmen. Denn ich war wahnsinnig glücklich und stolz. Stolz, Vieles in meinem Leben aus eigener Kraft geschafft und in den richtigen Momenten auch den Mut gefunden zu haben, die richtigen Menschen um Hilfe zu bitten. Ich wünschte, dass ich das oft schon früher getan hätte, mich anderen anvertraut hätte. Zukünftig, so nahm ich mir fest vor, würde ich es besser machen. Ich war glücklich, nach einem langen Weg in und durch die Glamourwelt, über diverse Kontinente, nun wieder zurück bei meinen Wurzeln gelandet zu sein. Im schönen Osten, wahnsinnig verliebt in den für mich besten Mann der Welt, abgesichert mit einem finanziellen Polster. Mike und ich würden zusammen Hand anlegen und uns mit einigen Dutzend Handwerkern hier den Grundstein für eine gemeinsame, spießige Zukunft legen. In Leipzig Wahren, mit vielen Tieren, noch mehr Kindern und allem, was dazu gehörte.

Ich freute mich auch auf das nächste, bereits anstehende TV-Projekt mit RTL II, das mich diesmal zusammen mit Mike vor der Kamera zeigen und uns bei dem Abenteuer Hausbau begleiten würde. Ich konnte es kaum erwarten, mit meiner großen Liebe, meinem Partner, Manager und bestem Freund genau die Sache weiter zu machen, die ich so sehr liebte: mich nicht unterkriegen zu lassen und möglicherweise damit auch anderen Mädchen Mut zu machen, ihren ganz eigenen Weg in das berufliche wie auch private Glück zu finden. Sei er auch noch so unkonventionell.

Und wer weiß, vielleicht werde ich eines Tages tatsächlich in meinem Mutter-Kind-Laden arbeiten und abends mit vor

Glück geröteten Bäckchen und schwangerem Bauch auf meinen Mann, den Versicherungsvertreter, warten. Denn niemand, ich zumindest nicht, kann wirklich einschätzen, wie lange mich die Leute noch sehen wollen. Daher liegt die Zukunft wie ein unbeschriebenes Buch vor mir. Und das ist gut so. Denn ich kann es kaum erwarten, weiter zu blättern und diese Seiten mit neuen Abenteuern zu füllen. Denn das größte Abenteuer im Leben ist, so weiß ich heute, immer noch das Leben selbst.

DANKE AN:

Meine große Liebe Mike, meine Eltern, Oma und Opa, meine beste Freundin Jean, meinen besten Freund Peter und all die Menschen, die ich stolz meine wahren Freunde nennen darf.

IMPRESSUM

Melanie Müller mit Christiane Hagn
Mach's Dir selbst, sonst macht's Dir keiner
Vom Mauerblümchen zur Dschungelqueen
ISBN: 978-3-944296-81-4

Eden Books
Ein Verlag der Edel Germany GmbH
Copyright © 2014 Edel Germany GmbH,
Neumühlen 17, 22763 Hamburg
www.edenbooks.de | www.facebook.com/EdenBooksBerlin
www.edel.com
1. Auflage 2014

©Melanie Müller 2014 – All rights reserved –
vermarktet durch 99pro media GmbH

Einige der Personen im Text sind aus Gründen des
Persönlichkeitsschutzes anonymisiert.

Projektkoordination: Nina Schumacher
Lektorat: Jana Noritsch
Umschlaggestaltung: Rosanna Motz, Eden Books
Fotos im Innenteil: S. 1–7 © Privat / Melanie Müller; S. 8 © 99pro media
Druck und Bindung: optimal media GmbH,
Glienholzweg 7, 17207 Röbel/Müritz

Das FSC®-zertifizierte Papier Holmen Book Cream für dieses Buch
liefert Holmen Paper, Hallstavik, Schweden.

Alle Rechte vorbehalten. All rights reserved. Das Werk darf – auch
teilweise – nur mit Genehmigung des Verlages wiedergegeben werden.

Printed in Germany

Dieses Buch ist auch als E-Book erhältlich.